无人帆船建模与运动控制

沈智鹏　著

科学出版社

北　京

内 容 简 介

本书系统深入地总结作者多年来在无人帆船建模与运动控制理论、方法和技术应用等方面取得的研究成果，涵盖无人帆船运动建模、航速在线优化、路径规划、跟踪控制等问题，结合极值搜索、蚁群算法、动态面技术、扩张状态观测器等前沿理论和方法，设计无人帆船的航速在线优化方案、路径规划方法和运动控制策略。

本书可供船舶与海洋工程、控制科学与工程、交通信息工程及控制等领域的科技人员使用，也可供相关专业的研究生和自动化、船舶电子电气工程、航海科学与技术等专业的高年级本科生参考。

图书在版编目（CIP）数据

无人帆船建模与运动控制/沈智鹏著. —北京：科学出版社，2022.6

ISBN 978-7-03-072625-4

Ⅰ. ①无… Ⅱ. ①沈… Ⅲ. ①无人驾驶-机帆船-系统建模②无人驾驶-机帆船-运动控制 Ⅳ. ①U674.926

中国版本图书馆 CIP 数据核字（2022）第 106439 号

责任编辑：杨慎欣 狄源硕 / 责任校对：樊雅琼
责任印制：吴兆东 / 封面设计：无极书装

科学出版社 出版
北京东黄城根北街 16 号
邮政编码：100717
http://www.sciencep.com

北京中石油彩色印刷有限责任公司 印刷
科学出版社发行 各地新华书店经销
*

2022 年 6 月第 一 版 开本：720×1000 1/16
2022 年 6 月第一次印刷 印张：13 1/4
字数：262 000

定价：99.00 元

（如有印装质量问题，我社负责调换）

前　言

海洋作为孕育生命的源泉，在人类发展进程中扮演着越来越重要的作用。随着自动控制技术的发展以及机器人产业的不断壮大，各种先进的无人船舶雨后春笋般被研发出来。传统的无人船舶大多是电力推进或者依靠化石能源燃烧所产生的热能推进，存在着能量消耗大、续航时间短等先天性的不足。同时全球能源逐渐短缺、消耗速度逐渐加快，温室气体大量排放，加重了地球环境污染以及气候恶化，如何有效利用地球资源以及降低消耗成本成为众多海上相关行业关注的焦点。海洋有着较为丰富的风能资源，分布范围广阔，并且具有无污染、可再生等诸多环保优势。无人帆船主要动力源为风能，不受限于载运燃料，这不仅延长了无人帆船的续航时间，也提高了无人帆船在海上监控的范围，有效节约了能源消耗。针对全球海洋酸化以及海洋碳循环等问题，无人帆船在全球海洋资源勘探、海洋数据采集以及环境监测等方面独具优势，具有较为广泛的应用与发展前景。

本书是作者在无人帆船建模与运动控制方面的研究成果，涵盖无人帆船的气动力数值计算、操纵运动数学建模、帆舵联合操纵策略、航速在线优化、路径规划、航向控制、路径跟踪等问题，研究内容较为全面、紧密相扣；结合极值搜索控制、蚁群算法、人工势场法、动态面技术、滑模控制、神经网络、最小参数法、扩张状态观测器、视线导引法等前沿理论和方法，设计无人帆船的航速在线优化方案、路径规划方法和运动控制策略，理论研究较为系统和深入。本书在撰写过程中不仅吸收了国际无人帆船建模与运动控制研究的前沿理论，还借鉴了我国科技人员的优秀研究成果，以期成为该领域在校研究生、本科生，以及科学工作者和工程技术人员的重要参考书籍，促进无人帆船自动化技术的发展及其在海洋工程中的应用。

本书共 6 章：第 1 章为绪论；第 2 章为无人帆船气动力数值计算与建模仿真；第 3 章为无人帆船航速极值搜索控制在线优化；第 4 章为无人帆船全局和局部路径规划；第 5 章为无人帆船航向自适应动态面控制；第 6 章为无人帆船路径跟踪动态面控制。

本书相关研究工作得到国家自然科学基金项目(51879028)和中央高校基本科研业务费项目(3132016311)的资助。作者的研究生王海伟、张圆、王赛赛、年润达、邹天宇、徐艺珍等参与了本书部分内容的研究工作，丁文娜、张良钰、范学春等协助进行了书稿的整理工作。大连海事大学郭晨教授、李晖教授、王国峰教授、张显库教授、于浩淼博士等对作者的研究工作给予了很多帮助。在此，作者一并致以诚挚的谢忱。

最后，感谢妻子张宁博士一直以来对我工作的支持和为家庭全心的付出，女儿沈耿美、儿子沈耿满给了我无限的欢乐和无穷的动力。

由于作者水平有限，书中不妥之处在所难免，欢迎读者批评指正(shenbert@dlmu.edu.cn)。

沈智鹏

2021 年 7 月于大连海事大学

目　录

第1章 绪　论

随着当前机器人技术以及控制理论的不断发展，无人设备在各行各业中不断涌现。其中，作为现代海洋技术标志之一的无人船更是得到了极大的发展。在传统的无人船舶技术中，无人船依靠化石能源或者电能来提供推进动力。但是，由于目前燃料技术和电池技术的发展限制，无人船的单次航行范围与工作时间远远无法满足当前海洋研究的实际需求。近年来，如何解决“全球变暖”与“碳中和”问题不断地被各个国家提上议程。我国交通运输部在《水运“十三五”发展规划》中，提出了当前的主要任务是节能减排，大力推进节能降碳的船舶运输装备设计[1]。在人类历史中，帆船一度长期、广泛地被应用于海洋探索和海上运输等作业领域。在上述背景下，帆船由于其绿色、节能等与生俱来的优势，又重新回到了研究人员的视线中。传统的帆船与现代材料学、控制理论、计算机技术等相结合，诞生了无人帆船这一新型的无人船。无人帆船可以从外界环境中获取动力，无须携带大量燃料或者电池，可以突破能源对于无人船航行范围与工作时间的限制。因此，无人帆船在保持其原有环保节碳能力的同时，更具备了传统无人船欠缺的长航时能力，适用于海洋资源勘探、环境监测、远海测绘、海事监察等任务[2]。

无人帆船相较于传统无人船，其完全依靠外界风力驱动，由于自然环境中的风能无法人为控制，这极大地增加了无人帆船的控制难度。无人帆船水线面以上受风面积变大，风帆在风力作用下，除了会在船体纵向产生推进力外，还会产生侧向力、偏航力矩以及使横摇幅值变大的横摇力矩，这使得船舶的操纵性能发生改变，且易产生横向漂移，造成航线偏离。在复杂的海况下，同时合理地操舵和调整帆角以实现无人帆船的自主航行，是一项极具挑战的任务。为更好地实现无人帆船的安全和自主航行，有必要对帆船气动力性能及帆船操纵性能展开系统研究，为帆船航行控制提供理论基础和技术支撑。如何充分利用风能设计合理的航速在线优化方案对提升帆船的整体性能具有重要作用。另外，考虑在风场约束条件下，如何规划出合理有效的无人帆船航行路径是实现其自主航行的前提。无人帆船在航行中会遭遇许多未知航行危险及外界环境中风、浪、流等海洋干扰，这给无人帆船自动化技术发展和工程实现带来了诸多困难，因此探索有效的控制策略并应用于无人帆船运动控制中，对促进海洋风能这种可再生绿色能源的高效利用，积极推动无人帆船在海洋资源勘探和环境监测等方面的工程应用具有重要意义。

1.1 无人帆船运动与控制机理

无人帆船与螺旋桨驱动或喷水驱动的无人船相比，在运动机理上有着较大的差别。无人帆船的运动受风向影响较大，速度难以控制（一方面是难以提速，因为一般情况下控制无人帆船在最高速度下航行；另一方面是无法急停），并且无人帆船不具备朝各个方向移动的能力。如图 1.1.1 所示，a 逆风航行帆船驶入禁航区，该区域内帆船无法获得前进推力；e 顺风航行帆船驶入低效区，帆船可以航行，但是航行效率较低，因此应当控制帆船在 b、c、d 状态。

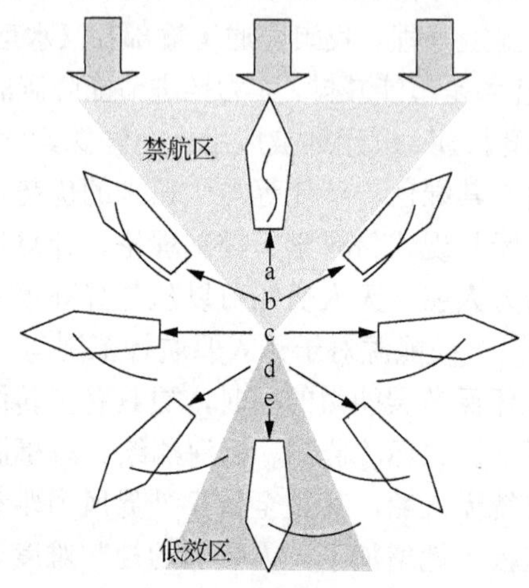

图 1.1.1　无人帆船航行方向与区域划分

a. 逆风航行；b. 迎风航行；c. 横风航行；d. 后舷风航行；e. 顺风航行

无人帆船在逆风状态下无法直接前进，须采用逆风航行策略，即图 1.1.2（a）所示的逆风锯齿航行路线（500m）。帆船在顺风状态下可以保持直线状态航行，采用顺风锯齿航行路线［图 1.1.2（b）］时帆船航速高于顺风直线航速，而且速度增量完全可以弥补由锯齿航行路线带来的航行距离增量。

无人帆船的推力来自不可控、不可预测的风，而且帆受到复杂的空气动力影响，船身受到复杂的水动力影响，表现出较为复杂的行为，无人帆船的自主控制是一个高度非线性时变问题。对于底层帆和舵的控制，现阶段大多采用帆和舵分离控制方案。

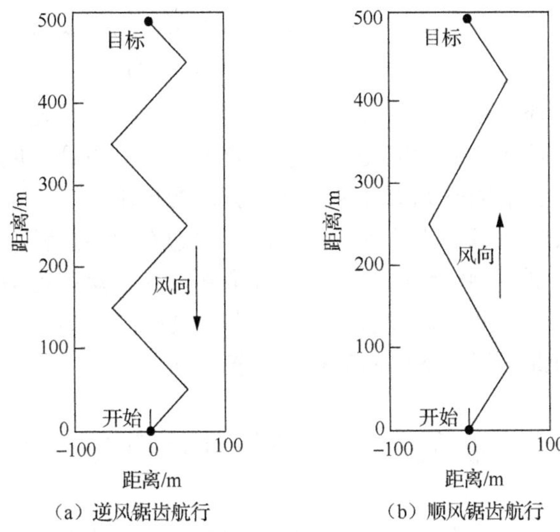

（a）逆风锯齿航行　　（b）顺风锯齿航行

图 1.1.2　航向上逆风、顺风航行路线

帆控制的输入量包括风向和船的方向夹角，输出量是帆的转角。帆的控制中较为重要的是逆风航行换舷和顺风航行换舷两种控制状态。逆风航行换舷过程如图 1.1.3（a）所示：船艏偏向来流，到位置 1 时调整帆；改变船艏朝向，使另一侧船舷受风（位置 2），调整帆；帆船进入新的航路（位置 3）。顺风航行换舷比逆风航行换舷难度更大，除了要求对帆和舵同时进行操作之外，还应遵从图 1.1.3（b）所示步骤：无人帆船船艉偏向来流，到达位置 1 时横倾接近于零；与逆风航行换舷不同的地方在于当船艏偏转后（位置 2），控制帆从左侧移动到右侧位置；帆船进入新的航路（位置 3）。

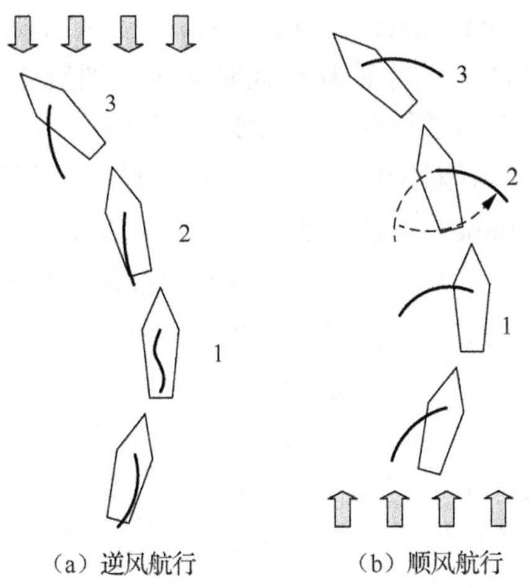

（a）逆风航行　　（b）顺风航行

图 1.1.3　逆风航行与顺风航行换舷过程

舵控制的输入量包括当前速度矢量和路径方向之间的夹角（航向角误差）、当前位置与预定航线之间的垂直距离，输出量是舵的转角。帆控制器通过采集实时输入信息来为帆船提供足够的前进动力，对帆的控制主要以速度最快为目标并且防止帆船倾覆。舵控制器通过路径规划层给定的航向信息调整舵角，使帆船沿着设定的航线行驶。目前的研究大多采用帆舵分离的控制方法，但需要注意的是舵角度的变化必然会导致风帆攻角的变化，因此要想实现更加精准的控制就需要考虑帆和舵的耦合控制。例如航向控制稳定性取决于舵扭矩的范围，后者又与帆船速度的平方成正比。因此，通过选择最佳帆角，使帆产生最大纵向力推动帆船以最大速度航行可有助于提高帆船的航行控制稳定性。

1.2 帆船气动力数值计算研究现状

作用在帆船的空气动力特性可分为帆翼的空气动力特性和海上船体上层建筑的空气动力特性，主要包括升力特性、阻力特性、推力特性、横向力特性和偏航力矩特性等[3]。目前对帆船的空气动力性能研究主要有三个方面：试验研究、理论分析和数值模拟。1928 年 Curry[4]首次研究论述了帆船气动力性能并对帆翼模型进行风洞试验，其对帆船气动力研究是开创性的。施立人[5]的风帆课题小组在风洞试验中分别对无帆船模和装帆船模的空气动力性能进行试验，得出船模的吃水、倾侧角和航向角的变化对船模的空气动力性能有较大的影响。Milgram[6]利用涡格理论进行了一系列帆翼动力研究，并基于涡格升力面法分析了帆外形对帆动力的影响。近年来，由于计算机科学技术的极大进步，计算流体力学（computational fluid dynamics，CFD）被广泛应用，许多数值模拟的工具可以对雷诺平均纳维-斯托克斯（Reynolds averaged Navier-Stokes，RANS）方程进行全域求解[7]。相比试验研究和理论分析，CFD 模拟计算具有耗时更少、消费更低的优点，同时可以更加深刻细致地观察流体运动过程和性能参数的变化。

到目前为止，许多学者对影响风帆空气动力性能的帆型、风场、多帆等诸多因素进行了研究。Nascimbene[8]通过数值计算得到风帆帆布最佳的厚度和纱线分布方向，使风力均匀分布在整个结构，以提高帆船的机动性。Kusaiynov 等[9]基于三角帆的来流数值模拟方法证明了帆翼的阻力和升力与来流速度是单调函数关系。基于 NACA0006 翼型风帆和圆弧型风帆，胡以怀等[10]设计了一种新的帆型，通过风洞试验和数值模拟证明其升力系数有很大提高，改善了传统风帆的空气动力性能。林虹兆等[11]设计了带有缝翼和襟翼类型的襟翼帆，通过风洞试验和仿真计算证明这种设计提高了风帆的升力。Viola 等[12]结合多类风帆的风洞试验数据和数值模拟结果证明帆面压力的大小与湍流黏度有关，并设计一种基于势流理论和黏性修正的气动力模型，此模型可以更好地拟合试验结果。在考虑海面航行复杂风场条件下，胡文蓉等[13]针对风帆在梯度风的空气动力性能进行数值研究，并分析影响风帆空气动力性能的各种因素，如风帆的拱度、倾角、扣角以及来流的方向。根据胡文蓉等[13]对风帆在梯度风中的数值研究，马勇等[14]比较了均匀风和梯度风情况下帆翼空气动力性能随帆攻角变化的差异，结果表明同一帆攻角下均匀风情况下的升力、阻力系数都大于梯度风情况下的升力、阻力系数。马勇等[14]研究了单帆帆船的空气动力性能，而刘丽娜[15]则针对双帆运动帆船帆翼用两种方法进行建模，对比帆翼的压力、速度、流线分布以及升力和阻力系数等数值模拟，选取较优的建模方法并分析双帆之间空气动力性能的影响。

1.3 无人帆船路径规划研究现状

近年来国内许多学者针对无人帆船路径规划展开了一系列研究。许劲松等通过速度最优法实现无人帆船的短途路径规划，在风场变化时均能得到有效的短途路径规划结果[16]，同时，通过多维动态规划法有效地解决了无人帆船的长途路径规划问题，在当前位置以外引入已航行路径长度作为第三维状态变量，起到了很好的自主决策辅助作用[17]。葛艳[18]将帆船运动路径的规划定义为一个时变、非线性、受约束、不确定性系统的优化问题，并针对帆船直线航行比赛问题，提出了基于进化规划理论的最优路径动态规划方法，得到准确高效的帆船直线航行状态下路径规划结果。此外，针对帆船直线航行比赛路径问题，葛艳等[19]提出一种基于模糊综合评价和动态规划理论的帆船直航训练最优路径动态规划方法。针对帆船比赛中最优行驶路径规划的问题，邢惠丽等[20,21]提出根据赛场环境参数的实时变化，通过基于模糊综合评价的帆船直航比赛最优路径规划方法使帆船局部状态保持最优，再利用宽度优先搜索算法实现全局最优路径搜索。杜胜等[22]考虑风场的不均匀性对航线规划的影响，以航行时间最短为目标，采用遗传算法实现对无人帆船追踪航路点的优化。

国外学者对无人帆船路径规划问题也展开了相关研究。Clément 等针对无人帆船自主航行中所受推力不可测和复杂的运动学问题，基于人工势场法的思想，根据无人帆船周围所处环境设定额外势场，在无人帆船迎风航行和顺风航行的不同情况下，最终设计整套无人帆船系统并且规划出符合无人帆船模型的可行路径[23-25]。Stelzer 等[26]通过优化船与目标之间距离的时间导数，解决了无人帆船处于迎风航行状态时调整转向的问题，最后在不同风况下得到符合无人帆船合理转向的路径规划结果。此外，Langbein 等[27]将 A*算法应用到帆船的长途路径规划中，以帆船到达最终航路点的航行时间为代价函数，通过天气数据融合了风向对规划路径的影响。Less'Ard 等[28]提出了一种基于投票算法的无人帆船路径规划方法，设置了对航路点追踪、抢风以及避碰等操纵及其对应规划路径的投票机制，票数最多的规划路径享有导航的优先权。Saoud 等[29]根据天气、静态障碍物信息采用迪杰斯特拉算法实现无人帆船的全局路径规划，根据实时风向、动态障碍物信息采用势场法实现无人帆船的局部路径规划。

综上所述，国内外学者对于无人帆船路径规划问题已经有了一定程度上的研究。然而，在无人帆船实际航行过程中还应考虑风场约束和障碍物位置情况。因此，在已有研究的基础上，对带风场约束的无人帆船路径规划问题开展研究是至关重要的。

1.4　无人帆船运动控制研究现状

无人帆船控制系统中输入分别为帆角和舵角。通过改变输入舵角可以实现无人帆船航向保持或者航向跟踪控制，而在绝对风向保持固定的时候，改变帆角可以改变风帆对于风能的捕获，进而改变无人帆船的航速。目前上述两个方面是无人帆船控制研究的主要方向。

纯风力驱动的无人帆船风帆的控制决定着无人帆船能否捕获足够的风能，保证无人帆船可以正常航行。因此，目前对于无人帆船风帆的控制大部分是研究如何获得最优化的帆角，使帆船速度达到极值。王倩[30]根据人工操帆经验，设计帆角与相对风向角的模糊逻辑控制器。罗潇[31]基于空气动力学分析风帆空气动力特性，获得不同相对风向角下风帆最大升力，进而设计出最佳操帆策略，同时根据其最佳操帆策略设计相应算法，实时计算当前位置最佳艏向角，以航速最优化为目标，在风场中规划出最佳路径。沈智鹏等[32]基于 RANS 方程和 standard k-ε 湍流模型对帆船整体的空气动力特性进行了数值模拟。文献[33]在文献[32]的基础上计算出不同风力下最佳操帆策略。上述方法均是假设风帆参数均完全已知，但是实际工程中，风帆形式多种多样且参数无法完全已知，因此上述方法在实际工程中无法达到最佳效果。Corno 等[34]根据极值搜索控制方法实时计算帆船的最佳帆角，保证了无人帆船可以保持当前状态的最大速度，同时还针对传统极值搜索控制中的稳态抖振问题，基于专家策略设计了一种前馈补偿器。文献[35]对文献[34]进行了改进，构造出一种激励信号幅值和极值估计偏差函数关系，从而消除稳态振荡，并基于一艘 12m 的无人帆船进行了仿真验证。上述文献中均研究无人帆船在风场中如何获得最大的驱动力，然而在风力过大的风场中，无人帆船需要约束自身速度，防止过快的航速导致自身倾覆。因此，张国庆等[36]基于鲁棒神经阻尼技术以帆角为输入设计了无人帆船航速调节控制器，在顺风风场或侧风风场中可以使无人帆船保持恒定速度航行。

无人帆船的控制方法研究过程中一般遵循帆舵分离原则，这样可以极大地降低无人帆船控制器设计难度，Stelzer 等[37]将帆船水手的操作经验转化成 Mamdani 模糊逻辑控制器，并在一艘帆船上进行了实船实验。Cruz 等[38]针对帆船航向保持控制问题，设计了比例积分微分（proportional integral differential，PID）控制律。杨承恩等[39]采用双侧神经网络策略设计了无人帆船航向保持控制器，通过仿真验证，该方法控制效果与传统 PID 方法接近，但是控制系统抗扰动性能远强于传统 PID 方法。上述几种无人帆船航向控制方法均未考虑帆船的动力学模型，控制系统的稳定性和精确性存在一定的缺陷。Lin 等[40]参考 Fossen 船舶建模思想[41]，将帆船整体分为四个部分并结合机翼理论，构造出一种四自由度的帆船模型并结合反演法设计出航向保持控制器。Wille 等[42]在文献[40]的基础上使用状态反馈线性化技术设计无人帆船航向控制器，文献中还对外界复杂扰动以及横漂角问题进行了相应处理。沈智鹏等[43]考虑增益方向未知问题引入了 Nussbaum 函数，并基于径向基函数（radial basis function，RBF）神经网络技术与递归滑模技术构造了无人帆船航向保持控制器。文献[44]在文献[43]的基础上进一步考虑了执行器饱和以及模型部分未知的情况，引入了自适应辅助系统来处理输入饱和问题。Deng 等[45]则引入降维扩张状态观测器对偏航角进行估计，基于参数化视线法实现了无人帆船的自适应神经网络路径跟踪控制。

参 考 文 献

[1] 交通运输部. 水运“十三五”发展规划[R]. 北京: 交通运输部, 2016.

[2] 俞建成, 孙朝阳, 张艾群. 无人帆船研究现状与展望[J]. 机械工程学报, 2018, 54(24): 98-110.

[3] 丁祖荣, 胡文蓉. 帆船运动及受力分析[J]. 医用生物力学, 2008, 23(3): 248-251.

[4] Curry M. Yacht Racing: The Aerodynamics of Sails and Racing Tactics[M]. London: Bell and Sons, 1928.

[5] 施立人. 风帆船舶的空气动力性能试验研究[J]. 武汉理工大学学报（交通科学与工程版）, 1983(3): 74-82.

[6] Milgram J H. Fluid mechanics for sailing vessel design[J]. Annual Review of Fluid Mechanics, 1998, 30(1): 613-653.

[7] 余金伟, 冯晓锋. 计算流体力学发展综述[J]. 现代制造技术与装备, 2013(6): 25-26.

[8] Nascimbene R. Analysis and optimal design of fiber-reinforced composite structures: Sail against the wind[J]. Wind & Structures An International Journal, 2013, 16(6): 541-560.

[9] Kusaiynov K, Tanasheva N K, Min'Kov L L, et al. Numerical simulation of a flow past a triangular sail-type blade of a wind generator using the ANSYS FLUENT software package[J]. Technical Physics, 2016, 61(2): 299-301.

[10] 胡以怀, 李松岳, 曾向明. 翼型风帆的气动力学分析研究[J]. 船舶工程, 2011, 33(4): 20-24.

[11] 林虹兆, 黄连忠, 闫亚胜, 等. 基于 CFD 和试验的襟翼帆设计研究[J]. 中国造船, 2015(1): 181-188.

[12] Viola I M, Bot P, Riotte M. Upwind sail aerodynamics: A RANS numerical investigation validated with wind tunnel pressure measurements[J]. International Journal of Heat & Fluid Flow, 2013, 39(2): 90-101.

[13] 胡文蓉, 祖洪彪, 丁祖荣, 等. 风帆在梯度风中空气动力性能的数值研究[J]. 上海交通大学学报, 2008, 42(11): 1900-1903.

[14] 马勇, 郑伟涛. 帆船帆翼空气动力性能数值模拟分析[J]. 船海工程, 2013, 42(1): 57-59.

[15] 刘丽娜. 470 级帆船帆翼空气动力性能数值模拟建模方法研究[D]. 武汉: 武汉体育学院, 2012.

[16] 康梦其, 许劲松, 徐建云. 无人帆船短途路径规划研究[J]. 船舶工程, 2016(9): 1-5.

[17] 杜明树, 许劲松. 无人帆船长途路径规划研究[J]. 船舶工程, 2018, 254(4): 24-27,97.

[18] 葛艳. 基于模糊-进化理论的帆船运动路线规划研究[D]. 青岛: 中国海洋大学, 2005.

[19] 葛艳, 孟庆春, 魏振钢. 帆船直线航行比赛最优路径动态规划方法研究[J]. 控制与决策, 2005(12): 42-46,51.

[20] 邢惠丽. 赛场环境实时变化的帆船比赛最优路径规划[J]. 计算机工程与应用, 2006, 44(17): 234-237.

[21] 邢惠丽, 魏振钢, 孟庆春. 帆船绕标航行最优行驶路径规划方法[J]. 哈尔滨工程大学学报, 2006(2): 5-9.

[22] 杜胜, 刘铁华, 陈茜. 基于遗传算法的开敞水域帆船航线规划[J]. 上海海事大学学报, 2018, 39(2): 1-6.

[23] Clément P, Romero-Ramirez M A, Plumet F. A potential field approach for reactive navigation of autonomous sailboats[J]. Robotics and Autonomous Systems, 2012, 60(12): 1520-1527.

[24] Clément P, Romero-Ramirez M A, Frédéric P. Navigation with obstacle avoidance of an autonomous sailboat[C]. International Conference on Climbing & Walking Robots, Clawar, 2011: 86-93.

[25] Plumet F, Clément P, Romero-Ramirez M A, et. al. Toward an autonomous sailing boat[J]. IEEE Journal of Oceanic Engineering, 2015, 40(2): 397-407.

[26] Stelzer R, Prili T. Autonomous sailboat navigation for short course racing[J]. Robotics and Autonomous Systems, 2008, 56(7): 604-614.

[27] Langbein J, Stelzer R, Frühwirth T. A rule-based approach to long-term routing for autonomous sailboats[C]. International Robotic Sailing Conference, Lübeck, German, 2011: 195-204.

[28] Less'Ard J S, Friebe A, Gallic M L. Voter based control system for collision avoidance and sailboat navigation[C]. International Robotic Sailing Conference, Horten, Norway, 2018: 57-68.

[29] Saoud H, Hua M D, Plumet F, et al. Routing and course control of an autonomous sailboat[C]. European Conference on Mobile Robots of IEEE, Lincoln, 2015: 1-6.

[30] 王倩. 无人帆船循迹航行的控制研究[D]. 上海: 上海交通大学, 2015.

[31] 罗潇. 绿色智能风帆船概念及验证研究[D]. 上海: 上海交通大学, 2017.

[32] 沈智鹏, 张圆. 帆船整体空气动力性能的数值模拟[J]. 船舶工程, 2018, 40(8): 39-44.

[33] 张圆, 沈智鹏. 均匀风下帆船的操纵可控区[J]. 大连海事大学学报, 2019, 45(1): 19-25.

[34] Corno M, Formentin S, Savaresi S M. Data-driven online speed optimization in autonomous sailboats[J]. IEEE Transactions on Intelligent Transportation Systems, 2016, 17(3): 762-771.

[35] Shen Z P, Wang S S, Yu H M, et al. Online speed optimization with feedforward of unmanned sailboat via extremum seeking without steady-state oscillation[J]. Ocean Engineering, 2019, 189: 106393.

[36] 张国庆, 李纪强, 王文新, 等. 基于速度调节的无人帆船机器人自适应航向保持控制[J]. 控制理论与应用, 2020, 37(11): 2383-2390.

[37] Stelzer R, Pröll T, John R I. Fuzzy logic control system for autonomous sailboats[C]. International Fuzzy Systems Conference of IEEE, London, 2007: 1-6.

[38] Cruz N A, Alves J C. Auto-heading controller for an autonomous sailboat[C]. Oceans'10 IEEE, Sydney, Australia, 2010: 1-6.

[39] 杨承恩, 毕英君. 用神经网络控制器对小型帆船的航向控制[J]. 中国造船, 2004, 45(1): 25-32.

[40] Lin X, Jouffroy J. Modeling and nonlinear heading control of sailing yachts[J]. IEEE Journal of Oceanic Engineering, 2014, 39(2): 256-268.

[41] Fossen T I. Guidance and Control of Ocean Vehicles[M]. New York: Wiley, 1994.

[42] Wille K L, Hassani V, Sprenger F. Modeling and course control of sailboats[C]. 10th IFAC Conference on Control Applications in Marine Systems, Trondheim, Norway, 2016: 532-539.

[43] 沈智鹏, 邹天宇. 控制方向未知的无人帆船自适应动态面航向控制[J]. 哈尔滨工程大学学报, 2019, 40(1): 94-101.

[44] 沈智鹏, 邹天宇, 郭坦坦. 输入受限的非仿射无人帆船航向系统自适应动态面控制[J]. 控制理论与应用, 2019, 36(9): 1461-1468.

[45] Deng Y J, Zhang X K, Zhang G Q. Line-of-sight-based guidance and adaptive neural path-following control for sailboats[J]. IEEE Journal of Oceanic Engineering, 2020, 45(4): 1177-1189.

第 2 章　无人帆船气动力数值计算与建模仿真

对帆船而言，由于其以风能作为动力的特性，操纵难度较高。为了更好地利用风能使得帆船安全航行，对帆船气动力性能，以及帆船操纵性能进行研究已变得非常迫切。本章针对帆船的气动力特性及其建模和运动仿真进行深入研究，从而为帆船的操纵性设计及海上安全航行控制提供理论基础和技术支撑，同时也对促进海洋风能这种可再生绿色能源的高效利用，积极推动帆船在海洋资源勘探和环境监测等方面的工程应用具有重要意义。

2.1　帆船整体气动力性能的数值计算

实际工况中帆船的船体与帆翼之间气动力性能是相互影响的，帆船的整体气动力并不等于两者单独存在时所受气动力的线性叠加。因此，有必要对帆船的整体气动力数值计算做系统研究。Cowles 等[1]以美洲杯帆船为模型采用多相流技术进行数值模拟，主要分析帆船的压力云图和周围空气流动的变化，有效地预测了帆船周围的空气流动速度和航行时尾流状况的变化，但没有给出帆船空气动力性能的系统分析，也没有对帆船空气动力性能影响因素进行研究，因此此项研究较为单一。Querard 等[2]通过风洞试验和数值计算证明船体的存在会使风帆底部产生涡流，并影响到达桅杆中部的流动，从而增加风帆的升力和阻力。但其只针对帆船迎风情况下的空气动力性能进行计算分析，没有分析其他风向下加装船体对帆翼空气动力性能的影响。

基于上述研究，本节分别对无人帆船的风帆和海平面上的船体部分进行建模，基于计算流体力学（CFD）方法对帆船的整体空气动力性能进行数值模拟计算。首先针对帆翼在有/无船体两种情况下，计算得到不同帆攻角下的升力系数和阻力系数，以及不同相对风向角下的推力系数和横向力系数，通过比较研究船体对帆翼空气动力性能的影响，分析帆、船之间空气动力的关系。然后对风帆助推船舶整体建立气动力数值预报的方法，通过对帆船整体的空气动力计算，得到不同相对风向角和帆攻角下的推力系数和横向力系数，最终生成不同相对风向角下的最佳操帆规则，并对气动力系数拟合函数，为后续建立帆船操纵运动数学模型奠定基础。

2.1.1　帆船气动力分析

帆船的推进力主要由风帆和风的相互作用产生。在实际航行时，海面上的风向和风速均不固定，驾驶人员需要根据实际需求来调整风帆的姿态。由机翼理论可知：风以一定角度吹向帆时，风帆有一定拱度，从而导致帆翼两侧气体流动速度不同，空气流动速度快的背风面压强较小，流动速度慢的迎风面压强较大，二者之间产生压强差，从而产生前进动力。

帆船航行时所受气动力分析如图 2.1.1 所示，XOY 为大地坐标系，(x_1, y_1)表示相对于大地坐标系无人帆船的位置坐标，xoy 为附体坐标系，通过这两个参考坐标系来描述船舶在空间中的平动和旋转。将帆船航行时海面上的风分为真实风、相对风和航行风。真实风为人离开帆船所观察到的风，用 v_{tw} 表示；相对风为帆船航行时所遭受的实际风，记作 v_{aw}；航行风为与帆船航速方向相反、大小相等的风，帆船航速记作 V。相对风与帆船航向的夹角称为相对风向角，记为 α_{aw}；真实风与无人帆船航向的夹角称为真实风向角，记为 α_{tw}。规定左舷来风为正，右舷来风为负。δ_s 为风帆舷向与船舶纵轴线的夹角，称为帆角，定义帆角 δ_s 以船纵轴线左侧为正，右侧为负。相对风向与风帆舷向之间的夹角称为帆攻角，记为 α_s，帆攻角根据外界风向和船舶航向来进行调节，使帆船能够保持正常航速和期望航向航行。

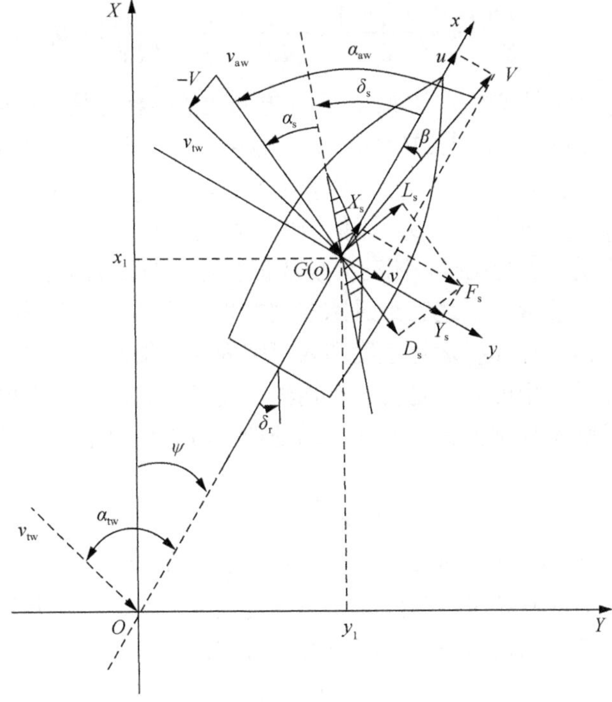

图 2.1.1　帆船气动力受力分析

帆翼所受气动力 F_s 由机翼理论可分为两个分力：其一与来流方向垂直，称为升力，以 L_s 表示；其二与来流方向平行，称为阻力，以 D_s 表示。为方便研究帆船运动，将升力和阻力沿帆船航速 V 方向分解为推力 X_s 和横向力 Y_s，且存在以下关系：

$$\begin{cases} X_s = L_s \sin\alpha_{aw} - D_s \cos\alpha_{aw} \\ Y_s = L_s \cos\alpha_{aw} + D_s \sin\alpha_{aw} \end{cases} \tag{2.1.1}$$

由式（2.1.1）知，相对风向角 $\alpha_{aw} < 90^\circ$ 时帆翼阻力分量提供的是负推力，$\alpha_{aw} > 90^\circ$ 时阻力和升力都构成正推力。

2.1.2 数值模拟模型

1. 来流控制方程

本节采用的计算风速远低于声速，可将来流视为不可压缩流体，控制方程为三维不可压缩的连续性方程和动量守恒方程（N-S 方程），可表示如下。

连续性方程：

$$\frac{\partial(\rho u_i)}{\partial x_i} = 0 \tag{2.1.2}$$

动量守恒方程：

$$\frac{\partial(\rho u_i)}{\partial t} + u_j \frac{\partial(\rho u_i)}{\partial x_j} = -\frac{\partial p}{\partial x_i} + \frac{\partial}{\partial x_j}\left(u_j \frac{\partial u_i}{\partial x_j}\right) + B_i \tag{2.1.3}$$

式中，$x_i(i=1, 2, 3)$分别代表坐标轴 x、y、z 方向上的坐标分量；$x_j(j=1, 2, 3)$分别代表坐标轴 x、y、z 对称方向上的坐标分量；$u_i(i=1, 2, 3)$分别代表沿坐标轴 x、y、z 方向上的速度分量；$u_j(j=1, 2, 3)$分别代表沿坐标轴 x、y、z 对称方向上的速度分量；t 为时间；p 为流体压力；ρ为流体密度；B_i 为体积力。

流体试验表明，当绕流时，流动会呈现带有脉动的混乱状态，产生所谓的涡，称湍流状态。若直接求解上述三维瞬态控制方程，虽然在一定程度上可以得到更为精确的结果，但对计算机运算速度和内存空间要求很高，无法应用于目前的实际工程中。现在最常用的方法是雷诺平均法，通过对湍流作一定程度的近似和简化，同时对三维瞬态控制方程做时间平均处理，将方程组中的变量分解为时均量和脉动量，即

$$\phi = \bar{\phi} + \phi' \tag{2.1.4}$$

式中，ϕ 表示三维瞬态控制方程组中任一变量；$\bar{\phi}$ 表示这一变量对应的时均量；ϕ' 表示这一变量对应的脉动量。将式（2.1.4）代入三维瞬态控制方程，对方程两边时间取平均，得到时均化的连续方程和 N-S 方程：

$$\frac{\partial u_i}{\partial x_i} = 0 \tag{2.1.5}$$

$$\frac{\partial(u_i u_j)}{\partial x_j}=-\frac{1}{\rho}\frac{\partial p}{\partial x_i}+\frac{\partial}{\partial x_j}\left[\nu_{\mathrm{t}}\left(\frac{\partial u_i}{\partial x_j}+\frac{\partial u_j}{\partial x_i}\right)\right]-\frac{\partial(\overline{u_i'u_j'})}{\partial x_j}+B_i \tag{2.1.6}$$

式中，ν_{t}为湍流黏性系数；u_i、u_j、p 都是时均量，与瞬时方程相比增加了雷诺应力项$-\overline{u_i'u_j'}$，$\overline{u_i'u_j'}$ 表示$u_i'u_j'$对时间的平均，多出新的未知数使方程组不封闭，为使方程组封闭，需要对雷诺应力做出某种假设，即要引入新的湍流模型方程。

2. 湍流模型

本节利用商业软件 Fluent 6.3.26 对帆船气动力进行数值计算，选用 Realizable k-ε湍流模型。该模型引入旋转和曲率的相关内容，对于旋转流动、强逆压梯度的边界层流动、流动分离和复杂二次流有较好的作用，能够在雷诺应力上与实际湍流保持相同，所得结果与实际结果更为接近。

Realizable k-ε湍流模型中，湍流能 k 方程为

$$\frac{\partial k}{\partial t}+\frac{\partial(ku_i)}{\partial x_i}=\frac{\partial}{\partial x_j}\left[\left(\nu+\frac{\nu_{\mathrm{t}}}{\sigma_k}\right)\frac{\partial k}{\partial x_j}\right]+G-\varepsilon \tag{2.1.7}$$

式中，G 定义为

$$G=\nu_{\mathrm{t}}\left(\frac{\partial u_i}{\partial x_j}+\frac{\partial u_j}{\partial x_i}\right)\frac{\partial u_i}{\partial x_j} \tag{2.1.8}$$

湍动能耗散率ε方程为

$$\frac{\partial(\varepsilon)}{\partial t}+\frac{\partial(\varepsilon u_i)}{\partial x_i}=\frac{\partial}{\partial x_j}\left[\left(\nu+\frac{\nu_{\mathrm{t}}}{\sigma_\varepsilon}\right)\frac{\partial \varepsilon}{\partial x_j}\right]+C_{\varepsilon 1}S_\varepsilon-C_{\varepsilon 2}\frac{\varepsilon^2}{k+\sqrt{\nu\varepsilon}} \tag{2.1.9}$$

湍流模型中各参数取 Fluent 6.3.26 求解器的默认值。

3. 数值计算方法和计算对象

为方便数值计算，本节提出如下假设。

（1）忽略帆翼厚度，风帆船的帆翼近似为一个薄片，且帆船表面是不变形的刚性材料，帆角可以任意调节。

（2）忽略桅杆和帆船其他部分的空气动力作用，只研究帆船的帆翼和海平面上的部分船体的空气动力性能。

（3）漂角β为零，帆船沿帆船纵轴线方向向前航行。

本节计算的帆船帆翼选用机翼型风帆，其具有升力系数高和可利用风向范围大的特点。风帆参数：面积为 170m^2，展舷比为 4.27，拱度比为 9.45%，舷长为 8m。船体参数：船长为 12.84m，艏艉柱垂线间长 L_{pp} 为 12.42m，最大船宽为 3.21m。速度项采用压力耦合方程组半稳式（semi-implicit-method for pressure linked equations，SIMPLE）方法，时间项采用一阶隐式离散，扩散项采用中心差分离散，对流项采用二阶迎风差分离散。

帆船表面和计算区域的几何建模使用 Gambit 软件完成，帆船整体的计算区域为前后 10 倍、左右 10 倍、上面 3 倍的帆船艏艉柱垂线间长 L_{pp}，帆翼的计算区域为前后 10 倍、左右 10 倍、上面 5 倍的帆翼舷长。由于风帆和船体外形的复杂性，根据文献[3]中网格划分方法比较，采用混合网格进行网格划分能够节省计算时间，同时模拟结果精度较高，本节模型计算区域的离散网格选用混合网格，划分结果如图 2.1.2、图 2.1.3 所示，网格数量为 85 万个。

图 2.1.2　帆船表面网格

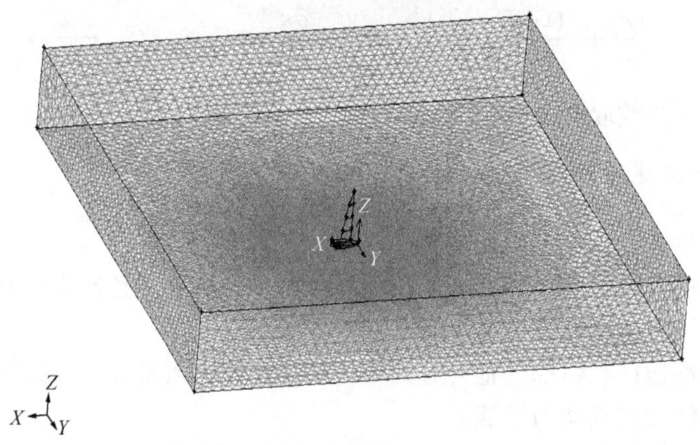

图 2.1.3　帆船计算区域的网格划分

在数值计算时，为了避免回流，流入和流出边界面随着相对风向角 α_{aw} 的改变而改变。各边界的边界条件如表 2.1.1 所示。速度入口为均匀来风，$v_{aw}=10\text{m/s}$，雷诺数 $Re=0.92\times10^{6}$。

表 2.1.1　边界条件

边界面	边界条件
入流	速度入口（velocity-inlet）
出流	压力出口（pressure-outlet）
海平面	无滑移壁面（wall）
帆、船表面	无滑移壁面（wall）

2.1.3　帆船整体气动力性能分析

1. 风帆的升力、阻力对比分析

首先对风帆在有船体和无船体两种工况下进行数值模拟，帆攻角 $\alpha_s \in [0°,180°]$，帆攻角变化量 $\Delta\alpha_s = 30°$，得到不同帆攻角下帆翼在有/无船体时的升力与阻力，并按式（2.1.10）获得升力、阻力无量纲化系数，计算出帆翼在两组工况下升力系数 C_{Ls} 和阻力系数 C_{Ds} 随帆攻角变化关系情况，如表 2.1.2 所示。

$$\begin{cases} C_{Ls} = \dfrac{L_s}{0.5\rho_a A_s v_{aw}^2} \\ C_{Ds} = \dfrac{D_s}{0.5\rho_a A_s v_{aw}^2} \end{cases} \tag{2.1.10}$$

式中，ρ_a 为空气密度；A_s 为风帆面积。

表 2.1.2　帆翼在有/无船体时的升力、阻力系数对比

帆攻角	帆翼升力系数		帆翼阻力系数	
	无船体	有船体	无船体	有船体
0°	0.3619	0.3482	0.0323	0.0357
30°	0.8143	0.8935	0.4082	0.4390
60°	0.3982	0.4438	0.6574	0.7242
90°	0.0009	0.0020	0.7517	0.8531
120°	0.4066	0.4694	0.6764	0.7670
150°	0.8576	0.9582	0.4329	0.4725
180°	0.3827	0.3711	0.0333	0.0363

由表 2.1.2 可以看出，帆翼在有/无船体时其升力、阻力系数随帆攻角的变化趋势一致，但帆翼的升力、阻力系数在有船体时总体大于无船体时的工况，说明

帆船船体的存在对帆翼的升力、阻力系数都有影响。故单独对风帆进行数值模拟分析帆船的空气动力性能，其结果是不够精准的。

2. 风帆有/无船体时的推力、横向力变化

以帆角 $\delta_s = 45°$ 的帆船为模型，进行不同相对风向角下帆翼和帆船整体空气动力性能的数值计算。因为帆船船舷水线面以上部分左右对称，相对风向角 α_{aw} 仅在 $(0°,180°)$ 范围内进行数值模拟，设定相对风向角变化量 $\Delta\alpha_{aw} = 30°$。通过计算得到的帆船推力和横向力，按式（2.1.11）获得无量纲化系数，分析帆、船空气动力性能相互干扰影响情况。

$$\begin{cases} C_{Xs} = \dfrac{X_s}{0.5\rho_a v_{aw}^2 L_{pp}^2} \\ C_{Ys} = \dfrac{Y_s}{0.5\rho_a v_{aw}^2 L_{pp}^2} \end{cases} \tag{2.1.11}$$

式中，C_{Xs} 为推力系数；C_{Ys} 为横向力系数。

图 2.1.4 给出了各相对风向角下帆船整体空气动力性能数值模拟结果（表示为“whole”），同时给出了帆翼和船体同一状态下各自所受的气动力（分别表示为“sail-with”和“hull-with”）和帆翼单独数值模拟的空气动力性能结果（表示为“sail-only”）。

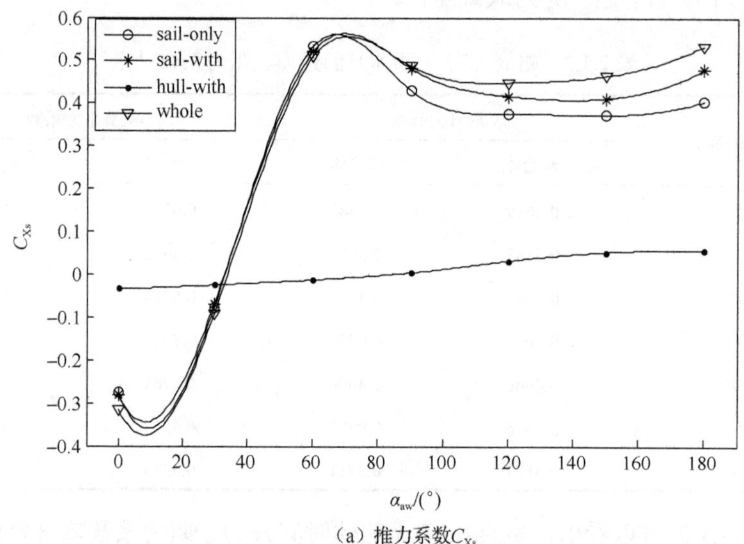

（a）推力系数C_{Xs}

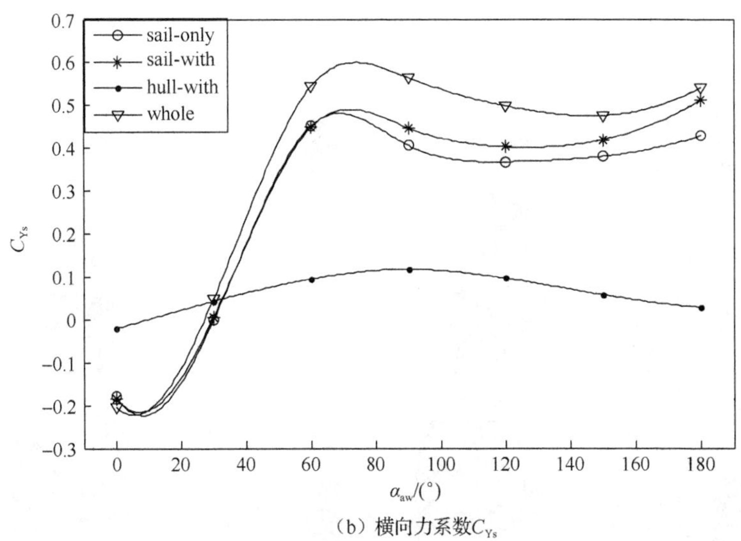

（b）横向力系数C_{Ys}

图 2.1.4　不同相对风向角下帆船的空气动力性能（$\delta_s = 45°$）

由图 2.1.4 可知，帆翼的空气动力性能在有/无船体时存在差别，相对风向角 α_{aw} 在 0°～90°时，帆翼在有船体和无船体时的推力和横向力相差不大，在顺风（$\alpha_{aw} \geqslant 90°$）情况下，帆翼单独存在时所受的推力和横向力明显小于船体存在时的推力和横向力。从图 2.1.4（a）中可以看出，船体推力随相对风向角 α_{aw} 增大而增大，$\alpha_{aw} \geqslant 90°$ 时，帆船整体推力明显大于帆翼单独时的推力。由图 2.1.4（b）可知，帆船整体横向力均大于帆翼单独时的横向力。帆翼的空气动力性能是帆船整体空气动力性能的主要部分，但船体对帆船的空气动力性能也有一定影响。

图 2.1.5 为相对风向角 $\alpha_{aw} = 180°$ 有/无船体时的帆翼表面压力云图对比，由图可知，帆翼在有/无船体的情况下，其压力都是从帆翼前缘到后缘逐渐减小；有船体时帆翼的压力系数在 0.11～1.21，无船体时帆翼的压力系数在 0.14～1.03，这表明帆翼在有船体时所受的整体压力大于无船体时所受的压力；但无船体时帆翼底端的压力大于有船体时帆翼底端的压力，说明帆翼下部船体的存在对帆翼绕流造成一定影响。

综合得出，帆船整体的空气动力性能并不是帆翼和船体单独存在时所受空气动力的线性叠加，二者之间存在非线性相互干扰的关系。在某些相对风向角下，帆翼在不考虑船体和考虑船体时的推力、横向力系数有较大不同，这种情况是由帆、船流场互相干扰导致的。帆船整体数值模拟与帆翼单独数值模拟得到的空气动力系数相比，有较大区别，帆船数值模拟计算时加入船体得到的数据较为精确。

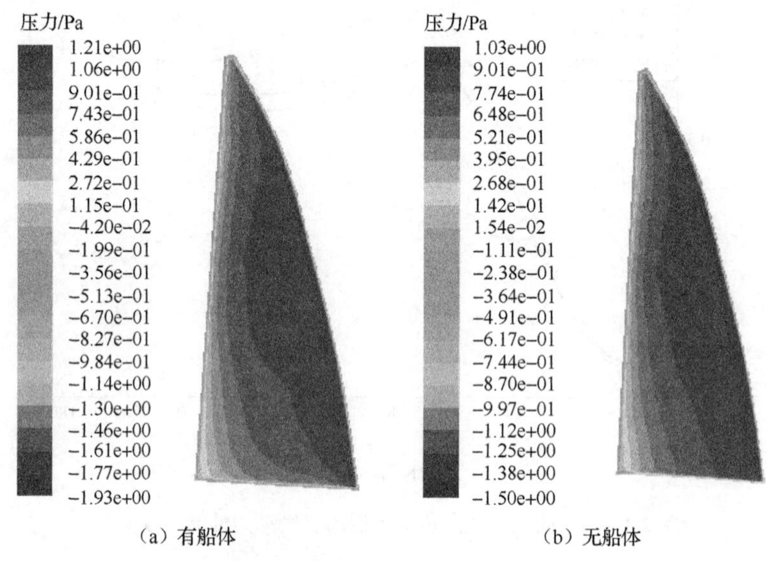

(a) 有船体　　(b) 无船体

图 2.1.5　帆翼表面压力云图对比（$\alpha_{aw}=180°$）

2.1.4　帆船整体气动力数据库建立

1. 最佳操帆角数值模拟

在对风帆数值计算的方法基础上，针对不同相对风向角α_{aw}，通过改变帆角δ_s，从而改变帆攻角α_s，进行不同工况组合的数值模拟计算，可得到不同相对风向角下，帆攻角与帆船的推力系数C_{Xs}和横向力系数C_{Ys}的变化曲线，如图 2.1.6 所示，其中相对风向角$\alpha_{aw}\in[0°,180°]$，帆攻角$\alpha_s\in[0°,180°]$，当相对风向角变化量$\Delta\alpha_{aw}=30°$时，帆攻角变化量为$\Delta\alpha_s=15°$。推力为风帆船前进的动力，横向力会使帆船产生倾斜，所以应该调节帆角以获得最大推力使帆船运动保持在最佳的前进状态，同时避免帆船产生大倾斜。

从图 2.1.6 中可看出，当相对风向角$\alpha_{aw}=0°$时，帆船所有帆攻角下的推力系数均是负值，无法产生前进推力，当$\alpha_{aw}=30°$时，只有帆攻角$\alpha_s=0°\sim30°$时推力系数为正值，且其值较小，且对应横向力系数较大，不满足帆船航行条件，所以相对风向角$[0°,30°]$为帆船的死角区。当$\alpha_{aw}=60°$时，操纵风帆使帆攻角$\alpha_s=15°$时推力系数可获得最大值，此时最大推力系数$\mathrm{Max}(C_{Xs})=0.508$，对应横向力系数$C_{Ys}=0.544$。当$\alpha_{aw}=120°$时，风帆攻角$\alpha_s=30°$时推力系数最大，

$\mathrm{Max}(C_{\mathrm{Xs}})=0.764$， $C_{\mathrm{Ys}}=0.011$，此时也是全过程 $\mathrm{Max}(C_{\mathrm{Xs}})$ 的最大值。由此比较图 2.1.6（a）帆船操纵不同帆攻角时整体风向角下的推力系数，得到在不同风向下帆船可以获得最大推力时对应的帆攻角，并获得不同相对风向角时的最大推力系数 $\mathrm{Max}(C_{\mathrm{Xs}})$ 及其对应的横向力系数 C_{Ys}，生成的最大推力曲线如图 2.1.7 所示。最大推力曲线反映帆船在不同风向角时所得到的最大推力，对应横向力系数曲线反映在相对风向角 α_{aw} 下得到最大推力时所对应横向力系数 C_{Ys} 的变化。

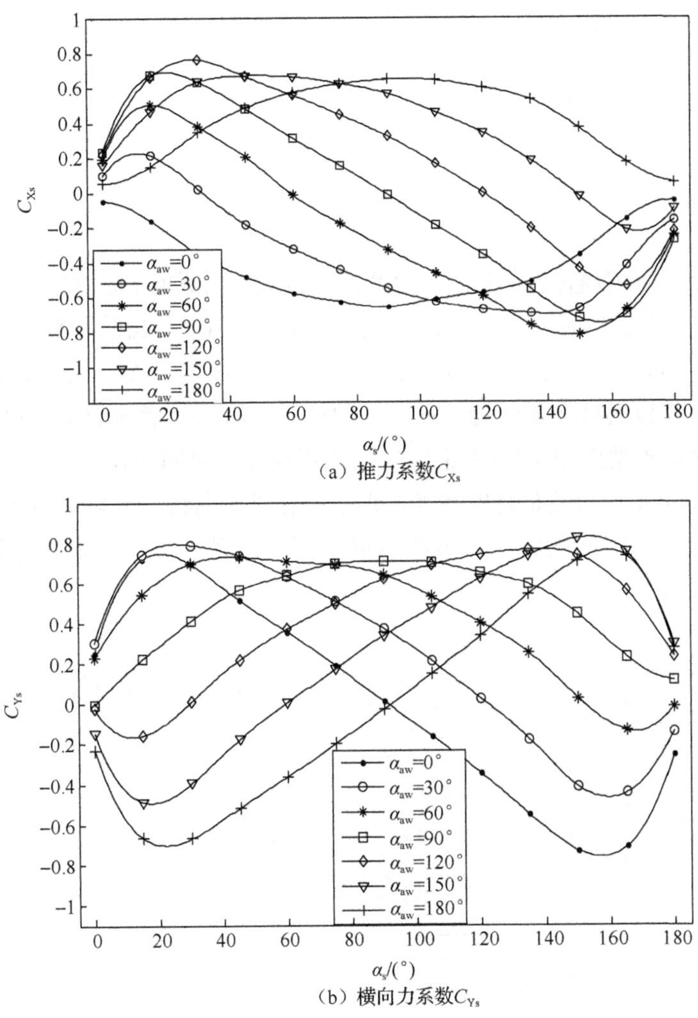

（a）推力系数C_{Xs}

（b）横向力系数C_{Ys}

图 2.1.6　不同相对风向角下帆船的空气动力性能

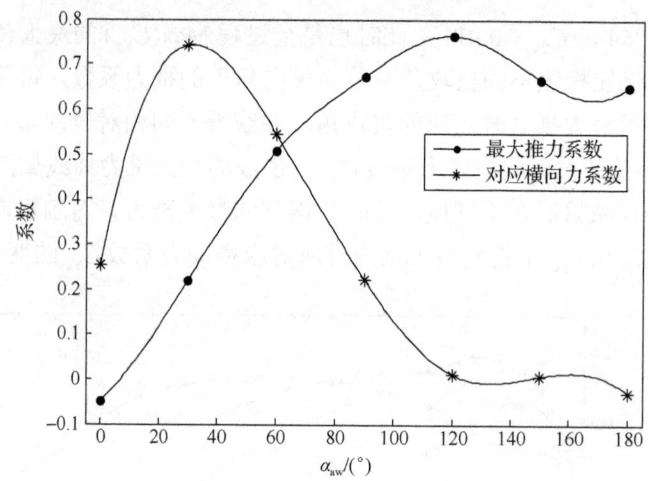

图 2.1.7　最大推力曲线

从图 2.1.7 可以看到，当 $\alpha_{aw} \leqslant 30°$ 时，最大推力系数 $\mathrm{Max}(C_{Xs})$ 所对应的横向力系数较大，帆船容易产生大的倾斜失去平衡；在 30°～120°，$\mathrm{Max}(C_{Xs})$ 随 α_{aw} 增大而增大，同时横向力系数快速减小；当 $\alpha_{aw} \geqslant 120°$ 时，$\mathrm{Max}(C_{Xs})$ 均较大，且对应的横向力系数保持在零附近，在良好的外界环境下合适地操帆有利于帆船平稳快速地航行。根据图 2.1.6 和图 2.1.7，由不同相对风向角 α_{aw} 下的最大推力系数 $\mathrm{Max}(C_{Xs})$，可得对应的最佳帆攻角，再基于相对风向角、帆攻角和帆角三者之间的关系，计算出对应的帆角，最终生成不同相对风向角下的最佳操帆曲线，如图 2.1.8 所示。

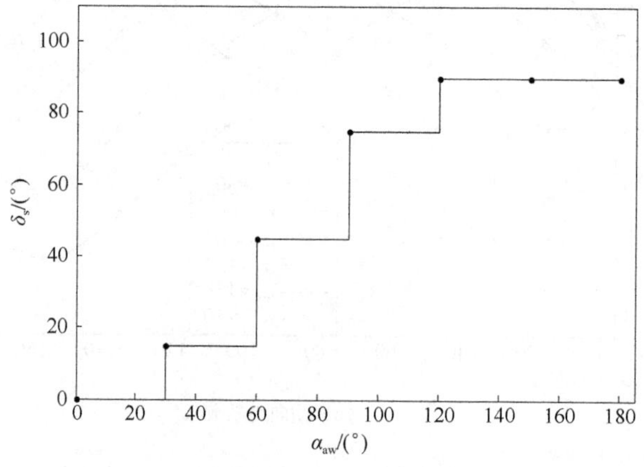

图 2.1.8　最佳操帆曲线

由图 2.1.8 可得，帆船在航行死角区时（$\alpha_{aw} \in [0°,30°)$），无法正常航行，需要调整航向和帆角进行 Z 形航行；在侧风航行时（$\alpha_{aw} \in [30°,120°)$），根据风向变化按图给出的规则调整帆角，使风帆攻角保持在 $15°$ 左右；顺风航行时（$\alpha_{aw} \in [120°,180°]$），操纵风帆使帆角为 $90°$，可以获得最大推力。利用以上规则，帆船驾驶人员可以根据不同风向实时调整帆角，从而高效率地利用风力驱动风帆船航行。

2. 帆船气动力数据拟合

为更好地利用前述数值计算得到整体相对风向角内不同帆攻角的帆船整体气动力系数，现将所得系数在相对风向角 $\alpha_{aw} \in (-180°,180°)$ 范围内的变化曲线进行拟合，方便代入帆船数学模型中做进一步研究。由于帆船的左右对称性，在相对风向角 $\alpha_{aw} \in (-180°,0°)$ 范围内，相同帆攻角下与相对风向角 $\alpha_{aw} \in (0°,180°)$ 下帆船所受的推力大小相等、方向相同，所受横向力大小相等、方向相反。不同帆攻角下的帆船整体气动力系数表达式如下，其中相对风向角 α_{aw} 单位为弧度。

（1）$\alpha_s = 0°$：

$$C_{Xs} = 0.227\sin(0.6118\alpha_{aw} + 1.571) + 0.1962\sin(1.397\alpha_{aw} - 1.571) + 0.04967\sin(3.167\alpha_{aw} - 1.571) + 0.02907\sin(5.033\alpha_{aw} - 1.571) \tag{2.1.12}$$

$$C_{Ys} = 0.2586\sin(1.765\alpha_{aw} + 0.2877) + 0.1332\sin(3.36\alpha_{aw} + 0.564) + 0.0684\sin(5.142\alpha_{aw} + 1.733) + 0.06972\sin(0.2198\alpha_{aw} + 0.5767) \tag{2.1.13}$$

（2）$\alpha_s = 15°$：

$$C_{Xs} = 0.6978\sin(0.6663\alpha_{aw} + 1.571) + 0.6628\sin(1.342\alpha_{aw} - 1.571) + 0.121\sin(3.099\alpha_{aw} - 1.571) + 0.07179\sin(5.029\alpha_{aw} - 1.571) \tag{2.1.14}$$

$$C_{Ys} = 0.699\sin(1.719\alpha_{aw} + 0.2959) + 0.2789\sin(3.435\alpha_{aw} + 0.8244) + 0.2609\sin(0.1056\alpha_{aw} + 0.5254) + 0.2121\sin(5.143\alpha_{aw} + 1.317) \tag{2.1.15}$$

（3）$\alpha_s = 30°$：

$$C_{Xs} = 0.7132\sin(0.7111\alpha_{aw} + 1.571) + 0.8886\sin(1.256\alpha_{aw} - 1.571) + 0.1108\sin(3.09\alpha_{aw} - 1.571) + 0.06531\sin(4.936\alpha_{aw} - 1.571) \tag{2.1.16}$$

$$C_{Ys} = 0.2573\sin(2.893\alpha_{aw} + 0.7398) + 0.7823\sin(1.479\alpha_{aw} + 0.1718) + 0.2003\sin(4.398\alpha_{aw} + 1.184) + 0.3227\sin(5.985\alpha_{aw} + 0.2907) \tag{2.1.17}$$

（4）$\alpha_s = 45°$：

$$C_{Xs} = 0.3398\sin(0.5714\alpha_{aw} + 1.571) + 0.6871\sin(1.28\alpha_{aw} - 1.571) + 0.09849\sin(3.056\alpha_{aw} - 1.571) + 0.03715\sin(4.843\alpha_{aw} - 1.571) \tag{2.1.18}$$

$$C_{\mathrm{Ys}} = 0.2181\sin(2.763\alpha_{\mathrm{aw}} + 0.6769) + 0.7921\sin(1.326\alpha_{\mathrm{aw}} + 0.1263) + 0.1612\sin(4.342\alpha_{\mathrm{aw}} + 1.078) + 0.1871\sin(5.969\alpha_{\mathrm{aw}} + 0.3866) \tag{2.1.19}$$

（5）$\alpha_{\mathrm{s}} = 60°$：

$$C_{\mathrm{Xs}} = 0.6625\sin(1.204\alpha_{\mathrm{aw}} - 1.571) + 0.1833\sin(0.5786\alpha_{\mathrm{aw}} + 1.571) + 0.05887\sin(3.143\alpha_{\mathrm{aw}} - 1.571) + 0.03764\sin(5.079\alpha_{\mathrm{aw}} - 1.571) \tag{2.1.20}$$

$$C_{\mathrm{Ys}} = 0.7707\sin(1.221\alpha_{\mathrm{aw}} + 0.09394) + 0.1602\sin(2.711\alpha_{\mathrm{aw}} + 0.6498) + 0.1161\sin(4.316\alpha_{\mathrm{aw}} + 1.041) + 0.6484\sin(5.993\alpha_{\mathrm{aw}} + 0.07649) \tag{2.1.21}$$

（6）$\alpha_{\mathrm{s}} = 75°$：

$$C_{\mathrm{Xs}} = 0.6291\sin(1.124\alpha_{\mathrm{aw}} - 1.571) + 0.05701\sin(0.5252\alpha_{\mathrm{aw}} + 1.571) + 0.03005\sin(3.197\alpha_{\mathrm{aw}} - 1.571) + 0.02496\sin(5.139\alpha_{\mathrm{aw}} - 1.571) \tag{2.1.22}$$

$$C_{\mathrm{Ys}} = 0.754\sin(1.121\alpha_{\mathrm{aw}} + 0.05537) + 0.08661\sin(2.648\alpha_{\mathrm{aw}} + 0.665) + 0.06086\sin(4.317\alpha_{\mathrm{aw}} + 1.099) + 1.955\sin(5.999\alpha_{\mathrm{aw}} + 0.01391) \tag{2.1.23}$$

（7）$\alpha_{\mathrm{s}} = 90°$：

$$C_{\mathrm{Xs}} = 0.6497\sin(0.9988\alpha_{\mathrm{aw}} - 1.571) + 0.007591\sin(4.04\alpha_{\mathrm{aw}} - 1.571) + 0.006203\sin(1.998\alpha_{\mathrm{aw}} + 1.571) + 0.004838\sin(5.371\alpha_{\mathrm{aw}} - 1.571) \tag{2.1.24}$$

$$C_{\mathrm{Ys}} = 0.7489\sin(1.027\alpha_{\mathrm{aw}} + 0.003465) + 0.01945\sin(2.564\alpha_{\mathrm{aw}} + 0.1581) + 0.03393\sin(5.622\alpha_{\mathrm{aw}} + 3.089) + 0.02899\sin(4.202\alpha_{\mathrm{aw}} + 3.041) \tag{2.1.25}$$

（8）$\alpha_{\mathrm{s}} = 105°$：

$$C_{\mathrm{Xs}} = 4.078\sin(0.7081\alpha_{\mathrm{aw}} - 1.571) - 3.41\sin(0.6804\alpha_{\mathrm{aw}} - 1.571) + 0.0523\sin(2.626\alpha_{\mathrm{aw}} + 1.571) + 0.01919\sin(4.203\alpha_{\mathrm{aw}} + 1.571) \tag{2.1.26}$$

$$C_{\mathrm{Ys}} = 0.6691\sin(0.8866\alpha_{\mathrm{aw}} - 0.06847) + 0.08564\sin(2.58\alpha_{\mathrm{aw}} - 2.556) + 0.05311\sin(4.288\alpha_{\mathrm{aw}} - 2.037) + 0.2271\sin(5.995\alpha_{\mathrm{aw}} - 3.038) \tag{2.1.27}$$

（9）$\alpha_{\mathrm{s}} = 120°$：

$$C_{\mathrm{Xs}} = 0.1026\sin(0.8463\alpha_{\mathrm{aw}} - 1.571) + 0.6264\sin(0.7293\alpha_{\mathrm{aw}} - 1.571) + 0.1033\sin(2.286\alpha_{\mathrm{aw}} + 1.571) + 0.03167\sin(3.943\alpha_{\mathrm{aw}} + 1.571) \tag{2.1.28}$$

$$C_{\mathrm{Ys}} = 0.627\sin(0.7689\alpha_{\mathrm{aw}} - 1.427) + 0.1853\sin(2.289\alpha_{\mathrm{aw}} - 2.649) + 0.1075\sin(3.804\alpha_{\mathrm{aw}} - 2.216) + 0.08729\sin(5.27\alpha_{\mathrm{aw}} - 1.81) \tag{2.1.29}$$

（10）$\alpha_{\mathrm{s}} = 135°$：

$$C_{\mathrm{Xs}} = -0.001718\sin(0.9072\alpha_{\mathrm{aw}} - 1.571) + 0.7788\sin(0.6392\alpha_{\mathrm{aw}} - 1.571) + 0.1925\sin(2.185\alpha_{\mathrm{aw}} + 1.571) + 0.05991\sin(3.763\alpha_{\mathrm{aw}} + 1.571) \tag{2.1.30}$$

$$C_{\mathrm{Ys}} = 0.5948\sin(0.6768\alpha_{\mathrm{aw}} - 0.2129) + 0.3123\sin(2.104\alpha_{\mathrm{aw}} - 2.689) + 0.1883\sin(3.617\alpha_{\mathrm{aw}} - 2.274) + 0.1505\sin(5.205\alpha_{\mathrm{aw}} - 1.821) \tag{2.1.31}$$

（11）$\alpha_s = 150°$：

$$C_{Xs} = 0.7547\sin(0.5274\alpha_{aw} - 1.571) + 0.1809\sin(2.222\alpha_{aw} + 1.571) + 0.07521\sin(3.916\alpha_{aw} + 1.571) - 0.1016\sin(1.861\alpha_{aw} - 1.571) \tag{2.1.32}$$

$$C_{Ys} = 0.4798\sin(1.975\alpha_{aw} - 2.746) + 0.5175\sin(0.5893\alpha_{aw} - 0.2951) + 0.2605\sin(3.541\alpha_{aw} - 2.283) + 0.207\sin(5.179\alpha_{aw} - 1.826) \tag{2.1.33}$$

（12）$\alpha_s = 165°$：

$$C_{Xs} = 0.8367\sin(0.6922\alpha_{aw} - 1.571) + 0.1149\sin(2.987\alpha_{aw} + 1.571) + 0.5323\sin(1.407\alpha_{aw} + 1.571) + 0.03827\sin(4.857\alpha_{aw} + 1.571) \tag{2.1.34}$$

$$C_{Ys} = 0.4978\sin(1.868\alpha_{aw} - 2.76) + 0.4043\sin(0.4842\alpha_{aw} - 0.3285) + 0.2441\sin(3.499\alpha_{aw} - 2.208) + 0.2029\sin(5.161\alpha_{aw} - 1.767) \tag{2.1.35}$$

（13）$\alpha_s = 180°$：

$$C_{Xs} = 0.3121\sin(0.6833\alpha_{aw} - 1.571) + 0.03639\sin(3.048\alpha_{aw} + 1.571) + 0.2055\sin(1.414\alpha_{aw} + 1.571) + 0.02162\sin(5.043\alpha_{aw} + 1.571) \tag{2.1.36}$$

$$C_{Ys} = 0.1684\sin(1.898\alpha_{aw} + 2.747) + 0.1761\sin(0.5251\alpha_{aw} + 0.2792) + 0.07233\sin(5.163\alpha_{aw} + 1.775) + 0.08467\sin(3.525\alpha_{aw} + 2.184) \tag{2.1.37}$$

2.2　无人帆船操纵运动数学建模与仿真

近年来许多学者针对帆船建模仿真展开了系列研究。Pêtrès 等[4]针对无人帆船的复杂运动，提出基于人工势场的无功导航方法，并用数值模拟验证方法的有效性；葛艳等[5]基于 T-S 模糊模型提出一种帆船模糊自适应控制新方法，实现对帆船航向的智能控制；卢俊[6]基于空气动力学理论建立帆翼的数学模型，对传统船舶动力装置的数学模型进行改进。然而他们仅单独考虑风帆的气动力性能，没有建立精确的数学模型进行系统研究，且多数对帆船所建立的模型只包括前进、横漂和艏摇三个自由度，没有考虑横摇，而横摇在帆船运动中担任重要角色，与航行安全性有紧密联系。对帆船进行后续运动控制研究，建立精确合理的运动数学模型是必要的。

本节将帆船分为船舵、水线以下部分船体、龙骨和风帆及水线以上部分船体，结合流体力学和机翼理论对各部分进行受力分析，得到帆船各部分受力与来流攻角的函数关系，从而建立四自由度的帆船操纵运动数学模型，并结合实船参数对数学模型进行运动仿真实验。

2.2.1 帆船操纵运动数学建模

帆船实际航行时，受到风、浪、流等外界环境作用的影响，为方便帆船运动的研究，本节提出如下假设。

（1）帆船运动的海域是无限广、深的水域，受均匀来风，且不考虑定常均匀风作用下帆船的横倾与纵倾的变化。

（2）假设帆船各部分均是刚体，忽略受到空气动力和水动力时发生的弹性形变。

（3）忽略帆船的起伏运动和纵摇运动。

为描述帆船航行，定义两个坐标系，即地球惯性坐标系 *O-XYZ* 和附体坐标系 *G-xyz*，如图 2.2.1 所示。其中，*O* 点为帆船起始位置，*OX* 轴指向正北，*OY* 轴指向正东，*OZ* 轴指向地心；*G* 点位于帆船重心处，*Gx* 轴指向船艏，*Gy* 轴指向右舷，*Gz* 轴垂直于 *Gxy* 平面，指向船底。此外，ψ 为帆船艏摇角，规定 *OX* 轴方向为零度，自 *OX* 至 *Gx* 顺时针为正；舵叶中轴线与帆船中轴线间的夹角为舵角 δ_r，规定以右舵为正，左舵为负；帆船实际航速 *V* 与 *Gx* 正向之间夹角为漂角 β，规定偏 *Gx* 左侧为正。

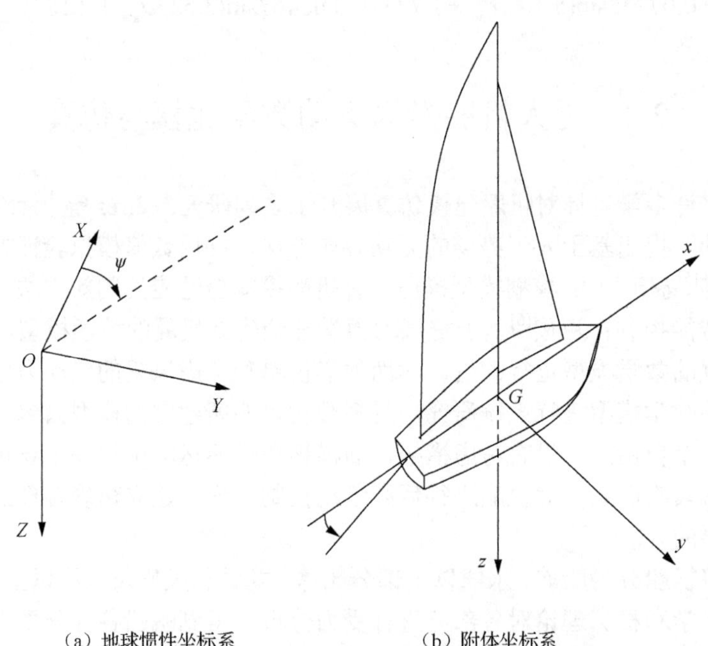

图 2.2.1 帆船运动坐标系

在上述假设及坐标系定义下，基于 Fossen 建模思想，考虑风环境作用力影响，本节建立了四自由度非线性帆船运动数学模型，模型具体表示如下：

$$
\begin{cases}
\dot{u} = \left[\left(-m + Y_{\dot{v}}\right)vr + X_{\mathrm{h}} + X_{\mathrm{k}} + X_{\mathrm{r}} + X_{\mathrm{s}} + X_{\mathrm{wave}} + X_{\mathrm{wind}}\right]\left(m - X_{\dot{u}}\right)^{-1} \\
\dot{v} = \left[\left(m - X_{\dot{u}}\right)ur + Y_{\mathrm{h}} + Y_{\mathrm{k}} + Y_{\mathrm{r}} + Y_{\mathrm{s}} + Y_{\mathrm{wave}} + Y_{\mathrm{wind}}\right]\left(m - Y_{\dot{v}}\right)^{-1} \\
\dot{p} = \left[-M_{\mathrm{r}}(\phi) + M_{\mathrm{h}} + M_{\mathrm{k}} + M_{\mathrm{r}} + M_{\mathrm{s}} - M_{\phi d}\left(\dot{\phi}\right) + M_{\mathrm{wave}} + M_{\mathrm{wind}}\right]\left(I_{xx} - M_{\dot{p}}\right)^{-1} \\
\dot{r} = \left[(-X_{\dot{u}} + Y_{\dot{v}})uv + N_{\mathrm{h}} + N_{\mathrm{k}} + N_{\mathrm{r}} + N_{\mathrm{s}} - N_{\psi d}(\dot{\psi})\cos\phi + N_{\mathrm{wave}} + N_{\mathrm{wind}}\right]\left(I_{zz} - N_{\dot{r}}\right)^{-1}
\end{cases}
\tag{2.2.1}
$$

此外，结合刚体运动学得

$$
\begin{cases}
\dot{x}_G = u\cos\psi - v\sin\psi\cos\phi \\
\dot{y}_G = u\sin\psi + v\cos\psi\cos\phi \\
\dot{\phi} = p \\
\dot{\psi} = r
\end{cases}
\tag{2.2.2}
$$

式中，u、v 分别为帆船实际航速 V 在附体坐标系下沿 Gx 轴及 Gy 轴的速度分量；p 为横摇角速度；r 为艏摇角速度；ϕ 为横摇角；ψ 为艏摇角；m 为帆船质量；$X_{\dot{u}}$、$Y_{\dot{v}}$、$M_{\dot{p}}$、$N_{\dot{r}}$ 为附体坐标系中的附加质量系数；I_{xx} 为附体坐标系下 Gx 轴的附加转动惯量；I_{zz} 为附体坐标系下 Gz 轴的附加转动惯量；x_G 和 y_G 为帆船重心在大地坐标系下的位置坐标；式（2.2.1）右端各项中帆船各部分所受的流体动力，如船体水动力分量以脚标“h”为标记，龙骨水动力分量以脚标“k”为标记，船舵水动力分量以脚标“r”为标记，风帆及船体水线上部分的气动力分量，以脚标“s”标记；X_{wind}、Y_{wind}、M_{wind}、N_{wind} 为风干扰产生的力和力矩；X_{wave}、Y_{wave}、M_{wave}、N_{wave} 为海浪干扰产生的力和力矩；$M_{\mathrm{r}}(\phi)$ 为静态恢复力矩，$M_{\phi d}\left(\dot{\phi}\right)$ 为横摇阻尼力矩，$N_{\psi d}(\dot{\psi})$ 为艏摇阻尼力矩。$M_{\mathrm{r}}(\phi)$、$M_{\phi d}\left(\dot{\phi}\right)$、$N_{\psi d}(\dot{\psi})$ 可以分别用含有 ϕ、$\dot{\phi}$ 和 $\dot{\psi}$ 的方程式表示：

$$
\begin{cases}
M_{\mathrm{r}}(\phi) = a\phi^2 + b\phi \\
M_{\phi d}\left(\dot{\phi}\right) = c\dot{\phi}\left|\dot{\phi}\right| \\
N_{\psi d}(\dot{\psi}) = d\dot{\psi}\left|\dot{\psi}\right|
\end{cases}
\tag{2.2.3}
$$

式中，a、b、c、d 为常系数，可以通过在帆船上进行倾斜试验得到。下面对帆船操纵运动数学模型中各部分所受流体动力进行具体介绍。

1. 风帆和船体气动力建模

根据图 2.1.1 对帆船气动力进行分析，相对风向角 α_{aw}、真实风向角 α_{tw}、相

对风速 v_{aw} 和真实风速 v_{tw} 满足以下关系：

$$\begin{cases} v_{\mathrm{awu}} = v_{\mathrm{tw}}\cos(\alpha_{\mathrm{tw}} - \psi) - u + r y_{\mathrm{s}} \\ v_{\mathrm{awv}} = v_{\mathrm{tw}}\sin(\alpha_{\mathrm{tw}} - \psi)\cos\phi - v - r x_{\mathrm{s}} + p z_{\mathrm{s}} \\ v_{\mathrm{aw}} = \sqrt{v_{\mathrm{awu}}^2 + v_{\mathrm{awv}}^2} \end{cases} \tag{2.2.4}$$

$$\begin{cases} \alpha_{\mathrm{aw}} = \tau - \arctan\left(\dfrac{v_{\mathrm{awv}}}{v_{\mathrm{awu}}}\right) \\ \alpha_{\mathrm{s}} = \alpha_{\mathrm{aw}} - \delta_{\mathrm{s}} \\ \tau = \begin{cases} 0, & v_{\mathrm{awu}} \leqslant 0 \\ \pi \cdot \mathrm{sgn}(v_{\mathrm{awv}}), & v_{\mathrm{awu}} > 0 \end{cases} \end{cases} \tag{2.2.5}$$

式中，v_{awu}、v_{awv} 分别为相对风速在附体坐标系下沿 Gx 轴和 Gy 轴的速度分量；x_{s}、y_{s}、z_{s} 分别为帆船气动力合力作用点在 Gx 轴、Gy 轴、Gz 轴的位置坐标，此外帆船气动力系数表达式为

$$\begin{cases} C_{\mathrm{Xs}} = \dfrac{X_{\mathrm{s}}}{0.5\rho_{\mathrm{a}} v_{\mathrm{aw}}^2 L_{\mathrm{pp}}^2} \\ C_{\mathrm{Ys}} = \dfrac{Y_{\mathrm{s}}}{0.5\rho_{\mathrm{a}} v_{\mathrm{aw}}^2 L_{\mathrm{pp}}^2} \\ C_{\mathrm{Ms}} = \dfrac{M_{\mathrm{s}}}{0.5\rho_{\mathrm{a}} v_{\mathrm{aw}}^2 L_{\mathrm{pp}}^3} \\ C_{\mathrm{Ns}} = \dfrac{N_{\mathrm{s}}}{0.5\rho_{\mathrm{a}} v_{\mathrm{aw}}^2 L_{\mathrm{pp}}^3} \end{cases} \tag{2.2.6}$$

基于 2.1 节对帆船气动力性能的数值计算及分析，已拟合到不同帆攻角下，帆船气动力系数与相对风向角的函数关系。参考文献[7]，气动力作用下的帆船横摇力矩和艏摇力矩与推力和横向力有如下关系：

$$\begin{cases} M_{\mathrm{s}} = Y_{\mathrm{s}}\left|z_{\mathrm{s}}\right| \\ N_{\mathrm{s}} = Y_{\mathrm{s}}\left(x_{\mathrm{m}} - x_{\mathrm{sm}}\cos\delta_{\mathrm{s}}\right) - x_{\mathrm{sm}}\sin\delta_{\mathrm{s}} X_{\mathrm{s}} \end{cases} \tag{2.2.7}$$

式中，x_{sm} 为桅杆与帆上空气动力中心点的距离；x_{m} 为桅杆在附体坐标系 Gx 轴的坐标。结合式（2.2.6），可得帆船横摇力矩系数和艏摇力矩系数与推力系数和横向力系数的关系：

$$\begin{cases} C_{\mathrm{Ms}} = \dfrac{C_{\mathrm{Ys}}\left|z_{\mathrm{s}}\right|}{L_{\mathrm{pp}}} \\ C_{\mathrm{Ns}} = \dfrac{C_{\mathrm{Ys}}\left(x_{\mathrm{m}} - x_{\mathrm{sm}}\cos\delta_{\mathrm{s}}\right) - x_{\mathrm{sm}}\sin\delta_{\mathrm{s}} C_{\mathrm{Xs}}}{L_{\mathrm{pp}}} \end{cases} \tag{2.2.8}$$

2. 船舵、龙骨、船体水动力建模

1）船舵水动力建模

与风帆与来风之间速度夹角类似，船舵与来流之间也存在相似关系：

$$\begin{cases} v_{\mathrm{aru}} = -u + r y_{\mathrm{r}} \\ v_{\mathrm{arv}} = -v - r x_{\mathrm{r}} + p z_{\mathrm{r}} \\ v_{\mathrm{ar}} = \sqrt{v_{\mathrm{aru}}^2 + v_{\mathrm{arv}}^2} \end{cases} \tag{2.2.9}$$

$$\begin{cases} \alpha_{\mathrm{ar}} = \arctan\left(-\dfrac{v_{\mathrm{arv}}}{v_{\mathrm{aru}}}\right) \\ \alpha_{\mathrm{r}} = \alpha_{\mathrm{ar}} - \delta_{\mathrm{r}} \end{cases} \tag{2.2.10}$$

式中，v_{aru}、v_{arv} 分别为舵前有效来流速度 v_{ar} 在附体坐标系下沿 Gx 轴、Gy 轴的速度分量；x_{r}、y_{r}、z_{r} 分别为来流对船舵的合力作用点在 Gx 轴、Gy 轴、Gz 轴的位置坐标；α_{ar} 是舵处的相对水流角；α_{r} 是舵前来流攻角。

船舵处受水动力和力矩表达式为

$$\begin{cases} X_{\mathrm{r}} = L_{\mathrm{r}} \sin\alpha_{\mathrm{ar}} - D_{\mathrm{r}} \cos\alpha_{\mathrm{ar}} \\ Y_{\mathrm{r}} = L_{\mathrm{r}} \cos\alpha_{\mathrm{ar}} + D_{\mathrm{r}} \sin\alpha_{\mathrm{ar}} \\ M_{\mathrm{r}} = (L_{\mathrm{r}} \cos\alpha_{\mathrm{ar}} + D_{\mathrm{r}} \sin\alpha_{\mathrm{ar}})|z_{\mathrm{r}}| \\ N_{\mathrm{r}} = -(L_{\mathrm{r}} \cos\alpha_{\mathrm{ar}} + D_{\mathrm{r}} \sin\alpha_{\mathrm{ar}})|x_{\mathrm{r}}| \end{cases} \tag{2.2.11}$$

式中，L_{r}、D_{r} 分别为水动力对舵产生的升力和阻力，可按式（2.2.12），由升力系数 $C_{\mathrm{Lr}}(\alpha_{\mathrm{r}})$和阻力系数 $C_{\mathrm{Dr}}(\alpha_{\mathrm{r}})$求得。

$$\begin{cases} L_{\mathrm{r}} = 0.5\rho_{\mathrm{w}} A_{\mathrm{r}} v_{\mathrm{ar}}^2 C_{\mathrm{Lr}}(\alpha_{\mathrm{r}}) \\ D_{\mathrm{r}} = 0.5\rho_{\mathrm{w}} A_{\mathrm{r}} v_{\mathrm{ar}}^2 C_{\mathrm{Dr}}(\alpha_{\mathrm{r}}) \end{cases} \tag{2.2.12}$$

2）龙骨水动力建模

与帆船风帆和船舵分析类似，龙骨与来流之间关系如下：

$$\begin{cases} v_{\mathrm{aku}} = -u + r y_{\mathrm{k}} \\ v_{\mathrm{akv}} = -v - r x_{\mathrm{k}} + p z_{\mathrm{k}} \\ v_{\mathrm{ak}} = \sqrt{v_{\mathrm{aku}}^2 + v_{\mathrm{akv}}^2} \end{cases} \tag{2.2.13}$$

$$\alpha_{\mathrm{k}} = \alpha_{\mathrm{ak}} = \arctan\left(-\frac{v_{\mathrm{akv}}}{v_{\mathrm{aku}}}\right) \tag{2.2.14}$$

式中，v_{aku}、v_{akv} 分别为龙骨处有效来流速度 v_{ak} 在附体坐标系下沿 Gx 轴、Gy 轴的速度分量；x_{k}、y_{k}、z_{k} 分别为来流对船舵的合力作用点在 Gx 轴、Gy 轴、Gz 轴的位置坐标；α_{ak} 是龙骨处的相对水流角；α_{k} 是龙骨处的来流攻角。

龙骨处产生的水动力和力矩为

$$\begin{cases} X_{\mathrm{k}} = -L_{\mathrm{k}} \sin\alpha_{\mathrm{ak}} + D_{\mathrm{k}} \cos\alpha_{\mathrm{ak}} \\ Y_{\mathrm{k}} = -L_{\mathrm{k}} \cos\alpha_{\mathrm{ak}} - D_{\mathrm{k}} \sin\alpha_{\mathrm{ak}} \\ M_{\mathrm{k}} = (-L_{\mathrm{k}} \cos\alpha_{\mathrm{ak}} - D_{\mathrm{k}} \sin\alpha_{\mathrm{ak}})\left|z_{\mathrm{k}}\right| \\ N_{\mathrm{k}} = (L_{\mathrm{k}} \cos\alpha_{\mathrm{ak}} + D_{\mathrm{k}} \sin\alpha_{\mathrm{ak}})\left|x_{\mathrm{k}}\right| \end{cases} \tag{2.2.15}$$

式中，L_{k}、D_{k} 分别为水动力对龙骨产生的升力和阻力，类似式（2.2.12），由升力系数 $C_{\mathrm{Lk}}(\alpha_{\mathrm{k}})$ 和阻力系数 $C_{\mathrm{Dk}}(\alpha_{\mathrm{k}})$ 求得。

3）船体水动力建模

在船体周围的来流流速和船体处相对水流角为

$$\begin{cases} v_{\mathrm{ahu}} = -u + ry_{\mathrm{h}} \\ v_{\mathrm{ahv}} = -(v - rx_{\mathrm{h}} + pz_{\mathrm{h}})\sec\phi \\ v_{\mathrm{ah}} = \sqrt{v_{\mathrm{ahu}}^2 + v_{\mathrm{ahv}}^2} \end{cases} \tag{2.2.16}$$

$$\alpha_{\mathrm{ah}} = \arctan\left(-\frac{v_{\mathrm{ahv}}}{v_{\mathrm{ahu}}}\right) \tag{2.2.17}$$

式中，v_{ahu}、v_{ahv} 分别为船体处有效来流速度 v_{ah} 在附体坐标系下沿 Gx 轴、Gy 轴的速度分量；x_{h}、y_{h}、z_{h} 分别为来流对船体的合力作用点在 Gx 轴、Gy 轴、Gz 轴的位置坐标；α_{ah} 是船体处的相对水流角。

船体阻力随船体表面来流速度的增大而增大，所以船体阻力 F_{rh} 是关于 v_{ah} 的函数。船体产生的水动力和力矩为

$$\begin{cases} X_{\mathrm{h}} = F_{\mathrm{rh}}(v_{\mathrm{ah}})\cos\alpha_{\mathrm{ah}} \\ Y_{\mathrm{h}} = -F_{\mathrm{rh}}(v_{\mathrm{ah}})\sin\alpha_{\mathrm{ah}}\cos\phi \\ M_{\mathrm{h}} = (-F_{\mathrm{rh}}(v_{\mathrm{ah}})\sin\alpha_{\mathrm{ah}}\cos\phi)\left|z_{\mathrm{h}}\right| \\ N_{\mathrm{h}} = F_{\mathrm{rh}}(v_{\mathrm{ah}})\sin\alpha_{\mathrm{ah}}\cos\phi\left|x_{\mathrm{h}}\right| \end{cases} \tag{2.2.18}$$

综上为帆船水动力建模，其中，船舵、龙骨处升力系数和阻力系数与来流攻角的函数关系及船体阻力与来流流速的函数关系均参考文献[7]。

2.2.2 帆船操纵运动仿真

本章仿真的目标帆船具体参数如表 2.2.1 所示。

表 2.2.1　帆船主要参数

参数	数值	参数	数值	参数	数值
m / kg	25900	I_{xx} / (kg · m^2)	133690	x_s / m	0
L_{pp} / m	12.42	I_{zz} / (kg · m^2)	24760	y_s / m	0
L / m	12.84	$X_{\dot{u}}$	−970	z_s / m	−11.58
B / m	3.21	$Y_{\dot{v}}$	−17430	x_m / m	0.3
A_s / m^2	170	$M_{\dot{p}}$	−106500	x_{sm} / m	0.6
A_r / m^2	1.17	$N_{\dot{r}}$	−101650	x_r / m	−8.2
A_k /m^2	8.7	ρ_a / (kg / m^3)	1.225	y_r / m	0
C_b	0.51	ρ_w / (kg / m^3)	1025	z_r / m	−0.78
T / m	2.15	x_h / m	0	x_k / m	0
Z_h / m	−1.18	y_h / m	0	y_k / m	0
a	−5.89	c	120000	z_k / m	−0.58
b	8160	d	20000		

1. *无扰动的帆船操纵运动仿真*

为了验证所建帆船运动数学模型的有效性，首先忽略外界风浪对帆船的扰动，视海面为平静的，即 $(X,Y,M,N)_{\text{wave}}=0$；然后设定帆船初始位置为坐标原点(0,0)，初始航向为 0°，初始横摇角为 0°，初始船速为 2m/s，横向速度、艏摇角速度、横摇角速度均为 0m/s，真实风速为 10m/s，风向为 −120°；最后分别设定不同帆攻角和不同舵角的仿真试验进行对比分析。

（1）分别设定帆攻角 α_s 为 45° 和 90° 进行仿真（舵角均为 0°），得到各运动参数的历时变化曲线，如图 2.2.2～图 2.2.5 所示。

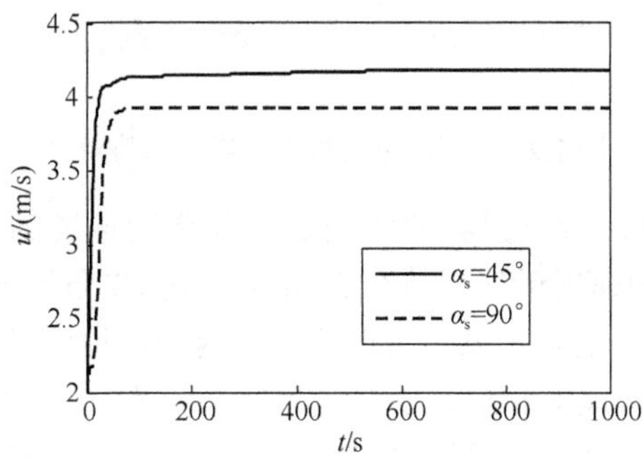

图 2.2.2　不同帆攻角下纵向速度趋势对比

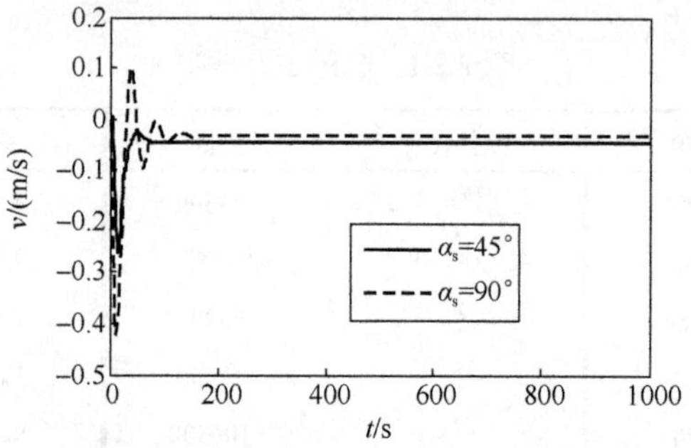

图 2.2.3　不同帆攻角下横向速度趋势对比

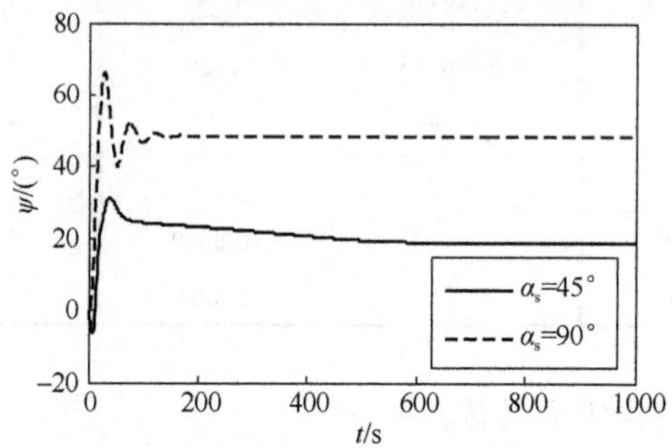

图 2.2.4　不同帆攻角下航向角趋势对比

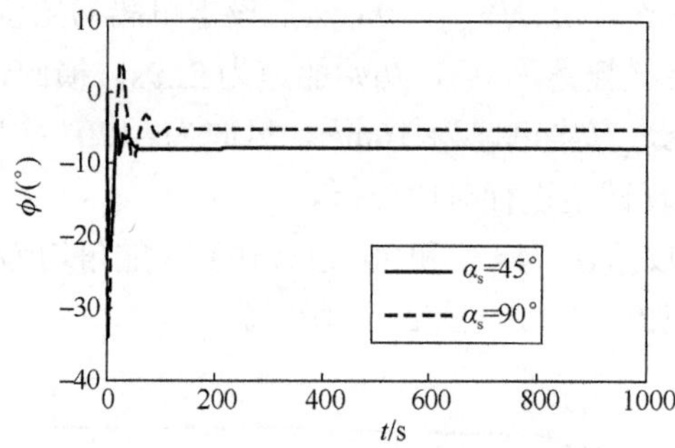

图 2.2.5　不同帆攻角下横摇角趋势对比

图 2.2.2、图 2.2.3 分别是帆船纵向速度和横向速度的变化曲线，当帆攻角 $\alpha_s = 90°$ 时帆船的纵向速度最终保持在 3.8m/s，将帆攻角调节到 45° 时，帆船的纵向速度保持在 4.1m/s，说明在风向允许的范围内合适地调节帆攻角，可以提升帆船的前进速度；帆船顺风航行时，横向速度较小，在允许的条件下调整风帆对其横向速度影响不大。图 2.2.4、图 2.2.5 分别是帆船航向角和横摇角的变化曲线，帆攻角变化使帆船所受艏摇力矩改变，从而改变帆船的航向；在 $\alpha_s = 45°$ 时帆船受的横向力和横摇力矩较大，相比 $\alpha_s = 90°$ 时有更大的横摇角。综合图 2.2.2～

图 2.2.5 的运动仿真对比分析，在风速和风向允许条件下，风帆为帆船提供主要的前进动力，且影响帆船其他运动变量，符合帆船运动实际规律，证明风帆的数学模型在帆船模型中合理有效。

（2）分别设定舵角 δ_r 为 0° 和 –5° 进行仿真（帆攻角均为 45°），得到各运动参数历时变化曲线，如图 2.2.6～图 2.2.9 所示。

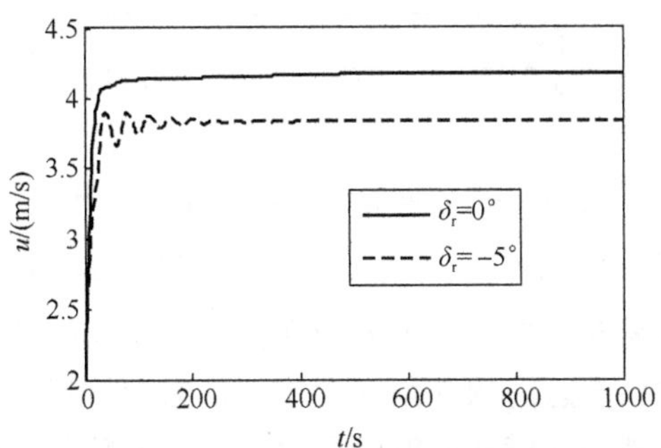

图 2.2.6 不同舵角下纵向速度趋势对比

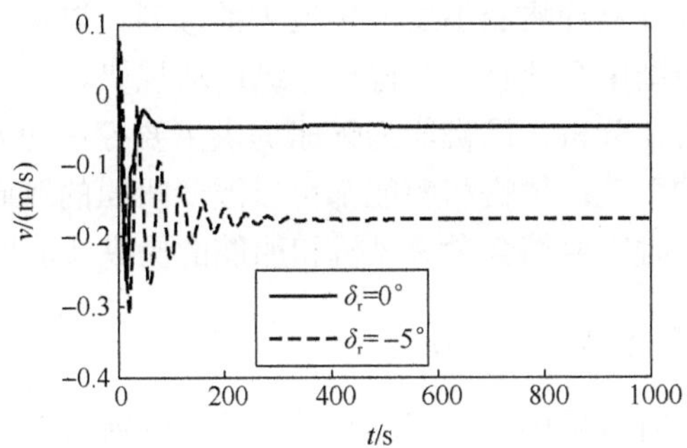

图 2.2.7 不同舵角下横向速度趋势对比

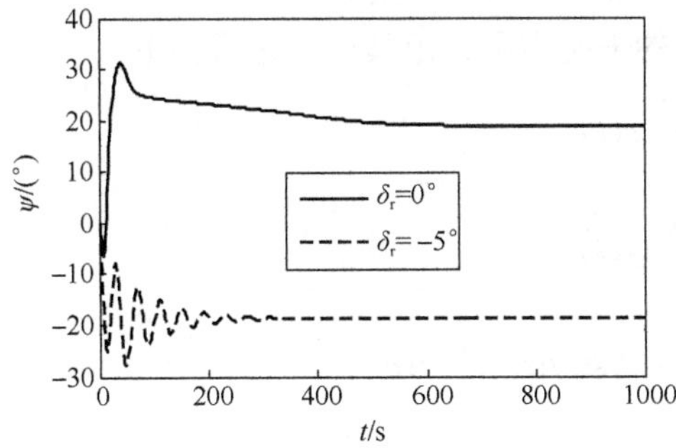

图 2.2.8 不同舵角下航向角趋势对比

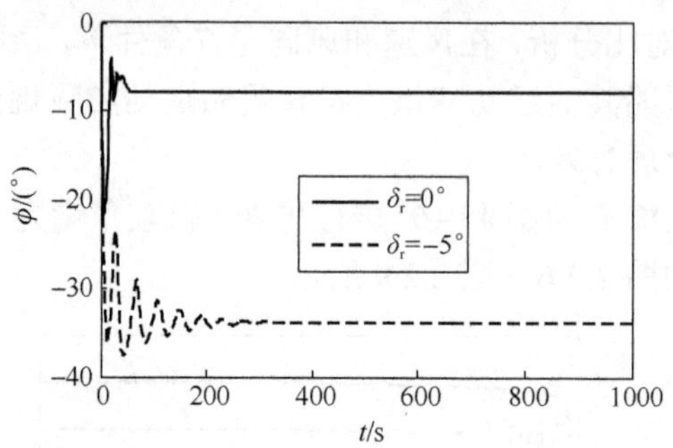

图 2.2.9 不同舵角下横摇角趋势对比

综合图 2.2.6～图 2.2.9 得出，当舵角 δ_r 从 0° 调整为 −5° 时，船舵受到合力向右的水流作用，使帆船向左受到更大的力和力矩，从而横摇角向左增大，航向向左偏移，帆船航向与风向之间的夹角变大，气动力对帆船的推力减小，横向力增大，使帆船纵向速度减小，横向速度向左增大。帆船航行中舵角的改变主要是对帆船的艏摇和横摇产生影响，从而改变帆船航向和倾斜程度，所以在操纵舵角使帆船转向的同时，要注意使帆船不要产生过大的倾斜，以免侧翻。综上证明船舵的数学模型在帆船模型中合理有效，符合操纵运动规律。

通过以上仿真对比分析，风帆能为帆船提供主要行进动力，适当调整风帆可以使帆船获得较优的航速；风帆和船舵都可以改变帆船的航向，但船舵对航向调节占主导作用，航行时需要综合考虑风帆和船舵的操纵才能使帆船按期望航行。

2. 有扰动的帆船操纵运动仿真

帆船在海上航行时除受风力因素影响外，还会受海浪的扰动影响。为更符合帆船实际运动，本章在前文无扰动的帆船运动仿真基础上，加入海浪对帆船的扰动影响，进一步研究帆船的运动变化规律。

海浪对帆船产生的干扰力和力矩具体表达式如下：

$$\begin{cases} X_{\text{wave}} = 2a_1 B \dfrac{\sin b_1 \sin c_1}{c_1} s(t) \\ Y_{\text{wave}} = 2a_1 L \dfrac{\sin b_1 \sin c_1}{b_1} s(t) \\ M_{\text{wave}} = \dfrac{1}{2} \rho_{\text{water}} g m h_c k_1 A_a \sin\mu \mathrm{e}^{-kT/2} \sin \omega_e t \\ N_{\text{wave}} = a_1 k_1 \left(B^2 \sin\left(b \dfrac{c_1 \cos c_1 - \sin c_1}{c_1^2} \right) - L^2 \sin\left(c_1 \dfrac{b_1 \cos b_1 - \sin b_1}{b_1^2} \right) \right) \xi(t) \end{cases} \tag{2.2.19}$$

式中，k_1 为波数；ρ_{water} 为海水密度；g 为重力加速度；h_c 为初稳心高度，表示船舶重心到稳心的距离；μ 为波向角；ω_{e} 为遭遇频率；$a_1=\rho_{\mathrm{water}}g\left(1-\mathrm{e}^{-k_1T}\right)/k_1^2$；$b_1=\left(k_1L/2\right)\cos\mu$；$c_1=\left(k_1B/2\right)\sin\mu$；$\xi(t)=\left(h_1/2\right)\cos\left(\omega_{\mathrm{e}}t\right)$，$h_1$ 为有义波高；$s(t)=\left(k_1h_1/2\right)\sin\left(\omega_{\mathrm{e}}t\right)$。

设定波数 $k_1=1$，波向角 $\mu=2^\circ$，浪的有义波高 $h_1=0.05\mathrm{m}$，遭遇频率 $\omega_{\mathrm{e}}=0.3\mathrm{Hz}$。设定帆攻角 $\alpha_{\mathrm{s}}=90^\circ$，舵角 $\delta_{\mathrm{r}}=0^\circ$，其他初始条件与无扰动仿真初始条件设置相同。得到帆船在无扰动下的运动仿真与在海浪干扰下的运动仿真对比图，如图 2.2.10～图 2.2.13 所示。

由图 2.2.10、图 2.2.11 看出，所添加的扰动使帆船的速度产生一定的波动，但对纵向速度和横向速度影响较小；图 2.2.12 表明，航向角最终在 47°～53° 范围内波动；图 2.2.13 表明，横摇角最终在 -7°～-3° 范围内波动。综合看出，添加扰动后帆船的运动参数会在无扰动时的运动参数数值上下波动，说明添加的时变扰动是有效的，且对帆船四个自由度运动状态都产生影响，进一步说明海浪扰动的合理性。

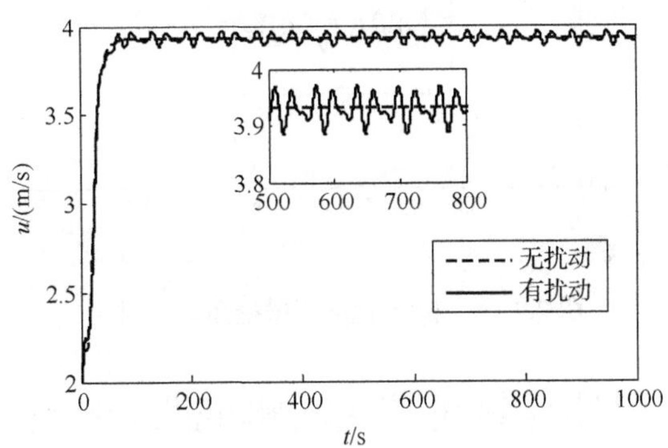

图 2.2.10　有/无扰动下纵向速度趋势对比

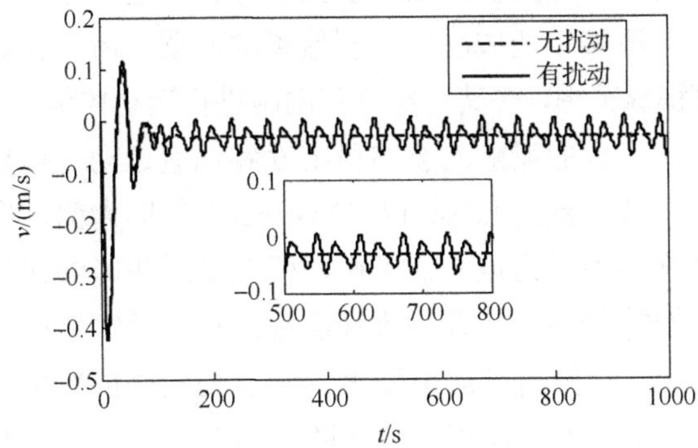

图 2.2.11　有/无扰动下横向速度趋势对比

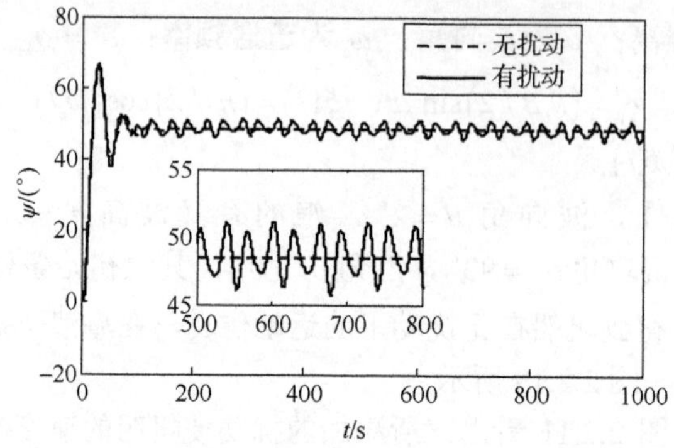

图 2.2.12 有/无扰动下航向角趋势对比

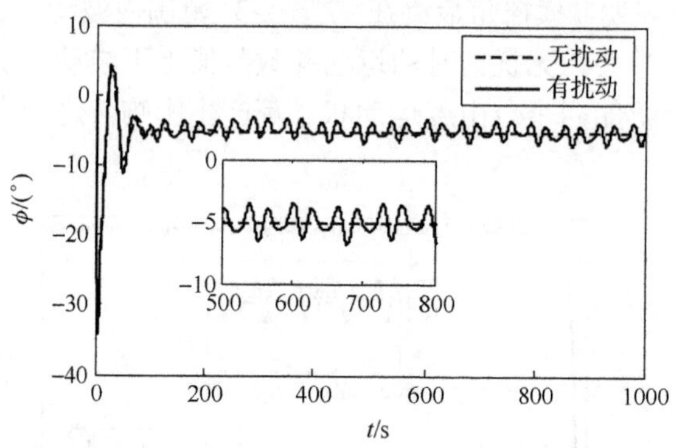

图 2.2.13 有/无扰动下横摇角趋势对比

2.3 帆船操纵可控区与帆舵联合操纵策略

目前对帆船运动控制与操帆策略的研究仍存在下述问题：①帆船风帆受到强风力作用易产生横向漂移和造成航向控制偏离的问题，所以在对帆船操纵控制前需要确定帆船的可操纵范围，在其可操纵范围内进行运动控制研究。Yasukawa 等[8]分析在稳定风条件下行驶的船舶的航向稳定性和偏航运动，推导出船舶在稳态风中偏航运动的近似公式；夏尚钰等[9]以“Mariner”级船为例，根据作用于船舶的气动力（力矩）和水动力（力矩）的平衡，研究了船舶能够保持航向不变航行的可操纵范围；沈定安等[10]通过计算顶推和绑拖两种船舶编队在风浪环境条件下航渡时的操纵可控区，比较得出风浪中操纵控制能力较强的船舶编队；陈纪军等[11]在文献[9]、[10]研究基础上，计算了风帆助推船舶不同帆攻角下的操纵可控区，通过数据分析，得到达到最大操纵可控区时的最优操帆策略。②大多研究只针对帆船的舵或帆进行单一的航向控制或速度优化研究，而帆船的航向控制和操帆策略之间关系密不可分。如果帆船没有合理的操帆控制性能，则其航向控制效果就得不到保障，同时航向控制方法和操帆策略的研究对实现帆船的安全航行和节能又起到重要作用，所以有必要将帆船的航向控制和操帆控制作为整体问题进行系统深入的研究。陈纪军等[12]对风帆助推船舶在均匀风环境中的操舵保向的航向控制稳定性进行预报研究，并基于帆舵的联合优化控制使船舶的航速达到最大的同时，航向控制稳定性也得到改善。

针对上述问题，本节基于 2.2 节建立的四自由度运动数学模型，分析气动力作用在帆船上的横向力和偏航力矩，得到帆船在均匀风条件下航向稳定性判据。基于实船参数，计算操纵不同舵角情况下帆船操纵不同帆攻角时的风速限界线，得到不同相对风向角下帆船的操纵可控区，给出帆船获得航向稳定性的近似范围。在此基础上，对 PID 自动舵控制下的帆船直航运动进行仿真研究，在保持航向的前提下，以获得帆船调节航向时间最短和航速最大为目标，得到不同风向范围内的帆舵联合操纵策略。

2.3.1　均匀风下帆船操纵可控区分析

1. 操纵可控区定义

帆船借用风作为主要推进动力，并不是所有海风工况下都可以在某一航向下保持直航运动。当帆船受到相对风速 v_{aw} 的作用时，驾驶人员需通过操舵使帆船有一漂角才能保持原来的航向航行。当风速到达某一临界值时，驾驶人员即使操满舵也难以使帆船保持原来的航向航行，此风速则为当前风向下的帆船可操纵临界风速。帆船的抗风能力以风速与船速的比值 v_{aw}/V 来衡量，风速限界线是指在帆船操某一舵角下 v_{aw}/V 随风向变化的曲线。若实际风速船速比 v_{aw}/V 过大，高于此风速限界线对应的值，则无法对帆船实现操纵控制；若实际风速船速比 v_{aw}/V 等于该风速限界线对应的值，则帆船将平衡直航；当实际风速船速比 v_{aw}/V 小于此值，则帆船向操舵方向回转，此时帆船可以进行操纵控制。因此，帆船在风力的作用下航行时存在一个“操纵可控区”，定义为帆船在操满舵（一般取 ±35°）时在整个风向角下都可以进行操纵的最大风速船速比，即实际风速船速比不大于满舵时风速限界线对应的值时，帆船可以操纵控制，这就是帆船的操纵可控区。

基于帆船操纵运动数学模型和上述对风速限界线的定义，帆船在直航时需满足横向力和艏摇力矩的平衡，而帆船沿船长方向的受力对帆船航向稳定性能的影响较小，故对帆船纵轴线的受力不作考虑。帆船各部分所受流体动力满足以下关系时可保持帆船航向的稳定性：

$$\begin{cases} Y = Y_{\mathrm{h}} + Y_{\mathrm{k}} + Y_{\mathrm{r}} + Y_{\mathrm{s}} = 0 \\ N = N_{\mathrm{h}} + N_{\mathrm{k}} + N_{\mathrm{r}} + N_{\mathrm{s}} = 0 \end{cases} \tag{2.3.1}$$

通过数值求解简化后的帆船运动方程，即可获得帆船定常航行时各运动参量之间的对应关系。

2. 操纵可控区计算与分析

综合 2.2 节帆船操纵数学模型和帆船参数，结合式（2.3.1）化简计算得到 v_{aw} / V 关于气动力系数和舵角的表达式：

$$\left(v_{\mathrm{aw}} / V\right)^2 \approx 7.774 \sin \delta_{\mathrm{r}} / C_{\mathrm{Ys}} \tag{2.3.2}$$

在帆攻角 $\alpha_{\mathrm{s}} = 0°$ 的情况下，令帆船的期望航向 $\psi_{\mathrm{d}} = 0°$，操纵不同的舵角（$\pm 35°, \pm 25°, \pm 15°$）时的风速限界线及相应的操纵可控区如图 2.3.1 所示。

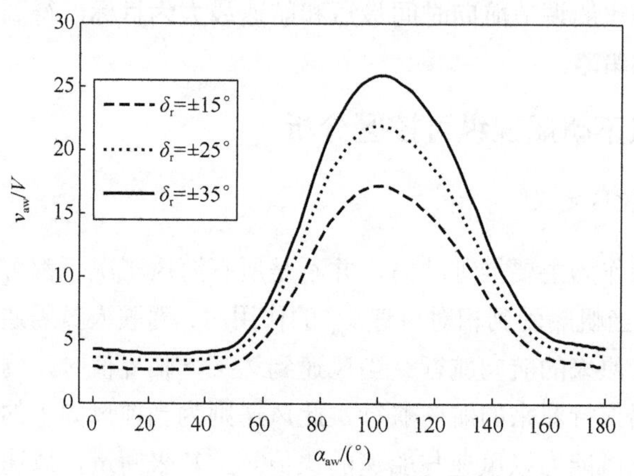

图 2.3.1　帆船 $\alpha_{\mathrm{s}} = 0°$ 时的风速限界线

由图 2.3.1 可见，舵角越大，帆船在某一相对风下所能承受的风速也就越大，在整个相对风向角下帆船所能承受的最高风速船速比 $(v_{\mathrm{aw}} / V)_{\max} \approx 3.7$，当 $v_{\mathrm{aw}} / V < 3.7$ 时，帆船可以在风力的作用下较为自由地操纵，根据风向合理地改变航向，即 $v_{\mathrm{aw}} / V < 3.7$ 是帆船在 $\alpha_{\mathrm{s}} = 0°$ 时的操纵可控区。在 $\alpha_{\mathrm{aw}} \in [0°, 60°], [160°, 180°]$ 的情况下风速限界值较小，在 $\alpha_{\mathrm{aw}} \in [80°, 140°]$ 时的风速限界值相较于其他风向下的风速限界值显著增大。由帆船数学模型可知，在零攻角、$\alpha_{\mathrm{aw}} \in [80°, 140°]$ 时，帆船风帆部分所受的横向力和偏航力矩较小，操较小的舵角就可以满足帆船横向力和偏航力矩的平衡，若风速继续增大，可继续增大舵角保持力和力矩的平衡。所以在 $\alpha_{\mathrm{aw}} \in [80°, 140°]$ 时风速限界值较大，可在较强风力下航行。然而当 $\alpha_{\mathrm{aw}} \in [0°, 60°], [160°, 180°]$ 时，帆船风帆受到的横向力和偏航力矩较大，需较大的

舵角或操满舵才能保证帆船横向力和偏航力矩的平衡，若风速过大则无法操舵继续维持平衡，所以在此风向范围内风速限界值较小。在零攻角时帆船操纵可控区和风速限界线研究的基础上，进一步探讨帆船其他不同帆攻角（$\alpha_s \in [0°,180°]$，$\Delta\alpha_s = 30°$）时，在不同舵角（$\pm 35°,\pm 25°,\pm 15°$）下的风速限界线，计算结果如图 2.3.2～图 2.3.7 所示。

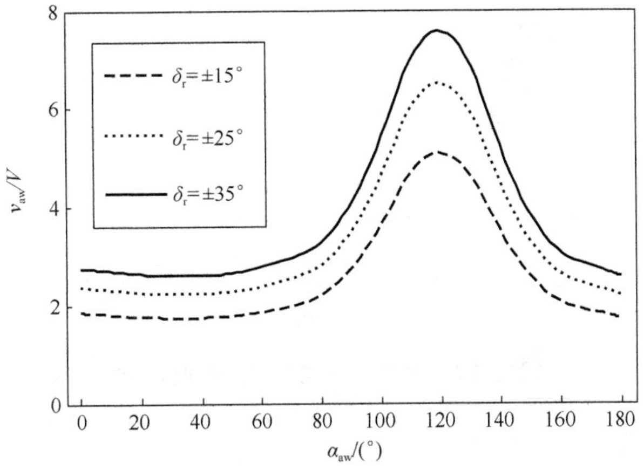

图 2.3.2　帆船 $\alpha_s = 30°$ 时的风速限界线

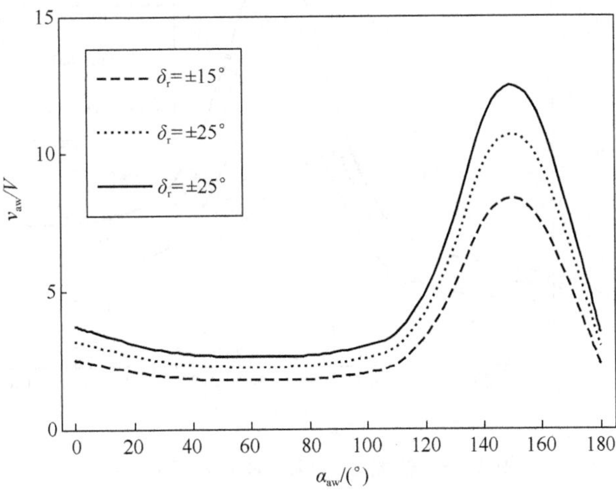

图 2.3.3　帆船 $\alpha_s = 60°$ 时的风速限界线

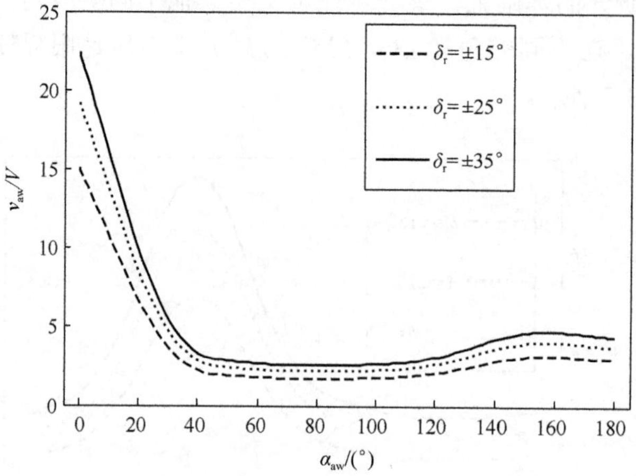

图 2.3.4　帆船 $\alpha_s = 90°$ 时的风速限界线

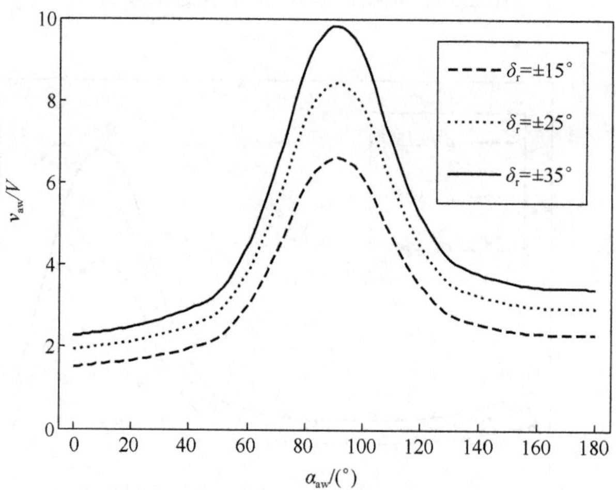

图 2.3.5　帆船 $\alpha_s = 120°$ 时的风速限界线

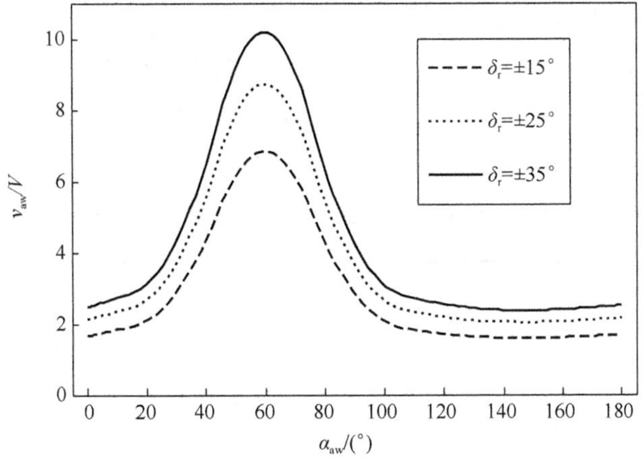

图 2.3.6　帆船 $\alpha_s=150°$ 时的风速限界线

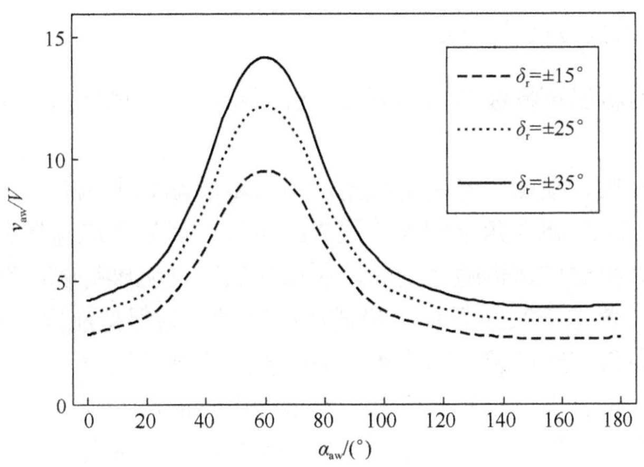

图 2.3.7　帆船 $\alpha_s=180°$ 时的风速限界线

由图 2.3.1～图 2.3.7 可见，帆船在操不同帆攻角时，风速限界线的范围大小、形状和各风向角下最大风速船速比 $(v_{aw}/V)_{max}$ 都不相同，主要是由于帆船在不同帆攻角下气动力性能有较大差别，风帆受到的横向力和偏航力矩也随之变化。因此，帆船的操纵可控区的范围大小不仅与相对风速大小和风向有关，还与帆攻角有关。在不同相对风向角下，保证帆船前进动力的同时，可以适当地操帆来扩大帆船的操纵可控区。

通常帆船航行的相对风向死角区为 $-30°\sim30°$，当相对风向角为 $-30°\sim30°$ 时，帆船无法获得前进速度，因而不能直线航行，一般需要改变航向进行 Z 形抢风航行，所以不讨论帆船在相对风向角为 $-30°\sim30°$ 时的航行性能。由图 2.3.1～图 2.3.7 可见，在各帆攻角下，当相对风向角 $\alpha_{aw}>160°$ 时，$\alpha_s=90°$ 风速限界线的值最高，操纵可控区上限可达到$(v_{aw}/V)_{max}=5.01$，因而当来风是尾风时，操帆使攻角$\alpha_s=90°$时抗风能力最强。据此通过比较图 2.3.1～图 2.3.7 帆船操不同帆攻角时各相对风向角下最大风速船速比$(v_{aw}/V)_{max}$，可以获得各方向来风操纵可控区最大、抗风能力最优的帆攻角，如表 2.3.1 所示。

表 2.3.1　帆船操纵可控区最大时的帆攻角（$\delta_r=35°$）

相对风向角	帆攻角
[30°,70°]	180°
[70°,130°]	0°
[130°,160°]	60°
[160°,180°]	90°

3. 帆船抗风能力改善建议

基于上述对帆船可操纵范围的研究，针对帆船的抗风能力，本节提出以下改善建议。

（1）合理操帆。根据风向调整帆角，最大限度地利用风能来提高帆船航速，由图 2.3.1～图 2.3.7 帆攻角下的风速限界线可知，当帆船航速增大，帆船维持航向可承受的最大相对风速也随之提高，所以应实时操帆维持帆船航速，尽量避免低速状态航行；若由于某些因素帆船低速航行时，为保持航向，可基于表 2.3.1 在不同相对风向角下通过调整帆攻角，增强帆船的抗风能力。

（2）增大舵角。当帆船舵角增大，整体风向下的风速限界值增大，帆船可保持航向的最大风速船速比$(v_{aw}/V)_{max}$越大，操纵可控区越大，帆船的抗风保向能力越强。所以当风速变大时，可以通过操舵加大舵角来增强帆船抗风性，实现航向控制。

（3）调整航向。由帆船不同帆攻角时的风速限界线的曲线形状可知，相对风向角在[60°,140°]时，最大风速船速比$(v_{aw}/V)_{max}$较大，帆船的风速限界值较高，操纵可控区较大，抗风性能较好。所以当风向为帆船航行死角区或者风力过强无法保持航向时，可以暂时通过调整帆船航向来合理地选择抗风性能较优的相对风向角，改善帆船的航行性能。

2.3.2 帆船帆舵联合操纵策略

帆船航行时，受到外界环境作用力的影响，无法完全按直线轨迹航行。帆船在不同帆攻角时航行性能存在较大差异，驾驶人员需根据外界风速和风向角调整帆攻角，使帆船具有较优的航向稳定性，从而经过较少的操舵迅速维持航向，航行轨迹也较为接近直线。若帆船航向稳定性较差，需频繁操舵，纠正航向时间较长甚至无法保持航向。因此帆船维持固定航向航行需要驾驶人员对风帆和船舵联合操纵，使帆船获得较优的航行性能。

由于对船舶航行精度的要求不断提高，传统操舵方式已无法满足这种要求。船舶通常安装自动舵控制系统，根据船舶的实时航向与指定航向比较所得的航向误差信号，计算所需调节的舵角，发出指令信号操纵船舵使船舶在指令航向上航行。帆船自动舵系统采用 PID 控制器，当帆船操舵保持指令航向时，舵角与航向角之间满足：

$$T_{\mathrm{E}}\dot{\delta}_{\mathrm{r}}+\delta_{\mathrm{r}}=K_{\mathrm{P}}(\psi_{\mathrm{d}}-\psi)+K_{\mathrm{I}}\int(\psi_{\mathrm{d}}-\psi)\mathrm{d}t+K_{\mathrm{D}}\dot{\psi} \tag{2.3.3}$$

式中，T_{E} 为舵机时间常数；ψ_{d} 为指令航向；舵角 $-35^{\circ}\leqslant\delta_{\mathrm{r}}\leqslant 35^{\circ}$，$\left|\dot{\delta}_{\mathrm{r}}\right|\leqslant 2.5^{\circ}/\mathrm{s}$。

设定帆船初始位置为坐标原点(0,0)，初始航向为0°，初始横摇角为0°，初始纵向速度为 2m/s，横向速度、艏摇角速度、横摇角速度均为 0m/s，真实风速为10m/s，指令航向 $\psi_{\mathrm{d}}=20^{\circ}$，仿真时间为 500s。图 2.3.8 为真实风向角 90°、帆攻角 15° 时帆船航向调节和维持过程中各运动参量的历时变化曲线。

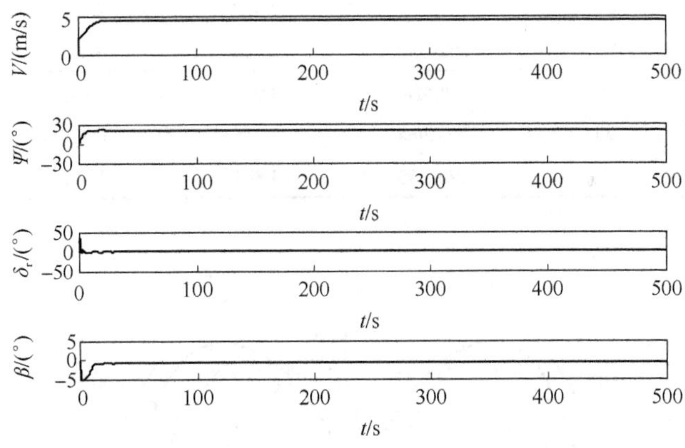

图 2.3.8　帆船运动参量历时变化（$\alpha_{\mathrm{tw}}=90^{\circ},\alpha_{\mathrm{s}}=15^{\circ}$）

由图 2.3.8 可见，通过对船舵的操纵控制，航向角由初始航向调节到指令航向后稳定航行，帆船速度、舵角和漂角经过历时变化也达到稳态常值。基于上述仿真的相同 PID 控制参数及初始条件，研究帆船在不同真实风速时，在帆船的操纵可控区内取不同帆攻角（选取帆攻角范围为该风向角下帆船获取的最大推力时的帆攻角及其左右 15°）对比在指令航向 $\psi_{\mathrm{d}}=20^{\circ}$ 时的航向稳定性。当指令航向与计算航向之间两者误差小于 0.001 时则认为收敛，航向调节完成。航行稳定后所得运动参量计算结果如表 2.3.2 所示。比较表 2.3.2 中帆船在不同真实风向角、不同帆攻角下的速度，选取最大速度生成帆船速度极坐标图，如图 2.3.9 所示。

表 2.3.2　不同真实风向角、不同帆攻角下帆船航向稳定性计算结果

真实风向角 α_{tw} /(°)	帆攻角 α_s /(°)	调节时间 t/s	航速 V/(m/s)	压舵角 δ_r /(°)	漂角 β /(°)
30	0	308.502	3.742	−5.386	−3.538
	15	441.126	3.485	−6.657	−5.632
60	0	315.287	3.944	−1.761	−1.465
	15	367.240	4.562	−4.204	−4.079
	30	368.129	4.177	−7.556	−7.889
90	0	243.521	3.831	0.527	−0.131
	15	261.453	4.494	0.091	0.772
	30	352.235	4.386	−3.147	−2.887
120	15	218.362	4.191	1.279	0.203
	30	211.754	4.224	0.362	−0.465
	45	264.477	4.098	0.122	−0.634
150	45	197.653	3.940	1.673	0.902
	60	89.294	3.962	2.531	1.413
	75	286.332	3.856	6.032	4.843
180	75	50.628	3.965	0.876	1.064
	90	237.965	3.915	0.128	0.456
	105	268.230	3.803	1.526	1.927

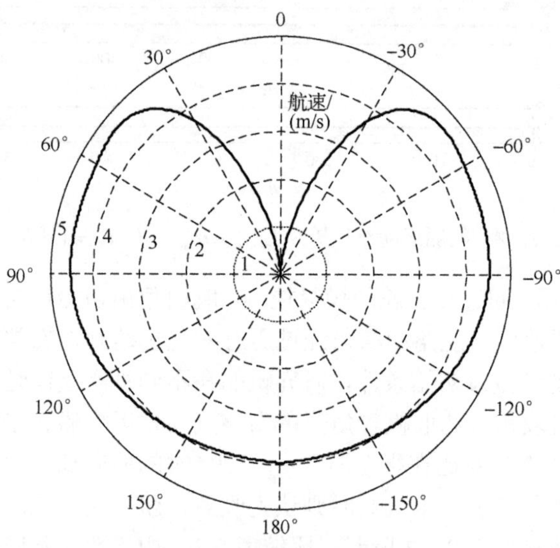

图 2.3.9　帆船速度极坐标图

由图 2.3.9 可得帆船在不同风向角下可获得的最大航速，由表 2.3.2 可知，帆船在逆风时航向稳定性较差一些，需要较长时间操舵才可纠正航向，实现航向保持。整理得不同真实风向角下，帆船调节航向耗时最短和航向稳定性最优时的帆舵联合操纵策略，如图 2.3.10 所示，获取帆船最大航速时的帆舵联合操纵策略，如图 2.3.11 所示。

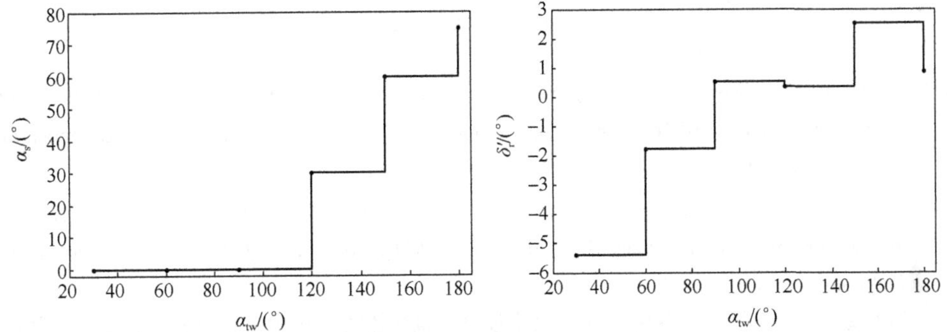

图 2.3.10　调节航向耗时最短和航向稳定性最优时的帆舵联合操纵策略

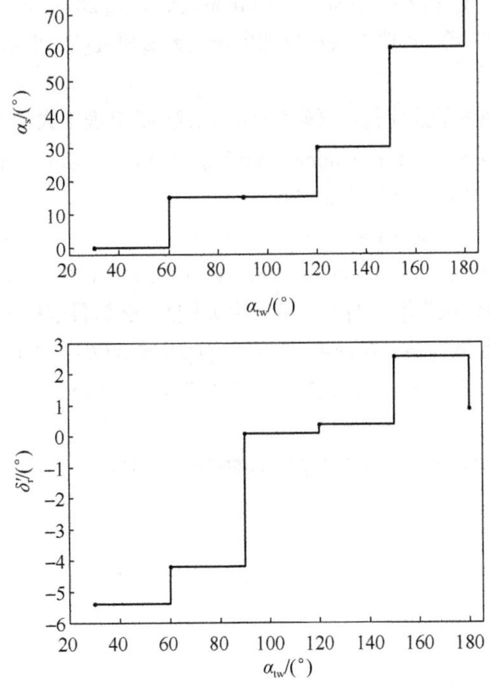

图 2.3.11　获取帆船最大航速时的帆舵联合操纵策略

图 2.3.10 和图 2.3.11 给出在整体风向角范围内保持 $\psi_{\mathrm{d}} = 20^{\circ}$ 航行，获得最优航向控制稳定性和最大航速的帆舵联合控制策略。对比图 2.3.10 和图 2.3.11，最优航向控制稳定的操帆角与最大航速的操帆角基本相同，只在 $\alpha_{\mathrm{tw}} \in [60^{\circ}, 120^{\circ}]$ 相差 15° 左右，证明帆船在受到最大推力得到最大航速时，帆船的受力情况较为理想，帆船航行性能较好，容易调节航向，从而耗时较短。

参 考 文 献

[1] Cowles G W, Parolini N, Sawley M L. Numerical simulation using RANS-based tools for America's Cup design[C]. Proceedings of the 16th Chesapeake Sailing Yacht Symposium, Annapolis, Maryland, 2003:1-6.

[2] Querard A, Wilson P A. A comparative study between wind-tunnel experiments and RANS simulations of modern square headed main sails[J]. International Journal of Small Craft Technology, 2010, 151:1-10.

[3] 刘丽娜. 470 级帆船帆翼空气动力性能数值模拟建模方法研究[D]. 武汉: 武汉体育学院, 2012.

[4] Pêtrès C, Romero-Ramirez M A, Plumet F. A potential field approach for reactive navigation of autonomous sailboats[J]. Robotics and Autonomous Systems, 2012, 60(12):1520-1527.

[5] 葛艳, 孟庆春, 张文, 等. 帆船的模糊自适应控制方法研究[J]. 哈尔滨工业大学学报, 2005, 37(12):1658-1660.

[6] 卢俊. 风帆船动力装置的建模与仿真研究[D]. 武汉: 武汉理工大学, 2011.

[7] Lin X, Jouffroy J. Modeling and nonlinear heading control of sailing yachts[J]. IEEE Journal of Oceanic Engineering, 2014, 39(2):256-268.

[8] Yasukawa H, Hirono T, Nakayama Y, et al. Course stability and yaw motion of a ship in steady wind[J]. Journal of Marine Science & Technology, 2012, 17(3):291-304.

[9] 夏尚钰, 竺瑞庭. 均匀风作用下的船舶操纵性研究[J]. 舰船科学技术, 1984(10):3-17.

[10] 沈定安, 马向能. 船队风浪中操纵可控区的计算[J]. 船舶力学, 2008, 12(4):582-587.

[11] 陈纪军, 吴宝山, 沈定安. 风帆辅助推进船舶操纵可控区研究[J]. 船舶力学, 2011, 15(5):456-462.

[12] 陈纪军, 吴宝山, 沈定安, 等. 风帆助推船舶操纵性预报研究[C]. 全国水动力学学术会议, 西安, 2011:566-572.

第3章　无人帆船航速极值搜索控制在线优化

无人帆船作为一种新型海上智能交通工具，充分利用风能使帆船处于最优速度航行状态，从而实现安全性和效益性最大化，合理的航速在线优化方案，对提升帆船的整体性能具有重要作用。因此，对无人帆船航速在线优化展开系统深入的研究，具有一定的理论意义和实际价值。本章针对无人帆船航速的在线优化问题，考虑传统航速优化方法的动态性差、存在建模误差和稳态振荡等问题，结合一个前馈项和极值搜索控制（extremum seeking control，ESC）方法，设计了航速在线优化方案，实现无人帆船航速的ESC在线优化目标。最后，基于一艘12m型无人帆船模型进行仿真，验证所设计ESC航速在线优化方案的有效性。

3.1　无人帆船航速的经典扰动极值搜索控制在线优化

无人帆船是一种以风能作为唯一推动力的智能船舶，其完全自主控制是一项极具挑战性的任务，涉及诸多因素。为获得帆船的最佳性能，需要控制船舵来使船舶航行在期望航向上，帆船的航向控制已经在文献[1]～[4]等中得到很好的处理；同时对航速也有严格要求，需要合理调整风帆、充分利用风能以获得最大推进力来优化航速，学者在文献[5]～[11]等中对航速的优化进行了深入研究。关于操帆策略航速优化的研究，目前主要集中于帆极坐标图开环控制、基于模型的闭环控制和无模型优化控制三种方法。三种方法单独使用都有一定的局限性，若能结合它们各自的特点设计出一种新型的航速在线优化方案，将对提升帆船整体性能具有重要作用。

通过对国内外研究现状的分析可知，目前关于应用ESC思想进行无人帆船速度优化的研究是比较新颖的。本节首先研究经典扰动ESC方法，并进行航速在线优化方案的设计。该方案包括前馈项和反馈控制：通过前馈项可以预设一个初始帆攻角，可理解为根据专家经验设定初始值，其功能是避免系统输出速度值较大偏离最优速度值；而反馈控制则利用ESC方法对输出速度进行微调优化，使其达到最优速度航行状态。

3.1.1　问题描述

本节以2.2.1节所建立的无人帆船运动数学模型为研究对象，由帆船运动数学模型式（2.2.1）和式（2.2.2）可知：

$$\dot{u}=f\left(u,v,p,r,\delta_{\mathrm{s}}\right) \tag{3.1.1}$$

式中，

$$f=\left[\left(m-Y_{\dot{v}}\right)vr-F_{\mathrm{xk}}-F_{\mathrm{xh}}+F_{\mathrm{xs}}+F_{\mathrm{xr}}+X_{\mathrm{wave}}\right]\left(m-X_{\dot{u}}\right)^{-1}$$

其中，u 是纵向速度；v 是横移速度；p 为横摇角速度；r 为艏摇角速度；m 为帆船质量；δ_{s} 为帆角；$Y_{\dot{v}}$、$X_{\dot{u}}$ 是附加质量系数；F_{xk} 是龙骨产生的力；F_{xh} 是船体阻尼力；F_{xs} 是风帆产生的纵向力；F_{xr} 是船舵产生的力；X_{wave} 为海浪干扰产生的力。

分析无人帆船航速在线优化系统的ESC时，优化对象可以看作一个方形系统，明确系统的输入输出即可进行优化，因此可将帆船速度运动数学模型（3.1.1）近似为一般形式的非线性系统：

$$\begin{cases}\dot{x}=f\left(x,\delta_{\mathrm{s}}\right)\\ u=h\left(x\right)\end{cases} \tag{3.1.2}$$

式中，$x\in\mathbf{R}^{n}$ 是系统状态；帆角 $\delta_{\mathrm{s}}\in\mathbf{R}$ 是系统输入；帆船纵向速度 $u\in\mathbf{R}$ 是系统输出；f、h 分别是状态方程、输出方程，且是光滑函数。

存在以风帆攻角优化值 δ_{α} 为参数的控制律：

$$\begin{aligned}\delta_{\mathrm{s}}&=\alpha_{\mathrm{aw}}-\left(\alpha_{0}+\delta_{\alpha}\right)\\&=\alpha\left(x,\delta_{\alpha}\right)\end{aligned} \tag{3.1.3}$$

式中，α_{aw} 是相对风向角；α_{0} 是前馈项初始值。

将式（3.1.2）代入式（3.1.3），则闭环系统为

$$\dot{x}=f\left(x,\alpha\left(x,\delta_{\alpha}\right)\right) \tag{3.1.4}$$

关于此闭环系统作如下假设。

假设 3.1.1　存在一个光滑函数 $l:\mathbf{R}\to\mathbf{R}^{n}$，当且仅当 $x=l\left(\delta_{\alpha}\right)$ 时，有 $f\left(x,\alpha\left(x,\delta_{\alpha}\right)\right)=0$ 成立。

假设 3.1.2　对于任意 $\delta_{\alpha}\in\mathbf{R}$，系统（3.1.4）平衡状态 $x=l\left(\delta_{\alpha}\right)$ 均为局部指数稳定。

这一假设并非必要条件，仅说明即使不了解模型函数 $f\left(x,\delta_{\mathrm{s}}\right)$ 或 $l\left(\delta_{\alpha}\right)$，也能通过设计控制律使系统局部稳定。

假设 3.1.3　存在 $\delta_{\alpha}^{*}\in\mathbf{R}$ 使得

$$u'=\left(h\circ l\right)'\left(\delta_{\alpha}^{*}\right)=0$$

$$u''=\left(h\circ l\right)''\left(\delta_{\alpha}^{*}\right)<0$$

式中，$\circ$ 代表哈达玛积。

这一假设保证了函数 $u=h\left(l\left(\delta_{\alpha}\right)\right)$ 在某一风帆攻角最优值 δ_{α}^{*} 处具有一个极大纵向速度值。

本节控制目标　针对 ESC 航速在线优化闭环系统（3.1.4），在满足上述 3 条假设情况下，使优化航速过程中风帆攻角优化值 δ_{α} 实现对未知最优值 δ_{α}^{*} 的跟踪，从而使得系统输出 u 保持最大值，即帆船达到航速最优状态。

3.1.2　方案设计

从控制系统设计者的角度来看，无人帆船为一个方形系统，有两个输入（帆角与舵角）和两个输出（纵向速度与航向）。该系统通过控制船舵进行航向保持，航速优化器调节帆角进行航速优化，整体控制系统构架如图 3.1.1 所示，由两个独立的航向控制器和航速优化器组成。利用一个简单的反馈线性化和 PID 控制器就能够很好地跟踪期望航向。本节提出一种基于经典扰动 ESC 方法的无人帆船航速在线优化方案，其控制原理如图 3.1.2 所示。

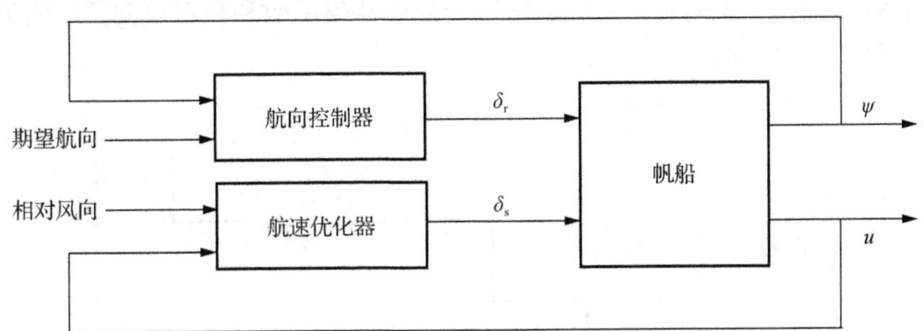

图 3.1.1　航向控制和航速在线优化的整体控制框图

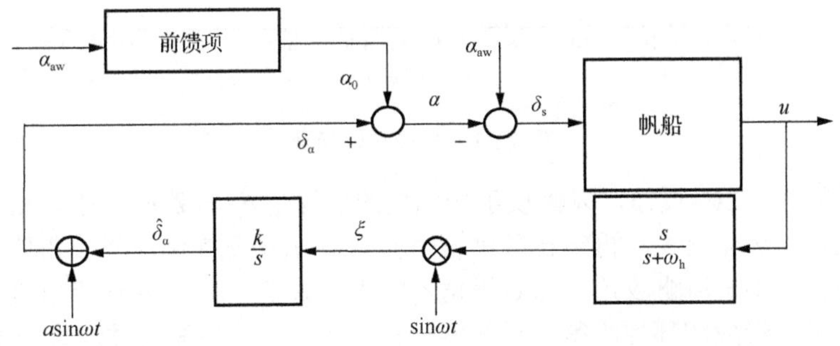

图 3.1.2　经典扰动 ESC 航速在线优化原理图

图中，k,a,ω,ω_{h} 为 ESC 方法的设计参数。k 为积分增益，k 的符号与搜索极大值还是搜索极小值有关：搜索极大值时，$k>0$；搜索极小值时，$k<0$。a 是激励信号幅值，ω 是激励和解调信号角频率，ω_{h} 是高通滤波器截止频率。

为了使帆船速度最大化，帆船驾驶人员进行操帆时通常会用到帆船速度极坐标图知识。然而，帆船速度极坐标图仅是帆船与风帆行为之间的近似模型，它没有考虑到任何动态效应，这种静态优化将导致次最优瞬态的推力和速度下降，往往不能使帆船获得最大速度。因此本节提出一种新型的帆船速度在线优化系统——包括了基于帆船速度极坐标图近似分段常值函数的前馈项和航速极值搜索反馈优化两部分，这一在线优化方案克服了上述的局限性。

在前馈项中，初始值α_0是预先用经典统计学优化技术离线计算的，基本思想是根据当前的相对风向角α_{aw}来确定帆攻角，以获得最大纵向力F_{xs}，其相当于根据专家经验给出的控制量。前馈项的功能是避免系统输出速度值较大偏离最优速度值，系统的闭环特性允许α_0的粗略计算。图 3.1.3 是一个预先由帆船速度极坐标图信息近似得到的分段常值函数，它是根据帆船数学模型得到的。首先控制船舵保持航向，在不同航向上调节帆角使航速达到稳态最大值，记录此时对应的相对风向角与风帆攻角值，再根据两者大量数据之间的关系粗略拟合出来一个分段常值函数，如图 3.1.3 所示。之后依据这一分段常值函数和相对风向角，就可以实时调整帆角优化航速。

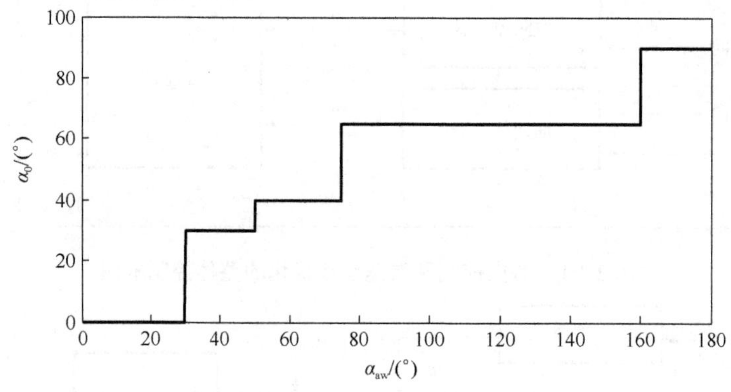

图 3.1.3　分段常值函数

对于航速 ESC 反馈，风帆攻角变化量的估计值$\hat{\delta}_\alpha$与激励信号$a\sin\omega t$相加，得到风帆攻角优化值δ_α，再结合风帆攻角初始值α_0得到实际风帆攻角值α，帆船实际控制变量不是风帆攻角α而是帆角δ_s，由公式$\delta_s = \alpha_{aw} - \alpha$计算出帆角，其作用于无人帆船形成闭环控制得到系统输出u，通过高通滤波器过滤直流部分，之后通过解调信号$\sin\omega t$的处理获得系统函数关系的近似梯度信息ξ，经过积分部分对$\hat{\delta}_\alpha$不断修正直到输入输出函数到达极值点，即获得最大航速。

3.1.3　稳定性分析

如图 3.1.2 所示，先假设优化对象$f\left(x,\alpha\left(x,\delta_\alpha\right)\right)$即$f\left(\delta_\alpha\right)$为

$$f\left(\delta_{\alpha}\right)=f^{*}+\frac{f''}{2}\left(\delta_{\alpha}-\delta_{\alpha}^{*}\right)^{2} \tag{3.1.5}$$

任意二阶连续函数都能局部近似为以上形式，优化方案的目的是让 $\delta_{\alpha}-\delta_{\alpha}^{*}$ 尽量小，从而使 $f\left(\delta_{\alpha}\right)$ 达到极大值 f^{*}。

通过对优化对象添加激励信号 $a\sin\omega t$，最终得到函数 $f\left(\delta_{\alpha}\right)$ 的梯度信息。$\hat{\delta}_{\alpha}$ 是未知最优输入 δ_{α}^{*} 的估计值，则估计误差是

$$\tilde{\delta}_{\alpha}=\delta_{\alpha}^{*}-\hat{\delta}_{\alpha} \tag{3.1.6}$$

所以

$$\delta_{\alpha}-\delta_{\alpha}^{*}=a\sin\omega t-\tilde{\delta}_{\alpha} \tag{3.1.7}$$

将其代入式（3.1.5）得

$$u=f\left(\delta_{\alpha}\right)=f^{*}+\frac{f''}{2}\left(a\sin\omega t-\tilde{\delta}_{\alpha}\right)^{2} \tag{3.1.8}$$

应用三角函数公式 $2\left(\sin\omega t\right)^{2}=1-\cos2\omega t$ 将式（3.1.8）展开为

$$\begin{aligned}u&=f^{*}+\frac{a^{2}f''}{2}\left(\sin\omega t\right)^{2}-af''\tilde{\delta}_{\alpha}\sin\omega t+\frac{f''}{2}\left(\tilde{\delta}_{\alpha}\right)^{2}\\&=f^{*}+\frac{a^{2}f''}{4}+\frac{f''}{2}\left(\tilde{\delta}_{\alpha}\right)^{2}-af''\tilde{\delta}_{\alpha}\sin\omega t-\frac{a^{2}f''}{4}\cos2\omega t\end{aligned} \tag{3.1.9}$$

通过高通滤波器 $\dfrac{s}{s+\omega_{\mathrm{h}}}$ 滤掉直流部分，得

$$\frac{s}{s+\omega_{\mathrm{h}}}\left[u\right]\approx\frac{f''}{2}\left(\tilde{\delta}_{\alpha}\right)^{2}-af''\tilde{\delta}_{\alpha}\sin\omega t-\frac{a^{2}f''}{4}\cos2\omega t \tag{3.1.10}$$

再与解调信号 $\sin\omega t$ 结合得

$$\xi\approx\frac{f''}{2}\left(\tilde{\delta}_{\alpha}\right)^{2}\sin\omega t-af''\tilde{\delta}_{\alpha}\left(\sin\omega t\right)^{2}-\frac{a^{2}f''}{4}\cos2\omega t\sin\omega t \tag{3.1.11}$$

应 用 三 角 函 数 公 式 $2\cos2\omega t\sin\omega t=\sin3\omega t-\sin\omega t$ 和 $2\left(\sin\omega t\right)^{2}=1-\cos2\omega t$ 将式（3.1.11）展开为

$$\xi\approx\frac{f''}{2}\left(\tilde{\delta}_{\alpha}\right)^{2}\sin\omega t-\frac{af''}{2}\tilde{\delta}_{\alpha}+\frac{af''}{2}\tilde{\delta}_{\alpha}\cos2\omega t+\frac{a^{2}f''}{8}\left(\sin\omega t-\sin3\omega t\right) \tag{3.1.12}$$

因为 δ_{α}^{*} 为常数，所以得到

$$\dot{\tilde{\delta}}_{\alpha}=-\dot{\hat{\delta}}_{\alpha} \tag{3.1.13}$$

即得到

$$\tilde{\delta}_{\alpha}\approx-\frac{k}{s}\left[\frac{f''}{2}\left(\tilde{\delta}_{\alpha}\right)^{2}\sin\omega t-\frac{af''}{2}\tilde{\delta}_{\alpha}+\frac{af''}{2}\tilde{\delta}_{\alpha}\cos2\omega t+\frac{a^{2}f''}{8}\left(\sin\omega t-\sin3\omega t\right)\right] \tag{3.1.14}$$

在对局部进行分析时，可以忽略带有$(\tilde{\delta}_\alpha)^2$的项，即

$$\tilde{\delta}_\alpha \approx -\frac{k}{s}\left[-\frac{af''}{2}\tilde{\delta}_\alpha + \frac{af''}{2}\tilde{\delta}_\alpha\cos 2\omega t + \frac{a^2 f''}{8}(\sin\omega t - \sin 3\omega t)\right] \tag{3.1.15}$$

在经过积分环节时高频信号会被削弱，所以消除高频项，即

$$\tilde{\delta}_\alpha \approx \frac{k}{s}\frac{af''}{2}\tilde{\delta}_\alpha \tag{3.1.16}$$

或

$$\dot{\tilde{\delta}}_\alpha \approx \frac{kaf''}{2}\tilde{\delta}_\alpha \tag{3.1.17}$$

式中，k为优化方案的设计参数，使得$kf''<0$恒成立，故优化系统是稳定的。因此得到$\tilde{\delta}_\alpha \to 0$，即$\delta_\alpha$收敛到$\delta_\alpha^*$的一个很小的邻域内。

3.1.4 仿真研究

在模型已知情况下，通过仿真手段，先控制船舵以保持航向，然后不断调节帆角来获得帆船模型理论最大航速值，利用该理论最大航速值能对航速 ESC 优化方案的性能进行评估。本节通过与基于模型获得的理论最大航速值进行比较分析，来验证所设计的航速在线优化方案的有效性。以第 2 章所建立的 12m 型无人帆船运动数学模型为研究对象进行仿真验证，其帆船参数如下：$m=25900\text{kg}$, $L=12.84\text{m}$, $B=3.21\text{m}$, $A_\text{s}=170\text{m}^2$, $A_\text{r}=1.17\text{m}^2$, $I_{xx}=133690\text{kg}\cdot\text{m}^2$, $I_{zz}=24760\text{kg}\cdot\text{m}^2$，详细参数参考第 2 章。

1. *无外界扰动仿真*

无外界扰动情况下，帆船初始位置是$(0,0)$，初始航向是$0°$，期望航向是$110°$，初始船速是2m/s，真实风速是5m/s，风从正北刮来。经典扰动 ESC 优化方案中各参数选择为$k=0.02$, $a=0.05$, $\omega=0.93$, $\omega_\text{h}=0.78$，仿真结果如图 3.1.4～图 3.1.8 所示。

如图 3.1.4 所示，帆船能够很好地跟踪上期望航向。图 3.1.5～图 3.1.7 是相对风向角、帆攻角以及帆角图，且满足$\delta_\text{s}=\alpha_\text{aw}-\alpha$关系。在搜索极值过程中不断优化帆攻角，调节风帆处于最佳位置，使帆船纵向速度最优。

如图 3.1.8 为基于模型的理论航速最大值和经典扰动 ESC 结果的比较，由仿真图可以看出 ESC 航速优化值能够很好地跟踪到理论最大航速值。航速优化器在大约 120s 内使航速达到最大稳态值，约为 3.82m/s，这很接近理论最大航速值，说明本节提出的航速在线优化方案性能良好，但由局部放大图可以看出，经典扰动 ESC 航速在线优化中存在稳态振荡的问题。通过上述仿真结果可以看出，无人

帆船不仅能够跟踪上期望航向，而且能不断调节帆角以优化航速，航向保持器和极值搜索航速优化器可以很好地结合使用。

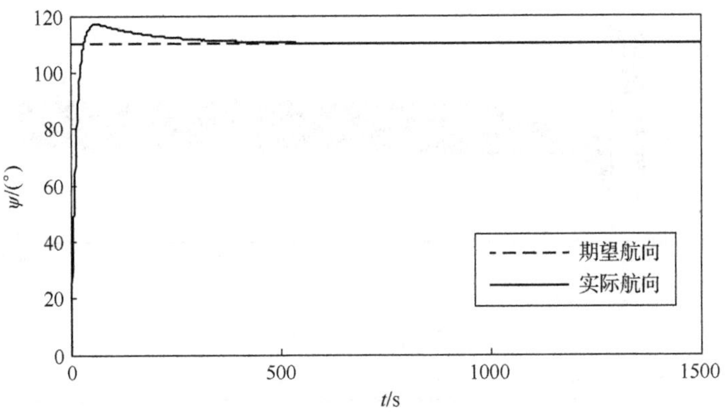

图 3.1.4　航向历时曲线图

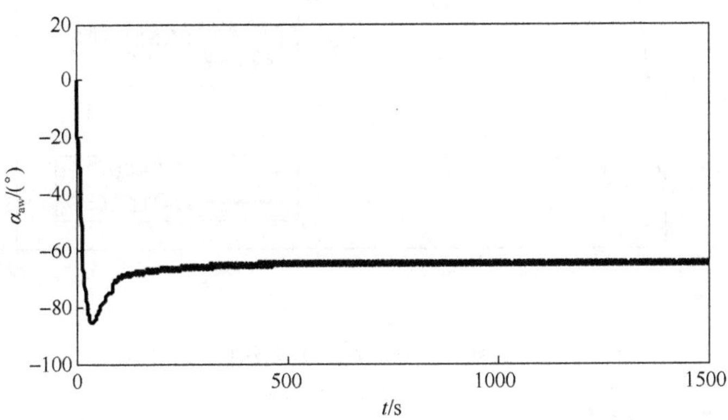

图 3.1.5　相对风向角曲线图

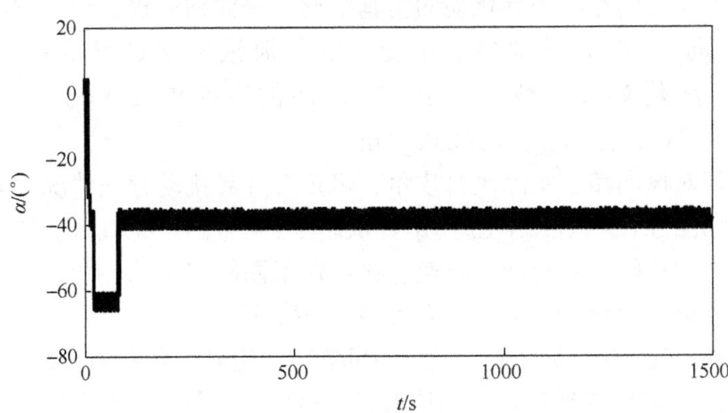

图 3.1.6　实际风帆攻角曲线图

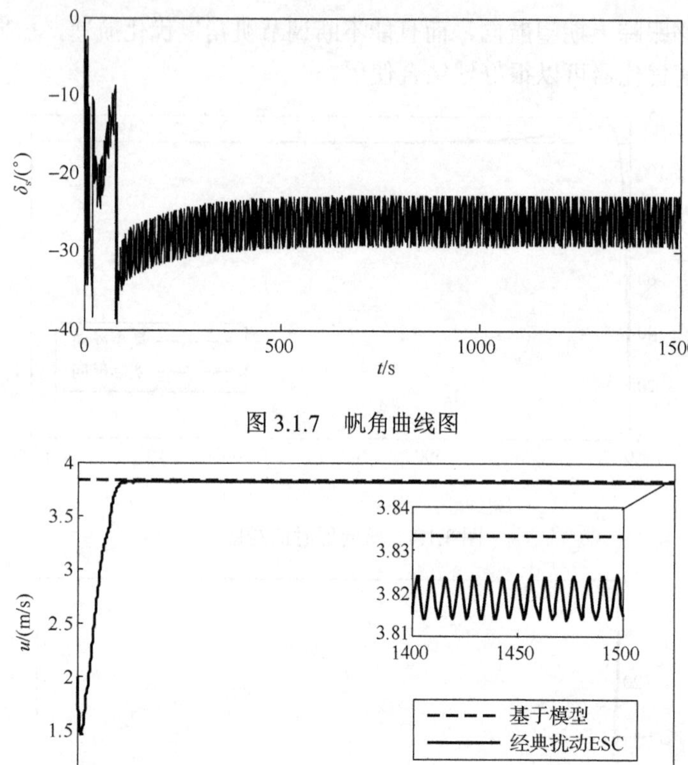

图 3.1.7　帆角曲线图

图 3.1.8　无外界扰动情况下帆船纵向速度优化

2. 带外界扰动仿真

通过进一步考虑存在外界扰动的仿真情况，来评估所提优化方案的鲁棒性。改变期望航向为 70°，其他参数不变，加入海浪干扰进行仿真，假设吃水 $T = 2.15\text{m}$，波数 $k = 1$，波向角 $\mu = 2°$，浪的有义波高 $h = 1\text{m}$，遭遇频率 $\omega_{\text{e}} = 0.65\text{Hz}$，海水密度 $\rho_{\text{water}} = 1025\text{kg}/\text{m}^3$。

航向、相对风向角、实际风帆攻角、帆角及外界扰动存在情况下帆船纵向速度优化结果如图 3.1.9～图 3.1.13 所示。从图 3.1.9 看出，无人帆船能够很好地跟踪上改变后的期望航向，验证了航速优化器在不同航向下的性能良好。外界扰动的存在决定了经典扰动 ESC 航速在线优化方案的性能损失，主要影响收敛速度和稳定性。当闭环系统趋于稳定后，帆角和风帆攻角有较大的稳态振荡。如图 3.1.13 所示，在 250s 左右纵向速度达到理论最优速度值，收敛速度明显减慢。优化后的速度值会在理论最优值的上下波动，表明本节提出的经典扰动 ESC 航速在线优化方案对不确定性和时变因素具有一定的鲁棒性。

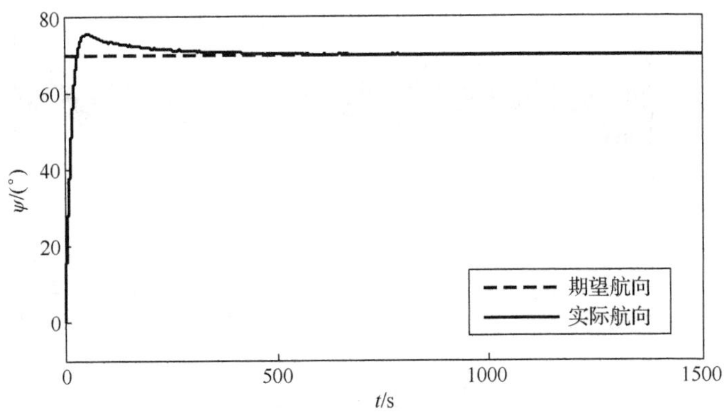

图 3.1.9　航向历时曲线图

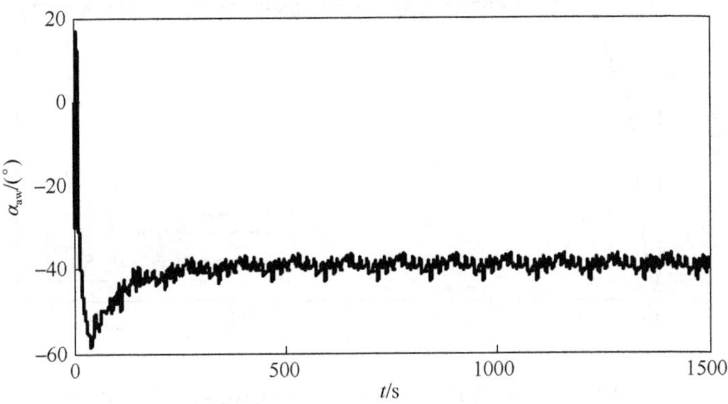

图 3.1.10　相对风向角曲线图

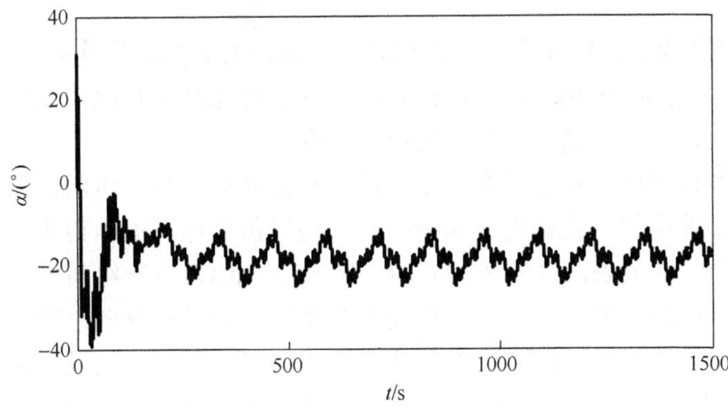

图 3.1.11　实际风帆攻角曲线图

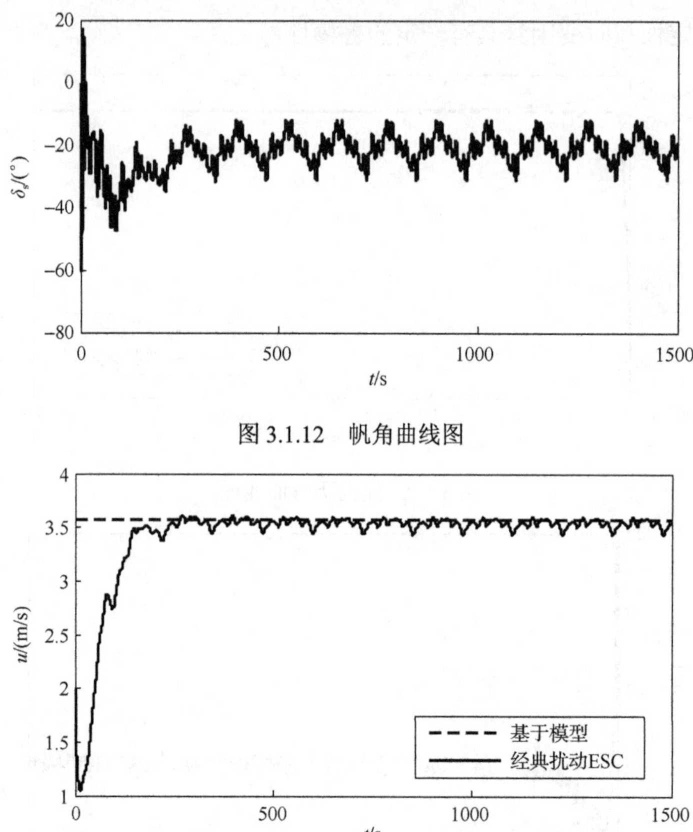

图 3.1.12　帆角曲线图

图 3.1.13　外界扰动存在情况下帆船纵向速度优化

3. 帆船速度极坐标图仿真

以上仿真结果表明，本节提出的航速优化器运行良好，且具有一定的鲁棒性。接下来，在不同航向下将经典扰动 ESC 航速在线优化结果与帆船模型理论最大速度值进行比较，来评估航速优化器的控制精度。

帆船速度极坐标图描述了在一定的风向和强度下，某一帆船模型在不同航向上的最大稳态速度值。在模型已知情况下，通过仿真环境可以得到帆船的最大航速。具体来说，箭头表示真实风的方向，风速为 5m/s，在一组间隔 $(-\pi, \pi)$ 的航向上，首先控制船舵以确定航向，然后调整帆角以优化帆船纵向速度得到最大值，将最大速度记录到极坐标图上，如图 3.1.14 中的连续曲线。在逆风的方向上存在一个明显的“禁区”，即 −45° 和 45° 之间的近似区域。受到外界环境作用力的影响，在“禁区”即使操满舵也难以使帆船保持原来的航向航行。

图 3.1.14 给出了基于模型的理论最大航速值（连续曲线）与经典扰动 ESC 优化航速值（离散星标）的对比。虽然它们在图中有个别速度值不匹配，但大多数优化值与理论最大航速值都是匹配的，这意味着本节提出的航速优化器具有良好的控制精度，帆船速度达到最佳航行状态。

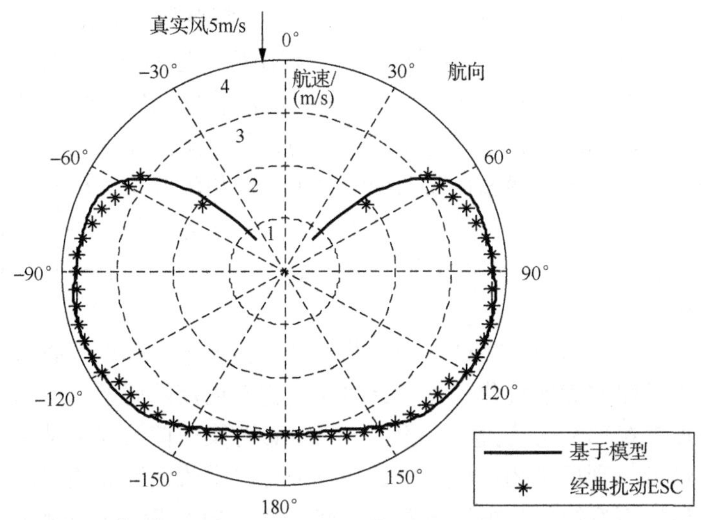

图 3.1.14　基于模型的理论最大航速值与经典扰动 ESC 优化航速值的对比

3.2　无人帆船航速的无稳态振荡扰动极值搜索控制在线优化

ESC 方案已被广泛应用于系统优化设计，如汽车、无人帆船、飞行器、燃料电池、无线传感器等领域。Adetola 等[12]提出了一种无模型自适应 ESC 方案，该方案保证了参数的收敛性和较小的稳态误差。Dinçmen 等[13]在车辆防抱死制动系统（antilock brake system，ABS）中，设计了一种 ESC 优化控制器搜索最佳操作点以获得最大摩擦力，通过实验研究表明，开发的自优化控制器是快速准确的，并且可以在真实的制动系统上运行。Lin 等[7]提出一种非基于扰动的 ESC 方案，只需借助函数梯度优化知识，通过不断地调整帆角进行帆船速度优化。Corno 等[9]利用 ESC 方案设计了一个基于速度极坐标图数据驱动的速度在线优化系统，该系统不受建模误差的影响，且克服了传统的基于极坐标图速度优化的局限性。上述 ESC 方案应用中均存在稳态振荡问题，严重影响了算法在系统中的实时在线应用。

为了解决这一问题，左斌等在文献[14]中针对传统 ESC 方案存在振荡问题提出多种新型算法，为消除稳态振荡拓宽思路。Zhang 等[15]设计一种结合数值最优和状态调节器的 ESC 方案，应用于 ABS 中，成功消除了稳态振荡，但其复杂的参数设计也为其应用带来了不便。哈尔滨工业大学的王丽斌[16]运用解调信号自适应调节激励信号幅值，成功消除扰动 ESC 方案中的稳态振荡。Deng 等[17]将 ESC 方案和自调整模糊逻辑系统相结合，为风帆辅助船舶设计了速度优化方案，成功消除了稳态振荡，但有陷入局部极值的缺点。Wang 等[18]运用解调前信号调整激励信号幅值，避免陷入局部极值，且完成了无稳态振荡扰动 ESC 方案设计。在文献[18]基础上，Wang 等[19]进一步提出了基于解调后信号的无稳定振荡 ESC 方案，其对极值估计偏差的自适应性更好，且具有较快的收敛速度。张雷等[20]基于十字梁微喷系统模型，利用一种基于解调后信号的无稳态振荡 ESC 方案与传统 ESC 方案进行仿真比较。虽然稳态振荡问题解决了，但与传统的扰动 ESC 方案一样，其收敛速度将受到被控对象和外界干扰的影响。Chen 等[21]设计了一种新颖的基于切换开关的 ESC 方案，此方案消除了传统 ESC 方案中的稳态振荡，且能保持较快的收敛速度。

3.1 节提出了经典扰动 ESC 航速优化方案，但方案中存在稳态振荡的问题，这不利于无人帆船航速的优化。本节针对这一稳态振荡的问题，提出一种带前馈项的无稳态振荡扰动 ESC 航速在线优化方案。该方案由前馈和反馈控制两部分组成，其中前馈部分利用帆船速度极坐标图近似分段常值函数和相对风直接得到风帆攻角初始值，而反馈部分根据帆船纵向速度进行 ESC 反馈出风帆攻角优化值，攻角初始值与优化值叠加得到实际风帆攻角，从而得出帆角作用于无人帆船形成闭环控制。对风帆攻角变化量不断寻优过程中，构造激励信号幅值和极值估计偏差的函数关系，随着航速 ESC 系统渐近收敛，激励信号幅值逐渐变小并趋于零，从而消除稳态振荡且获得最大航速。此外，针对改进 ESC 优化系统的稳定性进行分析证明。

3.2.1 问题描述

本节所采用的无人帆船数学模型和条件假设与 3.1 节一致，故本节不再赘述。

本节控制目标 针对 ESC 航速优化闭环系统（3.1.4），在符合假设 3.1.1～假设 3.1.3 情况下，使航速优化过程中风帆攻角优化值 δ_α 实现对未知最优 δ_α^* 的跟踪，从而使得系统输出 u 保持最大值，即帆船达到航速最优状态。同时在优化过程中，构造一种激励信号幅值和极值估计偏差的函数关系来消除稳态振荡。

3.2.2 方案设计

针对 3.1 节中经典扰动 ESC 航速在线优化方案中存在稳态振荡的问题，本节将对其进行改进，设计出一种无稳态振荡扰动 ESC 航速在线优化方案，其控制原理如图 3.2.1 所示。

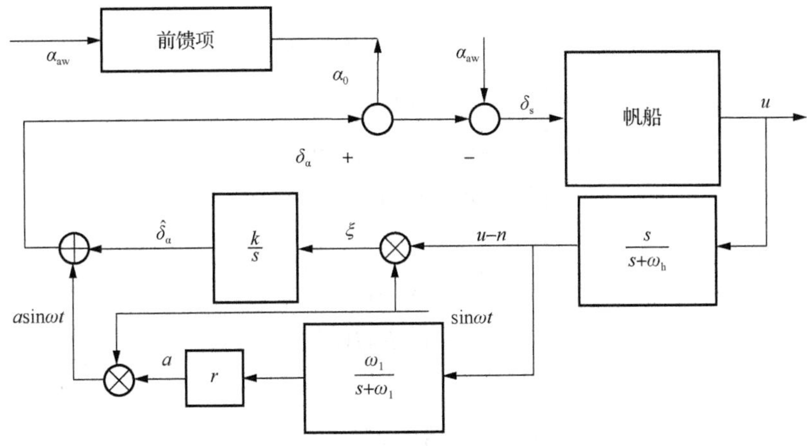

图 3.2.1　无稳态振荡扰动 ESC 航速在线优化原理图

图 3.2.1 中，r、k、ω、ω_l、ω_h 都是 ESC 方案的设计参数。r 是常值增益，依据 ESC 搜索极大值或极小值来设计 r 的正负，使 a 始终大于零，r 也能调整收敛速度并对稳态精度有一定影响；k 为积分增益，增益越高，收敛到最优值的速度就越快，但对干扰和噪声的鲁棒性越小，过大的增益还会影响系统的稳定性；ω 是激励、解调信号角频率，ω_l、ω_h 分别为低通、高通滤波器截止频率，ω、ω_l 以及 ω_h 都不会影响稳态精度，但对收敛速度有较小影响，ω 也不能过大，否则对其鲁棒性不利。

对于航速在线优化系统，帆船纵向速度信号由高通滤波器过滤直流部分，通过 $\sin\omega t$ 解调作用获得纵向速度与风帆攻角优化值关系的近似梯度信息 ξ，再经过积分得到风帆攻角变化量估计值 $\hat{\delta}_\alpha$，$\hat{\delta}_\alpha$ 与激励信号 $a\sin\omega t$ 叠加为风帆攻角优化值 δ_α，最后结合风帆攻角初始值 α_0 得到实际风帆攻角 α，帆船实际控制变量不是风帆攻角 α 而是帆角 δ_s，由公式 $\delta_s = \alpha_{aw} - \alpha$ 得出帆角并将其作用于帆船。对风帆攻角变化量进行不断寻优，直到纵向速度与风帆攻角的输入输出函数达到极值点，即获得最大航速。由于风帆攻角优化值中含有激励信号 $a\sin\omega t$，所以系统中存在稳态振荡，为此构造一种幅值 a 和极值估计偏差平方成正比的函数关系，当航速极值搜索过程渐近收敛时，梯度信息 ξ 将趋近于零，激励信号幅值 a 也逐渐变小并趋于零，从而消除稳态振荡。

3.2.3　稳定性分析

如图 3.2.1 所示的航速优化闭环系统可表示为

$$\begin{cases}\dot{x}=f\left(x,\alpha\left(x,\hat{\delta}_{\alpha}+a\sin\omega t\right)\right)\\ \dot{\hat{\delta}}_{\alpha}=k\left(u-n\right)\sin\omega t\\ \dot{a}=-\omega_{l}a+r\omega_{l}\left(u-n\right)\\ \dot{n}=-\omega_{h}n+\omega_{h}V\end{cases} \tag{3.2.1}$$

引入坐标变换

$$\begin{cases}\tilde{\delta}_{\alpha}=\hat{\delta}_{\alpha}-\delta_{\alpha}^{*}\\ \tilde{n}=n-h\circ l\left(\delta_{\alpha}^{*}\right)\end{cases} \tag{3.2.2}$$

然后可得到

$$\begin{cases}\dot{x}=f\left(x,\alpha\left(x,\tilde{\delta}_{\alpha}+\delta_{\alpha}^{*}+a\sin\omega t\right)\right)\\ \dot{\tilde{\delta}}_{\alpha}=k\left(h\left(x\right)-\tilde{n}-h\circ l\left(\delta_{\alpha}^{*}\right)\right)\sin\omega t\\ \dot{a}=-\omega_{l}a+r\omega_{l}\left(h\left(x\right)-\tilde{n}-h\circ l\left(\delta_{\alpha}^{*}\right)\right)\\ \dot{\tilde{n}}=-\omega_{h}\tilde{n}+\omega_{h}\left(h\left(x\right)-h\circ l\left(\delta_{\alpha}^{*}\right)\right)\end{cases} \tag{3.2.3}$$

式中，$\tilde{\delta}_{\alpha}$、$\tilde{n}$分别是帆攻角、纵向速度估计偏差。为了进一步分析系统（3.2.3），设计参数表示为如下形式：

$$\begin{cases}\omega_{h}=\omega\omega_{H}=\omega\delta\omega_{H}'\\ \omega_{l}=\omega\omega_{L}=\omega\delta\omega_{L}'\\ k=\omega K=\omega\delta K'\end{cases} \tag{3.2.4}$$

其中，δ为很小的正常数，ω_{H}'、ω_{L}'及K'是数量级为$\omega\delta$的正常数。

在时间尺度$\tau=\omega t$下，系统（3.2.3）可以表示为如下形式：

$$\omega\frac{\mathrm{d}x}{\mathrm{d}\tau}=f\left(x,\alpha\left(x,\tilde{\delta}_{\alpha}+\delta_{\alpha}^{*}+a\sin\tau\right)\right) \tag{3.2.5}$$

$$\frac{\mathrm{d}}{\mathrm{d}\tau}\begin{bmatrix}\tilde{\delta}_{\alpha}\\ a\\ \tilde{n}\end{bmatrix}=\delta\begin{bmatrix}K'\left(h\left(x\right)-\tilde{n}-h\circ l\left(\delta_{\alpha}^{*}\right)\right)\sin\tau\\ -\omega_{L}'a+r\omega_{L}'\left(h\left(x\right)-\tilde{n}-h\circ l\left(\delta_{\alpha}^{*}\right)\right)\\ -\omega_{H}'\tilde{n}+\omega_{H}'\left(h\left(x\right)-h\circ l\left(\delta_{\alpha}^{*}\right)\right)\end{bmatrix} \tag{3.2.6}$$

式（3.2.5）及式（3.2.6）描述的系统是标准奇异摄动形式，参数为ω。应用奇异摄动理论知，系统稳定性取决于“边界层”和“降阶”系统的稳定性[22]。通过上述分析，本节给出如下定理。

定理 3.2.1　考虑系统（3.2.1）在假设 3.1.1～假设 3.1.3 成立情况下，存在常数ω^{*}、δ^{*}和一个以点$\left(x,\hat{\delta}_{\alpha},a,n\right)=\left(l\left(\delta_{\alpha}^{*}\right),\delta_{\alpha}^{*},0,h\circ l\left(\delta_{\alpha}^{*}\right)\right)$为球心球域内的初始条

件，使对于所有 $\omega\in\left(0,\omega^{*}\right)$ 和 $\delta\in\left(0,\delta^{*}\right)$，系统解 $\left(x(t),\hat{\delta}_{\alpha}(t),a(t),n(t)\right)$ 指数收敛于这一点。即当搜索航速极值过程渐近收敛时，梯度信息 ξ 趋近于零，风帆攻角变化量估计值 $\hat{\delta}_{\alpha}$ 趋于某一确定值 δ_{α}^{*}，即估计偏差 $\tilde{\delta}_{\alpha}$ 趋于零，激励信号幅值 a 逐渐变小并趋于零，从而消除稳态振荡，闭环系统稳定即航速在线优化系统纵向速度输出 $u(t)$ 收敛于最大稳态航速 $h\circ l\left(\delta_{\alpha}^{*}\right)$。

证明　先研究“降阶”系统稳定性，在 $x=l\left(\tilde{\delta}_{\alpha}+\delta_{\alpha}^{*}+a\sin\tau\right)$ 和时间尺度 $\tau=\omega t$ 下的“降阶”系统为

$$\frac{\mathrm{d}}{\mathrm{d}\tau}\begin{bmatrix}\tilde{\delta}_{\alpha\mathrm{r}}\\ a_{\mathrm{r}}\\ \tilde{n}_{\mathrm{r}}\end{bmatrix}=\delta\begin{bmatrix}K'\left(v\left(\tilde{\delta}_{\alpha\mathrm{r}}+a_{\mathrm{r}}\sin\tau\right)-\tilde{n}_{\mathrm{r}}\right)\sin\tau\\ -\omega_{\mathrm{L}}'a_{\mathrm{r}}+r\omega_{\mathrm{L}}'\left(v\left(\tilde{\delta}_{\alpha\mathrm{r}}+a_{\mathrm{r}}\sin\tau\right)-\tilde{n}_{\mathrm{r}}\right)\\ -\omega_{\mathrm{H}}'\tilde{n}_{\mathrm{r}}+\omega_{\mathrm{H}}'v\left(\tilde{\delta}_{\alpha\mathrm{r}}+a_{\mathrm{r}}\sin\tau\right)\end{bmatrix}\tag{3.2.7}$$

式中，$v\left(\tilde{\delta}_{\alpha\mathrm{r}}+a_{\mathrm{r}}\sin\tau\right)=h\circ l\left(\delta_{\alpha}^{*}+\tilde{\delta}_{\alpha\mathrm{r}}+a_{\mathrm{r}}\sin\tau\right)-h\circ l\left(\delta_{\alpha}^{*}\right)$。

在假设 3.1.3 成立的条件下，可以得到

$$v(0)=0\tag{3.2.8}$$

$$v'(0)=(h\circ l)'\left(\delta_{\alpha}^{*}\right)=0\tag{3.2.9}$$

$$v''(0)=(h\circ l)''\left(\delta_{\alpha}^{*}\right)<0\tag{3.2.10}$$

系统（3.2.7）的形式可以用平均化方法[23]进行分析。平均化后的系统如下：

$$\frac{\mathrm{d}}{\mathrm{d}\tau}\begin{bmatrix}\tilde{\delta}_{\alpha\mathrm{r}}^{a}\\ a_{\mathrm{r}}^{a}\\ \tilde{n}_{\mathrm{r}}^{a}\end{bmatrix}=\delta\begin{bmatrix}\dfrac{K'}{2\pi}\displaystyle\int_{0}^{2\pi}v\left(\tilde{\delta}_{\alpha\mathrm{r}}^{a}+a_{\mathrm{r}}^{a}\sin\sigma\right)\sin\sigma\mathrm{d}\sigma\\ -\omega_{\mathrm{L}}'a_{\mathrm{r}}^{a}-r\omega_{\mathrm{L}}'\tilde{n}_{\mathrm{r}}^{a}+\dfrac{r\omega_{\mathrm{L}}'}{2\pi}\displaystyle\int_{0}^{2\pi}v\left(\tilde{\delta}_{\alpha\mathrm{r}}^{a}+a_{\mathrm{r}}^{a}\sin\sigma\right)\mathrm{d}\sigma\\ -\omega_{\mathrm{H}}'\tilde{n}_{\mathrm{r}}^{a}+\dfrac{\omega_{\mathrm{H}}'}{2\pi}\displaystyle\int_{0}^{2\pi}v\left(\tilde{\delta}_{\alpha\mathrm{r}}^{a}+a_{\mathrm{r}}^{a}\sin\sigma\right)\mathrm{d}\sigma\end{bmatrix}\tag{3.2.11}$$

平均化后系统（3.2.11）的平衡点 $\left(\tilde{\delta}_{\alpha\mathrm{r}}^{a,e},a_{\mathrm{r}}^{a,e},\tilde{n}_{\mathrm{r}}^{a,e}\right)$ 满足

$$\begin{cases}\displaystyle\int_{0}^{2\pi}v\left(\tilde{\delta}_{\alpha\mathrm{r}}^{a,e}+a_{\mathrm{r}}^{a,e}\sin\sigma\right)\sin\sigma\mathrm{d}\sigma=0\\ \dfrac{r}{2\pi}\displaystyle\int_{0}^{2\pi}v\left(\tilde{\delta}_{\alpha\mathrm{r}}^{a,e}+a_{\mathrm{r}}^{a,e}\sin\sigma\right)\mathrm{d}\sigma=a_{\mathrm{r}}^{a,e}+r\tilde{n}_{\mathrm{r}}^{a,e}\\ \dfrac{1}{2\pi}\displaystyle\int_{0}^{2\pi}v\left(\tilde{\delta}_{\alpha\mathrm{r}}^{a,e}+a_{\mathrm{r}}^{a,e}\sin\sigma\right)\mathrm{d}\sigma=\tilde{n}_{\mathrm{r}}^{a,e}\end{cases}\tag{3.2.12}$$

通过对方程组（3.2.12）求解，可得其平衡点为原点 $(0,0,0)$。系统（3.2.11）在平衡点 $(0,0,0)$ 处的雅可比矩阵为

$$\boldsymbol{A}=\delta\begin{bmatrix}0 & 0 & 0\\ 0 & -\omega_{\mathrm{L}}' & -r\omega_{\mathrm{L}}'\\ 0 & 0 & -\omega_{\mathrm{H}}'\end{bmatrix} \tag{3.2.13}$$

由于矩阵（3.2.13）有一个零值与两个负特征值，所以能够应用中心流形定理分析系统（3.2.11）在原点$(0,0,0)$的局部稳定性。根据文献[24]给出的中心流形定理，可先将系统（3.2.11）表示为如下形式：

$$\begin{aligned}\dot{y}&=\frac{\mathrm{d}\tilde{\delta}_{\alpha\mathrm{r}}^{a}}{\mathrm{d}\tau}=\boldsymbol{A}_1 y+\boldsymbol{g}_1(y,z)\\&=\frac{\delta K'}{2\pi}\int_0^{2\pi}v\left(\tilde{\delta}_{\alpha\mathrm{r}}^{a}+a_{\mathrm{r}}^{a}\sin\sigma\right)\sin\sigma\mathrm{d}\sigma\end{aligned} \tag{3.2.14}$$

$$\dot{z}=\frac{\mathrm{d}}{\mathrm{d}\tau}\begin{bmatrix}a_{\mathrm{r}}^{a}\\ \tilde{n}_{\mathrm{r}}^{a}\end{bmatrix}=\boldsymbol{A}_2 z+\boldsymbol{g}_2(y,z) \tag{3.2.15}$$

式中，$y=\tilde{\delta}_{\alpha\mathrm{r}}^{a}$；$z=\begin{bmatrix}a_{\mathrm{r}}^{a}\\ \tilde{n}_{\mathrm{r}}^{a}\end{bmatrix}$；$\boldsymbol{g}_2(y,z)=\delta\begin{bmatrix}\dfrac{r\omega_{\mathrm{L}}'}{2\pi}\displaystyle\int_0^{2\pi}v\left(\tilde{\delta}_{\alpha\mathrm{r}}^{a}+a_{\mathrm{r}}^{a}\sin\sigma\right)\mathrm{d}\sigma\\ \dfrac{\omega_{\mathrm{H}}'}{2\pi}\displaystyle\int_0^{2\pi}v\left(\tilde{\delta}_{\alpha\mathrm{r}}^{a}+a_{\mathrm{r}}^{a}\sin\sigma\right)\mathrm{d}\sigma\end{bmatrix}$；$\boldsymbol{A}_1=0$；$\boldsymbol{A}_2=\delta\begin{bmatrix}-\omega_{\mathrm{L}}' & -r\omega_{\mathrm{L}}'\\ 0 & -\omega_{\mathrm{H}}'\end{bmatrix}$；$\boldsymbol{g}_1(y,z)=\dfrac{\delta K'}{2\pi}\displaystyle\int_0^{2\pi}v\left(\tilde{\delta}_{\alpha\mathrm{r}}^{a}+a_{\mathrm{r}}^{a}\sin\sigma\right)\sin\sigma\mathrm{d}\sigma$。容易看出，$\boldsymbol{g}_1$及$\boldsymbol{g}_2$是二阶连续可微的，并且有

$$\boldsymbol{g}_i(0,0)=0,\frac{\partial\boldsymbol{g}_i}{\partial y}(0,0)=0,\frac{\partial\boldsymbol{g}_i}{\partial z}(0,0)=0 \tag{3.2.16}$$

其中，$i=1,2$。因此存在一个常数$\rho>0$、连续可微函数$p(y)$，对所有$\left|\tilde{\delta}_{\alpha\mathrm{r}}^{a}\right|<\rho$，使得$z=p(y)$是系统（3.2.14）及系统（3.2.15）的一个中心流形。函数$z=p(y)$满足

$$p(0)=0,\quad \frac{\mathrm{d}p}{\mathrm{d}y}(0)=0 \tag{3.2.17}$$

因此系统（3.2.14）可以表示为

$$\dot{\tilde{\delta}}_{\alpha\mathrm{r}}^{a}=\frac{\delta K'}{2\pi}\int_0^{2\pi}v\left(\tilde{\delta}_{\alpha\mathrm{r}}^{a}+p\left(\tilde{\delta}_{\alpha\mathrm{r}}^{a}\right)\sin\sigma\right)\sin\sigma\mathrm{d}\sigma \tag{3.2.18}$$

式中，$\dot{\tilde{\delta}}_{\alpha\mathrm{r}}^{a}=\dfrac{\mathrm{d}\tilde{\delta}_{\alpha\mathrm{r}}^{a}}{\mathrm{d}\tau}$；$p\left(\tilde{\delta}_{\alpha\mathrm{r}}^{a}\right)$为正。由中心流形定理可知，对系统（3.2.18）稳定性进行分析，可以得到系统（3.2.14）及系统（3.2.15）在$(0,0,0)$处的局部稳定性。

可运用李雅普诺夫直接法对系统（3.2.18）的稳定性进行分析，选择

$$V\left(\tilde{\delta}_{\alpha\mathrm{r}}^{a}\right)=\frac{1}{2}\left[\int_0^{2\pi}v\left(\tilde{\delta}_{\alpha\mathrm{r}}^{a}+p\left(\tilde{\delta}_{\alpha\mathrm{r}}^{a}\right)\sin\sigma\right)\sin\sigma\mathrm{d}\sigma\right]^2>0 \tag{3.2.19}$$

作系统（3.2.18）的李雅普诺夫备选函数，对$V\left(\tilde{\delta}_{\alpha r}^{a}\right)$沿系统（3.2.18）的解求导：

$$\dot{V}\left(\tilde{\delta}_{\alpha r}^{a}\right)=\frac{\delta K'}{2\pi}\left[\int_{0}^{2\pi}v\left(\tilde{\delta}_{\alpha r}^{a}+p\left(\tilde{\delta}_{\alpha r}^{a}\right)\sin\sigma\right)\sin\sigma\mathrm{d}\sigma\right]^{2}\times\int_{0}^{2\pi}v'\left(\tilde{\delta}_{\alpha r}^{a}+p\left(\tilde{\delta}_{\alpha r}^{a}\right)\sin\sigma\right)\sin\sigma\mathrm{d}\sigma \tag{3.2.20}$$

式中，$\frac{\delta K'}{2\pi}\left[\int_{0}^{2\pi}v\left(\tilde{\delta}_{\alpha r}^{a}+p\left(\tilde{\delta}_{\alpha r}^{a}\right)\sin\sigma\right)\sin\sigma\mathrm{d}\sigma\right]^{2}>0$。利用分部积分公式，可得

$$\begin{aligned}&\int_{0}^{2\pi}v'\left(\tilde{\delta}_{\alpha r}^{a}+p\left(\tilde{\delta}_{\alpha r}^{a}\right)\sin\sigma\right)\sin\sigma\mathrm{d}\sigma\\&=p\left(\tilde{\delta}_{\alpha r}^{a}\right)\int_{0}^{2\pi}v''\left(\tilde{\delta}_{\alpha r}^{a}+p\left(\tilde{\delta}_{\alpha r}^{a}\right)\sin\sigma\right)\cos^{2}\sigma\mathrm{d}\sigma\end{aligned} \tag{3.2.21}$$

注意式（3.2.10）保证了式（3.2.21）小于零。因此，可得

$$\dot{V}\left(\tilde{\delta}_{\alpha r}^{a}\right)<0 \tag{3.2.22}$$

故系统（3.2.18）在原点处是渐近稳定的。为了进一步研究系统（3.2.18）的指数稳定性，将系统（3.2.18）中的$v\left(\tilde{\delta}_{\alpha r}^{a}+p\left(\tilde{\delta}_{\alpha r}^{a}\right)\sin\sigma\right)$应用泰勒级数展开得

$$\begin{aligned}&v\left(\tilde{\delta}_{\alpha r}^{a}+p\left(\tilde{\delta}_{\alpha r}^{a}\right)\sin\sigma\right)\\&=v(0)+v'(0)\left(\tilde{\delta}_{\alpha r}^{a}+p\left(\tilde{\delta}_{\alpha r}^{a}\right)\sin\sigma\right)+\frac{v''(0)}{2}\left(\tilde{\delta}_{\alpha r}^{a}+p\left(\tilde{\delta}_{\alpha r}^{a}\right)\sin\sigma\right)^{2}+R\\&=\frac{v''(0)}{2}\left(\tilde{\delta}_{\alpha r}^{a}+p\left(\tilde{\delta}_{\alpha r}^{a}\right)\sin\sigma\right)^{2}+R\end{aligned}$$

式中，$v(0)=v'(0)=0$；$R=R\left(\sigma,\tilde{\delta}_{\alpha r}^{a}\right)$为含$\sin\sigma$的高阶项，在研究系统局部稳定性时，可忽略高阶项$R$，得到

$$\begin{aligned}\dot{\tilde{\delta}}_{\alpha r}^{a}&=\frac{\delta K'}{2\pi}\int_{0}^{2\pi}\frac{v''(0)}{2}\left(\tilde{\delta}_{\alpha r}^{a}+p\left(\tilde{\delta}_{\alpha r}^{a}\right)\sin\sigma\right)^{2}\sin\sigma\mathrm{d}\sigma\\&=\frac{\delta K'v''(0)}{2}p\left(\tilde{\delta}_{\alpha r}^{a}\right)\tilde{\delta}_{\alpha r}^{a}\end{aligned} \tag{3.2.23}$$

其中，$\delta K'v''(0)p\left(\tilde{\delta}_{\alpha r}^{a}\right)$为负，所以系统（3.2.18）在平衡点处是局部指数稳定的。应用文献[24]给出的中心流形定理可知，存在一个常数$\rho>0$，对所有的$\left|\tilde{\delta}_{\alpha r}^{a}\right|<\rho$，系统（3.2.14）、系统（3.2.15）及系统（3.2.11）在原点处局部指数稳定。又因系统（3.2.7）平均化后为系统（3.2.11），故运用平均化方法分析系统（3.2.7）在原点的稳定性可知，存在正常数δ^{*}和ρ，对所有$0<\delta<\delta^{*},\left|\tilde{\delta}_{\alpha r}^{a}\right|<\rho$，系统（3.2.7）在原点处局部指数稳定。

为完成奇异摄动研究，还需分析“边界层”系统：

$$\frac{\mathrm{d}x}{\mathrm{d}t}=f\left(x,\alpha\left(x,\delta_{\alpha}\right)\right) \tag{3.2.24}$$

式中，$\delta_{\alpha}=\delta_{\alpha}^{*}+\tilde{\delta}_{\alpha}+a\sin\tau$ 应被看作一个独立于时间变量 t 的参数。引入坐标变换：

$$x=x_{\mathrm{b}}+l\left(\delta_{\alpha}\right) \tag{3.2.25}$$

“边界层”系统（3.2.24）重新表示为

$$\frac{\mathrm{d}x_{\mathrm{b}}}{\mathrm{d}t}=f\left(x_{\mathrm{b}}+l\left(\delta_{\alpha}\right),\alpha\left(x_{\mathrm{b}}+l\left(\delta_{\alpha}\right),\delta_{\alpha}\right)\right) \tag{3.2.26}$$

因为 $f\left(l\left(\delta_{\alpha}\right),\alpha\left(l\left(\delta_{\alpha}\right),\delta_{\alpha}\right)\right)\equiv 0$，所以 $x_{\mathrm{b}}=0$ 是系统（3.2.26）的一个平衡点。由假设 3.1.2 可以得到这一平衡点是局部指数稳定的。

综上所述，“降阶”系统（3.2.7）和“边界层”系统（3.2.26）在原点处局部指数稳定，由文献[22]中的奇异摄动理论可得出定理 3.2.1 的结论。证毕。

3.2.4　仿真研究

为了验证本节所提出的无稳态振荡扰动 ESC 航速在线优化方案的有效性，以第 2 章所建立的 12m 型无人帆船运动数学模型为研究对象进行仿真验证。

1. 无外界扰动仿真

在无外界扰动情况下，帆船初始位置和航向分别是 (0,0) 和 0°，期望航向是 110°，初始船速是 2m/s，真实风速是 5m/s，风从正北刮来。ESC 方案中各参数选择是 $r=0.08$，$k=0.2$，$\omega=2.6$，$\omega_{\mathrm{l}}=0.5$，$\omega_{\mathrm{h}}=1.2$，仿真结果如图 3.2.2～图 3.2.6 所示。

从图 3.2.2 可以看出，帆船可以很好地保持在期望航向。图 3.2.3～图 3.2.5 分别是相对风向角、实际风帆攻角和帆角曲线图，且满足 $\delta_{\mathrm{s}}=\alpha_{\mathrm{aw}}-\alpha$。搜索极值过程中不断优化帆攻角以调节风帆处于最佳位置，使帆船纵向速度最优。如图 3.2.6 所示，速度 u 大约在 120s 内收敛到稳态值，稳定时最大速度约为 3.832m/s。

从图 3.2.4～图 3.2.6 可以看出，经典扰动 ESC 航速在线优化系统中含有较大稳态振荡，大幅度频繁改变帆角会影响系统稳定性，且降低器件的使用寿命，不适合实际的在线应用。而改进后的 ESC 航速在线优化系统消除了稳态振荡，当优化系统渐近收敛时，梯度信息 ξ 将趋近于零，激励信号幅值 a 也逐渐变小，风帆攻角消除稳态振荡且收敛到最优值。图 3.2.6 为基于模型理论最大航速值、经典扰动 ESC 和无稳态振荡扰动 ESC 优化速度值的比较，由仿真图看到两种基于 ESC 的航速优化值都能很好地跟踪到理论最大航速，无稳态振荡扰动 ESC 的航速在线优化方案收敛速度有所提高。由局部放大图可以看出，无稳态振荡扰动 ESC 的航速在线优化方案不仅消除了经典扰动 ESC 航速优化方案中存在的稳态振荡，且更接近于理论最优速度值，具有极高的稳态精度，因此无稳态振荡扰动 ESC 的航速优化器性能更好。

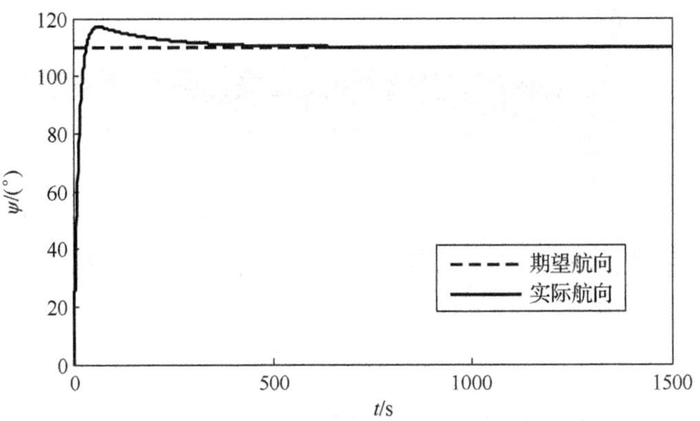

图 3.2.2　航向历时曲线图

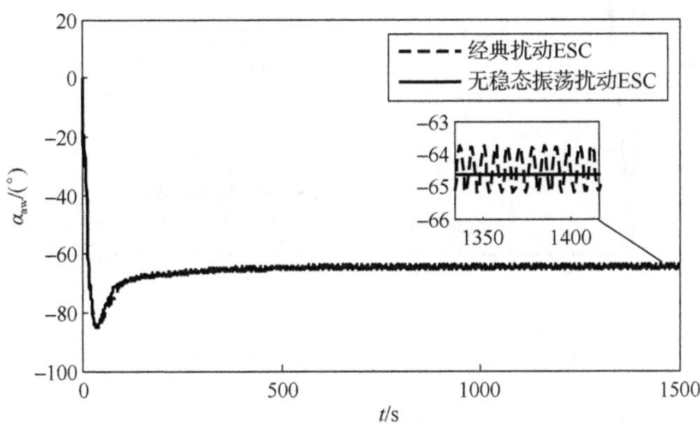

图 3.2.3　相对风向角曲线图

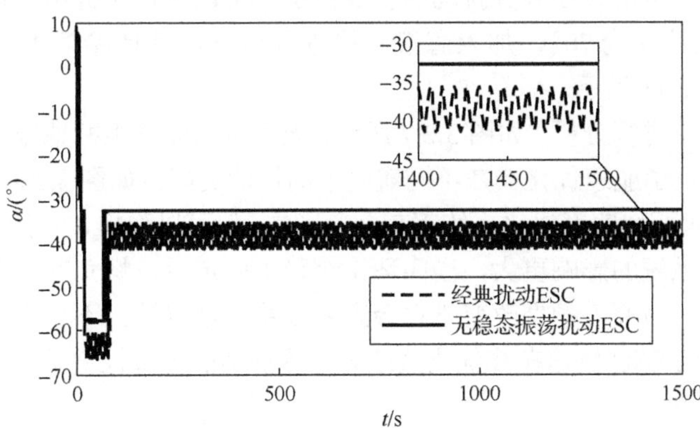

图 3.2.4　实际风帆攻角曲线图

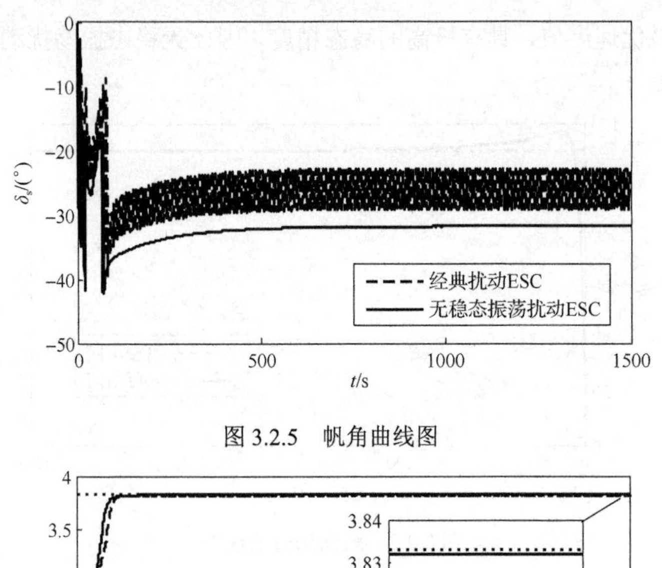

图 3.2.5　帆角曲线图

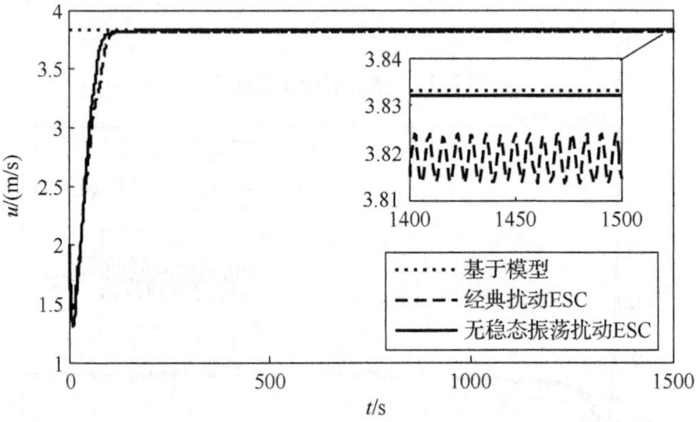

图 3.2.6　无外界扰动情况下帆船纵向速度优化

2. 带外界扰动仿真

通过进一步考虑存在外界扰动的仿真情况，可以评估所提出优化方案的鲁棒性。改变期望航向为 70°，加入海浪干扰进行仿真，其他参数不变，其结果如图 3.2.7～图 3.2.11 所示。

对仿真结果进行分析，如图 3.2.7 所示，无人帆船能够很好地跟踪上改变后的期望航向，验证了航速优化器在不同航向下的性能良好。如图 3.2.8～图 3.2.11 所示，外界扰动对两种速度优化系统都有一定影响。但可以看出，对于经典扰动 ESC 航速在线优化系统的影响更大，当闭环系统趋于稳定后，帆角和纵向速度中有较大的稳态振荡，大幅度频繁改变帆角会影响系统的稳定性，不适合实际的在线应用。而改进后的 ESC 航速在线优化系统对外界扰动的鲁棒性更强，帆角和帆攻角逐渐趋于稳定值。

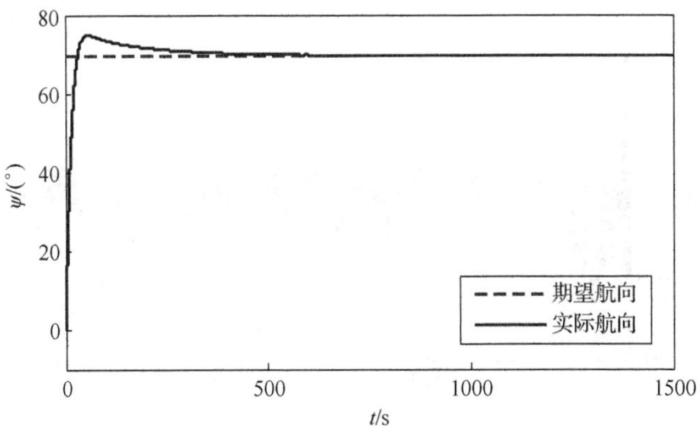

图 3.2.7　航向历时曲线图

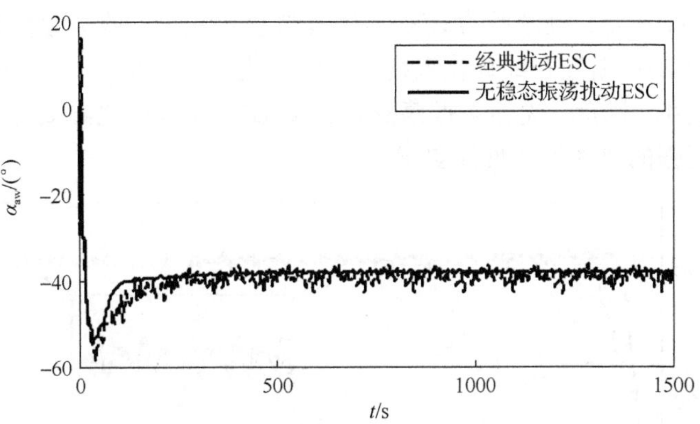

图 3.2.8　相对风向角曲线图

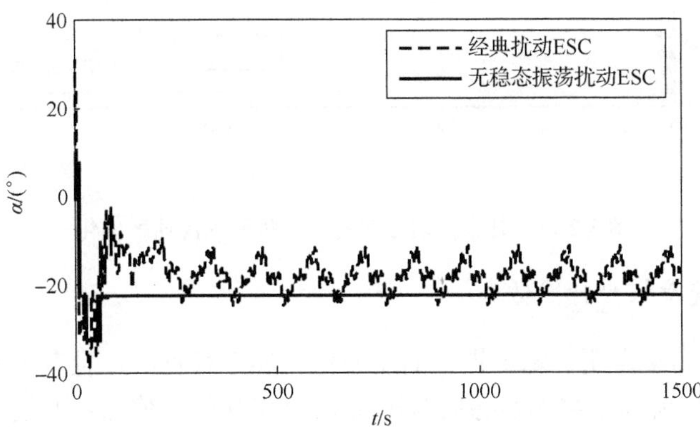

图 3.2.9　实际风帆攻角曲线图

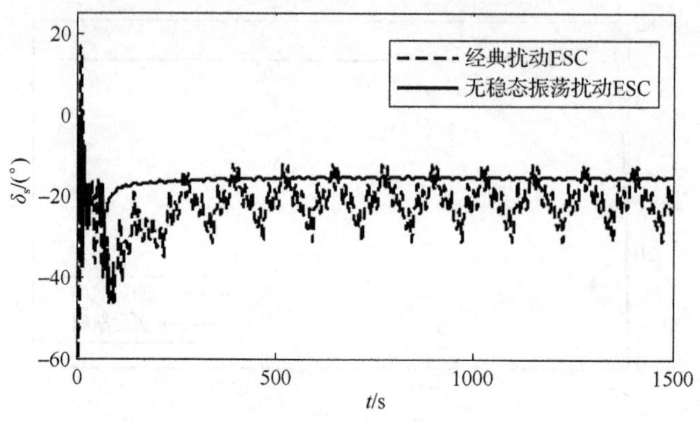

图 3.2.10　帆角曲线图

如图 3.2.11 所示，改进后的 ESC 航速在线优化系统的收敛速度和稳定性明显优于经典扰动 ESC 航速在线优化系统，由局部放大图可知，本节所提出的优化系统稳态误差更小。因此，无稳态振荡扰动 ESC 航速在线优化方案对不确定性和时变因素具有更强的鲁棒性，性能更优。

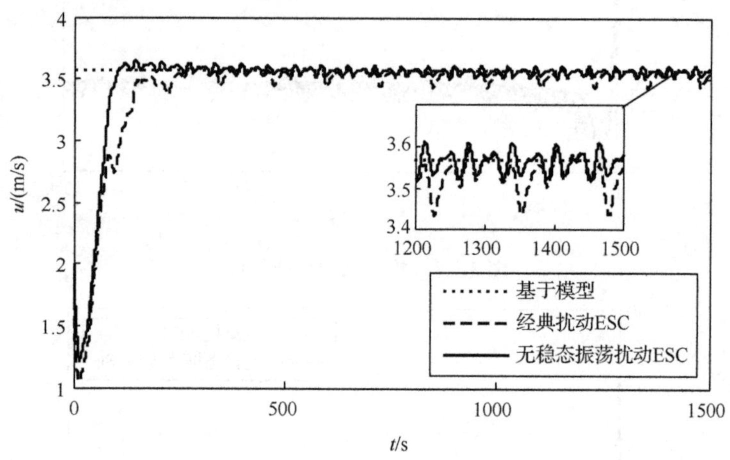

图 3.2.11　外界扰动存在情况下帆船纵向速度优化

3. 帆船速度极坐标图仿真

上述仿真结果表明，本节提出的航速优化器运行良好，且有很强的鲁棒性。接下来，在不同航向下将无稳态振荡扰动 ESC 优化航速值与帆船模型理论最大航速值进行对比。如图 3.2.12 所示，给出了基于模型的理论最大航速值与无稳态振荡扰动 ESC 优化航速值的对比。虽然它们在图中有个别航速值不匹配，但由于大多数方向改进无稳态振荡扰动 ESC 优化航速值与理论最大航速值都是匹配的，表明本节所提出的航速优化器具有良好的控制精度，帆船速度达到最佳航行状态。

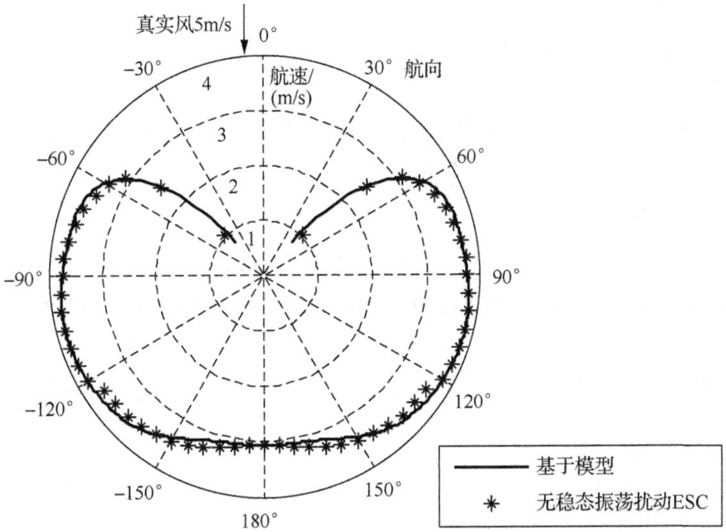

图 3.2.12 基于模型的理论最大航速值与无稳态振荡扰动 ESC 优化航速值的对比

3.3 无人帆船航速的传统滑模极值搜索控制在线优化

1992 年 Drakunov 和 Özgüner 首次将滑模控制和 ESC 结合起来，并在 1995 年采用正弦信号来引导搜索控制器沿某一个方向搜索极值，将滑模 ESC 方案运用到汽车刹车防抱死系统中[25]。滑模控制系统性能由预先设计的滑模确定，并且在滑模发生后对参数不确定性与外界干扰都是不变的，所以无论系统参数与代价函数如何变化，滑模 ESC 方案将以特定速度搜索到极值[26]。Pan 等[27]通过在极值搜索控制器中使用滑模概念来研究其稳定性和性能改进，然而，所提出的滑模分析方法和滑模 ESC 方案的稳定性分析是复杂的。Yin 等[28]提出了一种分数阶滑模 ESC 方案，与整数阶滑模 ESC 方案相比，它可以实现较快的跟踪以及较高的控制精度。然而，与经典扰动 ESC 方案一样，传统滑模 ESC 方案中也具有稳态振荡这一问题。

首先，本节介绍了传统滑模 ESC 方案的基本原理，并设计了一种基于传统滑模 ESC 的航速在线优化方案。传统滑模 ESC 方案性能取决于预设滑模面，不受参数不确定性和外界干扰影响，在滑模面上会以预设速度收敛到极值点。其次，分析了传统滑模 ESC 方案产生稳态振荡的原因，为下一节设计无稳态振荡滑模 ESC 航速在线优化方案奠定基础。本节所提出的基于传统滑模 ESC 航速在线优化方案收敛速度具有不受优化对象和外界扰动影响且可设计的优势，并有一定鲁棒性。

3.3.1 问题描述

本节所采用的无人帆船数学模型与 3.1 节一致，故本节不再赘述。在假设 3.1.1～假设 3.1.3 的基础上，另新增以下假设。

假设 3.3.1 滑模 ESC 对参数 δ_α 的调整速度比系统动态慢很多，系统动态是指由 δ_α 到 $u(t)$ 的动态。为了更加简单分析滑动模态，先忽略此动态，将代价函数 $u(t)=h(x(t))$ 近似表示为

$$u(t)=h(l(\delta_\alpha(t)))\triangleq H(\delta_\alpha(t)) \tag{3.3.1}$$

本节控制目标 针对 ESC 航速在线优化闭环系统(3.1.4)，在符合假设 3.1.1～假设 3.1.3 和假设 3.3.1 情况下，使航速优化过程中风帆攻角优化值 δ_α 实现对未知最优 δ_α^* 的跟踪，从而使得系统输出 u 搜索到最大值，即帆船达到航速最佳状态。

3.3.2 方案设计

1. 基本原理

本节引入滑模 ESC 对帆船纵向速度进行优化，其控制原理如图 3.3.1 所示。

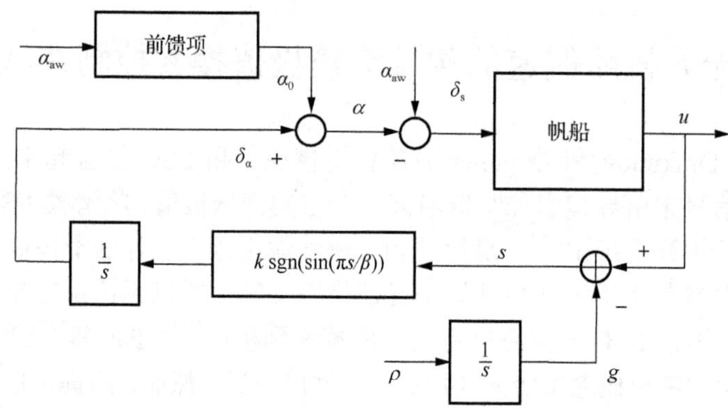

图 3.3.1　传统滑模 ESC 航速在线优化原理图

航速滑模 ESC 反馈的基本思想是通过设计滑模控制律 $\dot{\delta}_\alpha=k\,\mathrm{sgn}(\sin(\pi s/\beta))$，在滑模运动过程中，无论函数的梯度如何变化，使 $H(\delta_\alpha(t))-g(t)$ 保持为一个常数，则 $H(\delta_\alpha(t))$ 将会被迫以相同的速率 ρ 随着 $g(t)$ 增加。经过滑模 ESC 反馈以后，会产生一个攻角优化值 δ_α，然后它将结合初始值 α_0 得到实际风帆攻角 α，帆船实际控制变量不是 α 而是帆角 δ_s，由公式 $\delta_s=\alpha_{aw}-\alpha$ 得到帆角并作用于无人帆船形成闭环控制。对风帆攻角优化值进行不断寻优，直到获得最大航速。由于滑模 ESC 本身结构性能的原因，它也存在稳态振荡的问题。

2. 滑模面分析

传统滑模 ESC 航速优化方案如图 3.3.1 所示，定义切换函数 $s(t)$ 为

$$s(t)=u(t)-g(t) \tag{3.3.2}$$

式中，$g(t)$ 为单调递增函数，$\dot{g}(t)=\rho$ 且 ρ 为正常数。

参数 $\dot{\delta}_{\alpha}$ 满足

$$\dot{\delta}_{\alpha}=k\,\mathrm{sgn}(\sin(\pi s/\beta)) \tag{3.3.3}$$

式中，k 和 β 均为正常数。

对式（3.3.2）求导可得

$$\begin{aligned}\frac{\mathrm{d}}{\mathrm{d}t}s(t)&=\dot{u}(t)-\dot{g}(t)=\frac{\mathrm{d}}{\mathrm{d}\delta_{\alpha}}H(\delta_{\alpha})\dot{\delta}_{\alpha}-\dot{g}(t)\\&=\varPhi(\delta_{\alpha})\,k\,\mathrm{sgn}(\sin(\pi s(t)/\beta))-\rho\end{aligned} \tag{3.3.4}$$

式中，$\varPhi(\delta_{\alpha})=\dfrac{\mathrm{d}}{\mathrm{d}\delta_{\alpha}}H(\delta_{\alpha})$ 为代价函数 $H(\delta_{\alpha})$ 关于 δ_{α} 的导数。

如果存在一个常数 c 使得可达性条件

$$(s(t)-c)\frac{\mathrm{d}}{\mathrm{d}t}(s(t)-c)<0$$

成立，则滑动模态在 $s(t)=c$ 处发生。在滑动模态 $s(t)=c$ 上，系统输出纵向速度 $u(t)$ 随着参考函数 $g(t)$ 的增大而增大，并且系统中攻角优化值 δ_{α} 向极大值点 δ_{α}^{*} 移动。

相比于文献[27]中的分析方法，接下来以更为严谨简洁的方法分析优化系统的滑动模态。

根据滑模 ESC 控制律（3.3.3）和三角函数公式：

$$\sin(\pi s(t)/\beta)=2\sin(\pi s(t)/2\beta)\cos(\pi s(t)/2\beta)$$

将相应的切换函数定义为

$$\begin{cases}\varGamma_{\mathrm{l}}(t)=\sin(\pi s(t)/2\beta)\\\varGamma_{\mathrm{r}}(t)=\cos(\pi s(t)/2\beta)\end{cases} \tag{3.3.5}$$

由此可知相应的滑动模态为

$$\frac{s(t)}{\beta}=\begin{cases}2n, & \varGamma_{\mathrm{l}}(t)=0\\2n+1, & \varGamma_{\mathrm{r}}(t)=0\end{cases} \tag{3.3.6}$$

式中，$n=0,\pm1,\pm2,\cdots$。

首先，分析切换函数 $\varGamma_{\mathrm{l}}(t)$，对其求导得

$$\dot{\Gamma}_1(t)=\frac{\pi}{2\beta}\cos(\pi s(t)/2\beta)\frac{\mathrm{d}}{\mathrm{d}t}s(t) \tag{3.3.7}$$

因此得到

$$\Gamma_1(t)\dot{\Gamma}_1(t)=\frac{\pi}{4\beta}\sin(\pi s(t)/\beta)(\Phi(\delta_\alpha)\,k\,\mathrm{sgn}(\sin(\pi s(t)/\beta))-\rho) \tag{3.3.8}$$

分析式（3.3.8）得到如下结论。

（1）当 $\sin(\pi s(t)/\beta)>0$（即 $2n<s(t)/\beta<2n+1$）和 $\Phi(\delta_\alpha)<\dfrac{\rho}{k}$ 时，$\Gamma_1(t)\dot{\Gamma}_1(t)<0$ 成立。又因为 $\dot{s}(t)=\Phi(\delta_\alpha)\,k\,\mathrm{sgn}(\sin(\pi s(t)/\beta))-\rho$，可知 $\dot{s}(t)<0$，因此 $s(t)/\beta\to 2n$。

（2）当 $\sin(\pi s(t)/\beta)<0$（即 $2n+1<s(t)/\beta<2n+2$）和 $\Phi(\delta_\alpha)<-\dfrac{\rho}{k}$ 时，$\Gamma_1(t)\dot{\Gamma}_1(t)<0$ 成立，可知 $\dot{s}(t)>0$，因此 $s(t)/\beta\to 2n+2$。

同理分析切换函数 $\Gamma_{\mathrm{r}}(t)$，得到

$$\dot{\Gamma}_{\mathrm{r}}(t)=-\frac{\pi}{2\beta}\sin(\pi s(t)/2\beta)\frac{\mathrm{d}}{\mathrm{d}t}s(t) \tag{3.3.9}$$

$$\Gamma_{\mathrm{r}}(t)\dot{\Gamma}_{\mathrm{r}}(t)=-\frac{\pi}{4\beta}\sin(\pi s(t)/\beta)(\Phi(\delta_\alpha)\,k\,\mathrm{sgn}(\sin(\pi s(t)/\beta))-\rho) \tag{3.3.10}$$

分析式（3.3.10）得到如下结论。

（1）当 $\sin(\pi s(t)/\beta)>0$（即 $2n<s(t)/\beta<2n+1$）和 $\Phi(\delta_\alpha)>\dfrac{\rho}{k}$ 时，$\Gamma_{\mathrm{r}}(t)\dot{\Gamma}_{\mathrm{r}}(t)<0$ 成立。又因为 $\dot{s}(t)=\Phi(\delta_\alpha)\,k\,\mathrm{sgn}(\sin(\pi s(t)/\beta))-\rho$，可知 $\dot{s}(t)>0$，因此 $s(t)/\beta\to 2n+1$。

（2）当 $\sin(\pi s(t)/\beta)<0$（即 $2n+1<s(t)/\beta<2n+2$）和 $\Phi(\delta_\alpha)>-\dfrac{\rho}{k}$ 时，$\Gamma_{\mathrm{r}}(t)\dot{\Gamma}_{\mathrm{r}}(t)<0$ 成立，可知 $\dot{s}(t)<0$，因此 $s(t)/\beta\to 2n+1$。

与单纯滑模控制只有唯一的滑模面不同，滑模 ESC 拥有一系列滑模面，这样设计能够保证无论系统的初始状态如何都可以达到滑模面。通过上述分析，绘制出一系列滑动模态，如图 3.3.2 所示。

图 3.3.2 中给出了某一初始值下优化系统的收敛过程，被粗略分成 3 个阶段：

Ⅰ. 收敛：从初始位置收敛于最近滑模面，如图中短画线实心箭头轨迹所示。

Ⅱ. 强制跟踪：到达滑模面后，被迫跟踪预先设定信号，逐渐收敛于极值点邻域内即 $\Phi(\delta_\alpha)\in(-\rho/k,\rho/k)$，如图中圆点虚线所示。

Ⅲ. 稳态振荡：将在极值点周围保持稳态振荡，如图中实线实心箭头和方点虚线空心箭头所示两种情况。

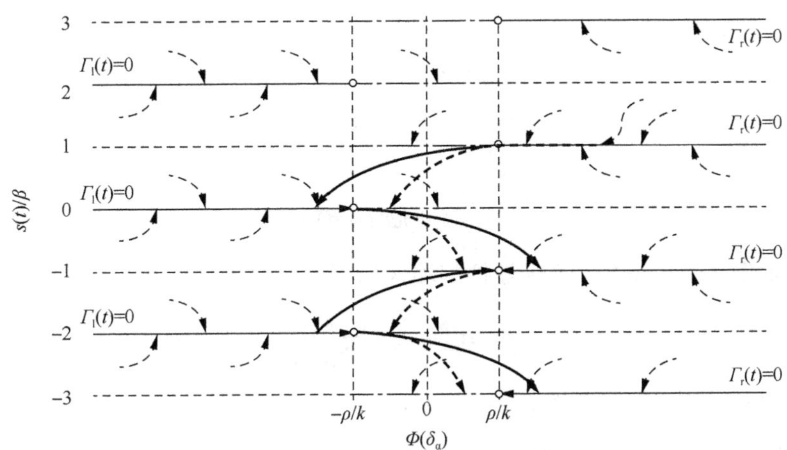

图 3.3.2　滑模 ESC 的收敛过程和滑动模态

3.3.3　稳定性分析

首先分析收敛阶段，定义一个极大值点 δ_α^* 的 δ 邻域 $\Theta_{(\delta_l,\delta_r)}$ 为

$$\Theta_{(\delta_l,\delta_r)}=\{\delta_\alpha \mid \delta_\alpha^*-\delta_l\leqslant\delta_\alpha\leqslant\delta_\alpha^*+\delta_r\} \tag{3.3.11}$$

式中，δ_l 和 δ_r 是正实数，并且满足

$$|\Phi(\delta_\alpha)|>\frac{\rho}{k},\quad \forall\delta_\alpha\notin\Theta_{(\delta_l,\delta_r)} \tag{3.3.12}$$

$$|\Phi(\delta_\alpha)|\leqslant\frac{\rho}{k},\quad \forall\delta_\alpha\in\Theta_{(\delta_l,\delta_r)} \tag{3.3.13}$$

$$|\Phi(\delta_\alpha)|=\frac{\rho}{k}\Leftrightarrow\delta_\alpha=\delta_\alpha^*-\delta_l \text{或} \delta_\alpha=\delta_\alpha^*+\delta_r \tag{3.3.14}$$

基于 3.3.2 节关于滑动模态的分析可知，当 $\Phi(\delta_\alpha)<-\dfrac{\rho}{k}$ 时，$\Gamma_l(t)\dot{\Gamma}_l(t)<0$ 成立，系统收敛到滑模面 $\Gamma_l(t)=0$；当 $\Phi(\delta_\alpha)>\dfrac{\rho}{k}$ 时，$\Gamma_r(t)\dot{\Gamma}_r(t)<0$ 成立，系统收敛到 $\Gamma_r(t)=0$。即对于任意初始 $\delta_\alpha(0)$，只要选择参数 k 和 ρ 满足

$$|\Phi(\delta_\alpha(0))|\gg\frac{\rho}{k},\quad \delta_\alpha(0)\notin\Theta_{(\delta_l,\delta_r)} \tag{3.3.15}$$

或者说 $\delta_\alpha(0)$ 在 δ 邻域外，存在

$$\Gamma_l(t)\dot{\Gamma}_l(t)<0 \text{或} \Gamma_r(t)\dot{\Gamma}_r(t)<0 \tag{3.3.16}$$

系统会收敛到滑模面 $\Gamma_l(t)=0$ 或 $\Gamma_r(t)=0$。

接下来分析优化系统的强制跟踪阶段在滑模面上的收敛性，应用等效控制理论把滑模控制律表示成

$$\begin{cases}\dot{\delta}_{\alpha}=\mu \\ \mu=k\,\mathrm{sgn}(\sin(\pi s(t)/\beta))\end{cases} \tag{3.3.17}$$

令

$$\frac{\mathrm{d}}{\mathrm{d}t}\sin(\pi s(t)/\beta)=0 \tag{3.3.18}$$

求得在滑模面 $s(t)=n\beta$ 上的等效控制输入如下：

$$\mu_{\mathrm{eq}}=\dot{\delta}_{\alpha}=\frac{\rho}{\Phi(\delta_{\alpha})} \tag{3.3.19}$$

已知 δ_{α}^{*} 为极大值点，因此有 $(\delta_{\alpha}-\delta_{\alpha}^{*})\Phi(\delta_{\alpha})<0$ ，故有

$$(\delta_{\alpha}-\delta_{\alpha}^{*})\frac{\mathrm{d}}{\mathrm{d}t}(\delta_{\alpha}-\delta_{\alpha}^{*})=(\delta_{\alpha}-\delta_{\alpha}^{*})\frac{\rho}{\Phi(\delta_{\alpha})}<0 \tag{3.3.20}$$

综上，优化系统在滑模面上逐渐收敛到极大值点。

最后分析稳态振荡阶段，当系统收敛到 $\left|\Phi(\delta_{\alpha})\right|\leqslant\frac{\rho}{k}$ 之后，滑模面将会消失，并且有

$$\dot{s}(t)=\Phi(\delta_{\alpha})\,k\,\mathrm{sgn}(\sin(\pi s(t)/\beta))-\rho<0 \tag{3.3.21}$$

假设优化系统在滑模面 $s(t)=(2n+1)\beta$ 上收敛到 $\left|\Phi(\delta_{\alpha})\right|\leqslant\frac{\rho}{k}$ 内，则有

$$2n\beta<s(t)<(2n+1)\beta \tag{3.3.22}$$

$$\dot{\delta}_{\alpha}=k\,\mathrm{sgn}(\sin(\pi s(t)/\beta))=k>0 \tag{3.3.23}$$

可以看出，δ_{α} 将继续增大，之后可能出现如下两种情况。

情况一：若 $\frac{\rho}{k}$ 很小，在 $s(t)$ 减小到 $s(t)=2n\beta$ 前，系统已经穿过 $\left|\Phi(\delta_{\alpha})\right|\leqslant\frac{\rho}{k}$ 到达 $\left|\Phi(\delta_{\alpha})\right|>\frac{\rho}{k}$。此时滑动模态条件成立，系统会收敛于滑模面 $s(t)=2n\beta$ ，到达滑模面后将反向收敛于 $\left|\Phi(\delta_{\alpha})\right|\leqslant\frac{\rho}{k}$，此时有

$$(2n-1)\beta<s(t)<2n\beta \tag{3.3.24}$$

$$\dot{\delta}_{\alpha}=k\,\mathrm{sgn}(\sin(\pi s(t)/\beta))=-k<0 \tag{3.3.25}$$

δ_{α} 将继续减小，直到穿越该区域到达 $\left|\Phi(\delta_{\alpha})\right|>\frac{\rho}{k}$，收敛到 $s(t)=(2n-1)\beta$ 上，将又一次反向运动，δ_{α} 增加，系统将在极大值点 δ_{α}^{*} 附近如此反复运动，形成较大稳态振荡，如图 3.3.2 中实线实心箭头的轨迹所示。

情况二：如果 $\frac{\rho}{k}$ 设计得较大，在 $s(t)$ 减小到 $s(t)=2n\beta$ 前，系统一直处于 $|\Phi(\delta_\alpha)|\leqslant\frac{\rho}{k}$ 区域内。则当式（3.3.24）、式（3.3.25）成立时，δ_α 的运动方向反转；当式（3.3.22）、式（3.3.23）成立时，δ_α 的方向再次反转。系统会在极大值点 δ_α^* 周围重复运动，形成较小稳态振荡，如图 3.3.2 中方点虚线空心箭头的轨迹所示。至此，完成滑模 ESC 航速在线优化系统收敛性的证明。

3.3.4　仿真研究

为了验证本节所设计的传统滑模 ESC 航速在线优化方案的有效性，以第 2 章所建立的 12m 型无人帆船运动数学模型为研究对象进行仿真验证。

1. 无外界扰动仿真

在无外界扰动情况下，帆船初始位置和航向分别是 (0,0) 和 0°，期望航向 110°，初始船速 2m/s，真实风速 5m/s，风从正北刮来。传统滑模 ESC 航速在线优化方案参数为 $k=0.19$, $\beta=19$，仿真结果如图 3.3.3～图 3.3.7 所示。

如图 3.3.3，帆船可以很好地保持在期望航向。图 3.3.4～图 3.3.6 分别为相对风向角、帆攻角和帆角曲线图，且满足 $\delta_\mathrm{s}=\alpha_\mathrm{aw}-\alpha$ 关系。搜索极值过程中不断优化帆攻角调节风帆处于最佳位置，使帆船纵向速度最优。图 3.3.7 为基于模型的理论最大航速值和传统滑模 ESC 航速优化结果的比较，由仿真图可以看出传统滑模 ESC 航速优化值能够很好地跟踪到理论最大航速值。航速优化器在大约 120s 内使航速达到最大稳态值，约为 3.82m/s，这很接近理论最大航速值，说明本节提出的航速优化方案性能良好，但由局部放大图可知，与经典扰动 ESC 航速在线优化方案一样存在稳态振荡的问题。通过上述仿真结果可以看出，无人帆船不仅能够跟踪上期望航向，同时也能不断调节帆角以优化航速，航向保持器和 ESC 航速优化器可以很好地结合使用。

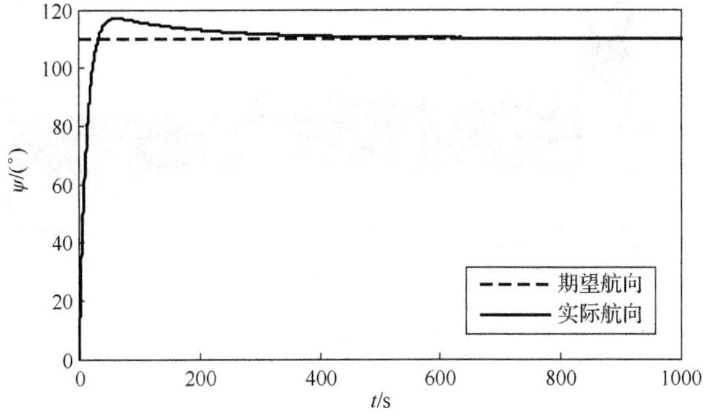

图 3.3.3　航向历时曲线图

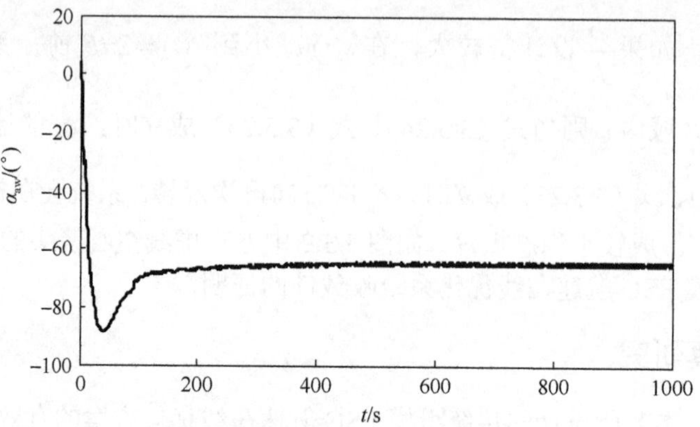

图 3.3.4　相对风向角曲线图

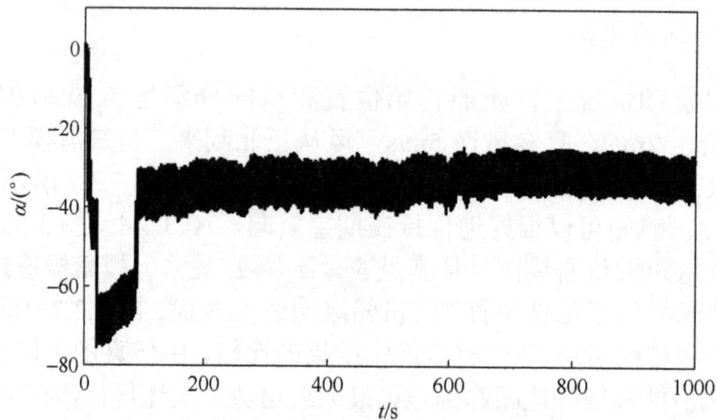

图 3.3.5　实际风帆攻角曲线图

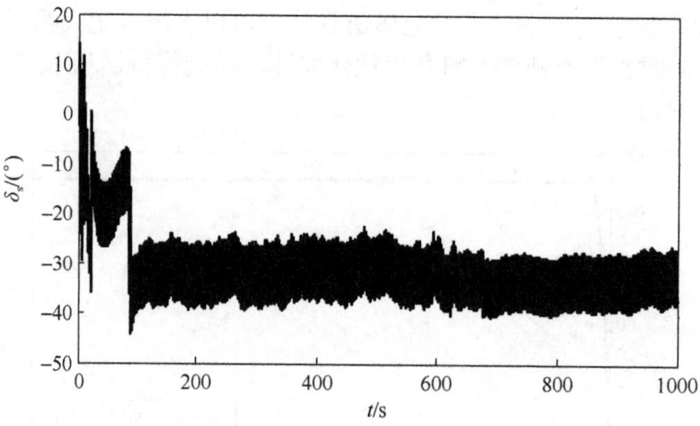

图 3.3.6　帆角曲线图

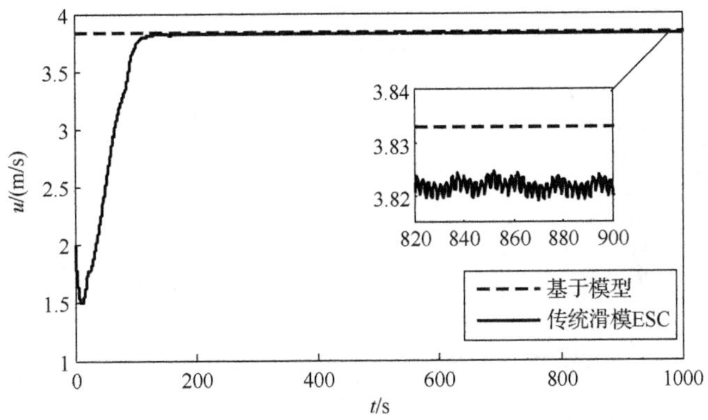

图 3.3.7　无外界扰动情况下帆船纵向速度优化

2. 带外界扰动仿真

通过进一步考虑存在外界扰动的情况，可以评估所提优化方案的鲁棒性。并在仿真过程中通过改变航向来改变系统的航速极值点，从而验证滑模 ESC 方案对变极值系统的适应能力。在仿真过程中，假设扰动参数为 $T=2.15\text{m}$，$k=1$，$\mu=2^\circ$，$h=1\text{m}$，$\omega_{\text{e}}=0.3\text{Hz}$，$\rho_{\text{water}}=1025\text{kg}/\text{m}^3$。设定在 900s 时刻前期望航向是$110^\circ$，900s 时刻后期望航向是$170^\circ$，其他参数不变，加入海浪扰动进行仿真。

如图 3.3.8 所示，帆船在各阶段都可以很好地保持在期望航向上。如图 3.3.9 所示，外界扰动的存在决定了传统滑模 ESC 航速在线优化方案的性能损失，其影响很明显，主要影响收敛阶段和稳定性。航速极值点发生变化后，在滑模 ESC 作用下，两个阶段的航速都在最优值附近波动，因此，滑模 ESC 对变极值系统具有一定适应能力和鲁棒性。

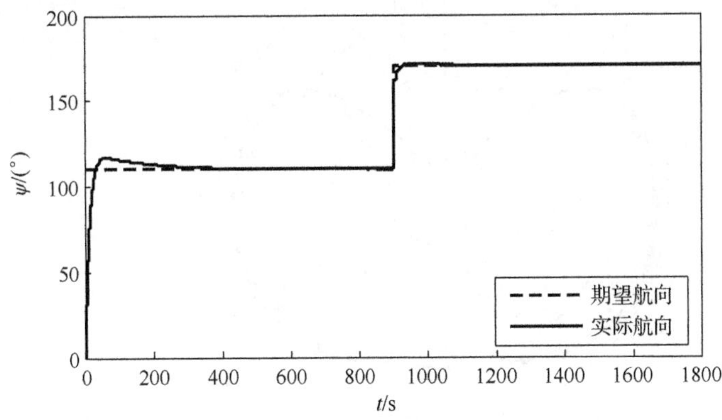

图 3.3.8　航向历时曲线图

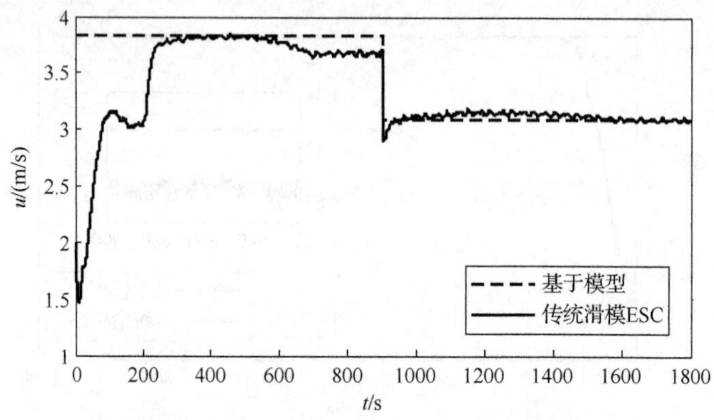

图 3.3.9　外界扰动存在情况下帆船纵向速度优化

3. 帆船速度极坐标图仿真

以上仿真结果表明，本节提出的航速在线优化方案性能良好，且具有一定的鲁棒性。接下来，在不同航向下将滑模 ESC 航速在线优化结果与帆船模型理论最大航速进行比较，来评估航速优化器的控制精度。

图 3.3.10 给出了基于模型的理论最大航速值与传统滑模 ESC 优化航速值对比。虽然它们在图中有个别速度值不匹配，但在 ESC 控制器中对参数进行微调，可能会得到更好的性能。由于大多数滑模 ESC 航速优化值与理论最大值都是匹配的，这意味着本节提出的航速在线优化方案保证了良好的控制精度，帆船航速能够达到最佳航行状态。

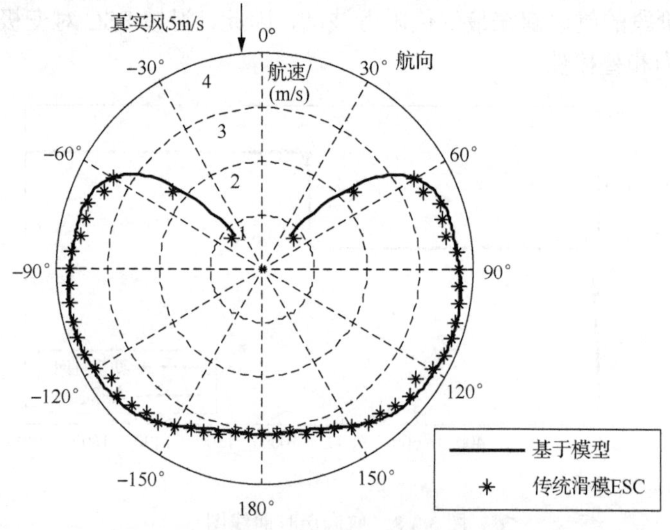

图 3.3.10　基于模型的理论最大航速值与传统滑模 ESC 航速优化值的对比

3.4　无人帆船航速的无稳态振荡滑模极值搜索控制在线优化

与经典扰动 ESC 方案相同，传统滑模 ESC 方案也存在稳态振荡的问题，这不利于无人帆船航速的优化，严重影响了优化方案的实时在线应用。孔繁星[29]以消除滑模 ESC 方案中稳态振荡并提高方案性能为目的，设计了基于梯度信息的无稳态振荡滑模 ESC 方案，并将该方案应用于汽车刹车防抱死系统，通过仿真验证了改进后控制方法的优越性和实用性。秦子健[30]应用 PSCAD/EMTDC 软件搭建仿真平台，对所提出的无稳态振荡滑模 ESC 方案性能进行分析验证，并在不同情况下与多种传统方法进行对比，结果表明此方法具有良好性能。

本节针对传统滑模 ESC 航速在线优化方案中存在稳态振荡的问题，设计一种无稳态振荡滑模 ESC 航速在线优化方案。此方案包括前馈项和反馈控制。首先，前馈项根据帆船速度极坐标图近似分段常值函数预设初始帆攻角，避免帆船纵向速度与最优值产生较大的偏离。其次，反馈控制部分通过 ESC 对帆船纵向速度进行微调优化。在不断优化过程中，通过设计一种切换律进行控制转换，使优化系统在收敛阶段进行滑模 ESC，而在稳态阶段进行无稳态振荡扰动 ESC，从而消除稳态振荡并保持较快的收敛速度。

3.4.1　问题描述

本节所采用的无人帆船数学模型和条件假设与 3.3 节一致，故本节不再赘述。

本节控制目标　针对 ESC 航速在线优化闭环系统(3.1.4)，在符合假设 3.1.1～假设 3.1.3 和假设 3.3.1 的情况下，使航速在线优化过程中风帆攻角优化值 δ_α 实现对未知最优 δ_α^* 的跟踪，从而使得系统输出 u 保持最大值，即帆船达到航速最优状态。同时在优化过程中，设计一种切换律进行控制转换，使优化系统在收敛阶段进行滑模 ESC，而在稳态阶段进行无稳态振荡扰动 ESC，从而消除稳态振荡并保持较快的收敛速度。

3.4.2　方案设计

作者在 3.3 节中设计了一种基于传统滑模 ESC 航速在线优化方案，该方案具有滑模变结构控制的优点，其性能取决于预设滑模面。当滑动模态发生时，航速在线优化系统将以预设的速度收敛于极值点，其性能将不受参数不确定性和外界扰动的影响。但从滑模 ESC 航速在线优化方案的系统稳定性分析可知，在收敛过程的第 III 阶段必将产生稳态振荡，这一问题严重限制了优化方案在实际系统中的应用。本节将通过把滑模 ESC 航速在线优化方案和无稳态振荡扰动 ESC 航速在线优化方案结合使用，来消除滑模 ESC 航速在线优化方案中的稳态振荡。

1. 基本原理

根据控制方法间切换的思想，本节通过设计切换律把滑模 ESC 和无稳态振荡扰动 ESC 结合起来，提出一种新型的无稳态振荡滑模 ESC 航速在线优化方案，其控制原理如图 3.4.1 所示。

图 3.4.1 中，下方的实线框中是无稳态振荡扰动 ESC，该部分的介绍和稳定性证明详见 3.2 节。切换律包含两部分：一部分为偏中间的虚线框部分，用于检测滑模 ESC 当前的收敛状态，当优化系统符合切换条件时，将由滑模 ESC 切换至无稳态振荡扰动 ESC，其中 γ 是滑模收敛状态变量，取值为 0 或 1；另一部分为最左边的虚线框部分，这是一个数值保持器，当符合切换条件时开始运行，它在控制切换时具有非常关键的作用，确保了切换的稳定性。可以看出，对整个航速优化方案的实现关键在于切换律设计。

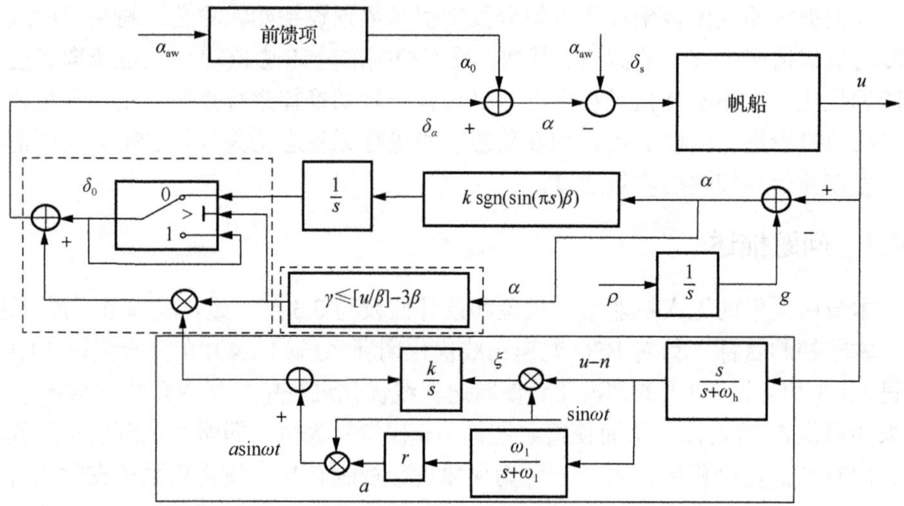

图 3.4.1　无稳态振荡滑模 ESC 航速在线优化原理图

2. 切换律设计

为了将滑模 ESC 收敛阶段和无稳态振荡扰动 ESC 稳态阶段完好地结合起来，切换动作应设置在强制跟踪阶段刚结束时，并且在切换期间 δ_α 值不应跳跃。首先，详细分析滑模 ESC 收敛状态的检测，对 $s(t)$ 信号在初始时刻有

$$s_0 = u_0 - g_0 \tag{3.4.1}$$

式中，s_0、u_0 和 g_0 分别是 $s(t)$、$u(t)$ 和 $g(t)$ 的初始值，图 3.4.1 中滑模 ESC 的 g_0 为零，因此有

$$\frac{s_0}{\beta} = \frac{u_0}{\beta} \tag{3.4.2}$$

对任意初始u_0收敛于滑模面有三种情况，分别为$[u_0/\beta]$和$[u_0/\beta]\pm\beta$，其中$[\cdot]$是取整函数。当优化系统收敛到$\left|\Phi(\delta_\alpha)\right|<\dfrac{\rho}{k}$时，滑模面消失，此时

$$\dot{s}(t)=\Phi(\delta_\alpha)\,k\,\mathrm{sgn}(\sin(\pi s(t)/\beta))-\rho<0 \tag{3.4.3}$$

经过以上分析，绘制出$s(t)$在收敛过程中大致变化趋势，如图 3.4.2 所示。$s(t)$先收敛到最近滑模面，强制跟踪阶段结束后，$s(t)$以斜率近似为$-\rho$减小，滑模 ESC 从第 II 阶段进入第 III 阶段后$s(t)$信号发生了显著变化，因此用$s(t)$信号判断优化系统是否处于稳态振荡阶段。基于上述分析，切换律的切换阈值可以设定为$[u_0/\beta]-\beta$，但为了避免滑模控制抖动造成的误切换，最好设定下一个滑模面即$[u_0/\beta]-3\beta$作为切换阈值，切换律如下：

$$\gamma=\begin{cases}0, & s(t)>[u_0/\beta]-3\beta\\ 1, & s(t)\leqslant[u_0/\beta]-3\beta\end{cases} \tag{3.4.4}$$

由式（3.4.3）和式（3.4.4）可知，优化过程中仅切换一次，切换律包括状态判断和数值保持两部分：当$s(t)>[u_0/\beta]-3\beta$即$\gamma=0$时，滑模 ESC 开始工作；当$s(t)\leqslant[u_0/\beta]-3\beta$即$\gamma=1$时，无稳态振荡扰动 ESC 开始工作。在符合切换条件时，数值保持器开始工作，它用于保持目前滑模 ESC 向优化对象的估计输入值δ_0，δ_0作为无稳态振荡扰动 ESC 的初始值添加到优化系统中。

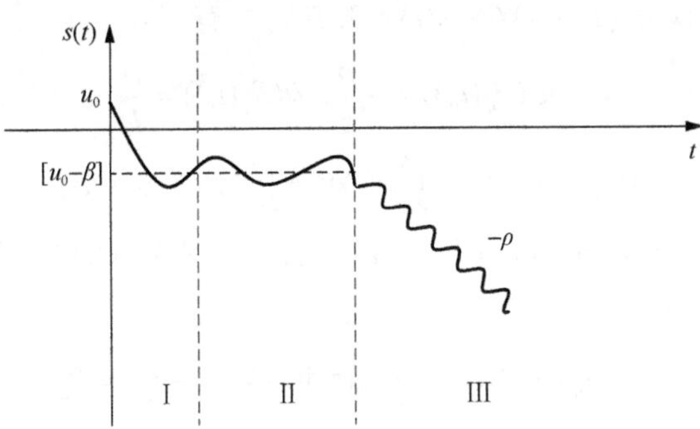

图 3.4.2　系统收敛过程中$s(t)$信号的变化趋势

3.4.3　稳定性分析

对于无稳态振荡扰动 ESC 的稳定性已经在 3.2 节中进行了证明分析，有定理 3.2.1 存在，综合整个航速在线优化系统的分析，可以给出如下定理。

定理 3.4.1　如图 3.4.1 所示无稳态振荡滑模 ESC 航速在线优化方案，考虑到系统（3.1.4），在满足假设 3.1.1～假设 3.1.3 以及假设 3.3.1 情况下，存在常数ω^*、δ^*、ε^*和β^*，对于参数$\omega\in(0,\omega^*)$、$\delta\in(0,\delta^*)$、$\varepsilon\in(0,\varepsilon^*)$和$\beta\in(0,\beta^*)$，优化系统稳定收敛于代价函数极值点$\delta_\alpha^*$。也就是说，无人帆船纵向速度$u$收敛到最优

值 $H(\delta_\alpha^*)$。

证明 已知无稳态振荡滑模 ESC 航速在线优化过程中仅有一次切换动作，如果滑模 ESC 收敛并且切换后 δ_α 值位于无稳态振荡扰动 ESC 收敛域内，则整个航速在线优化系统是收敛的。

在 3.3.3 节已经对滑模 ESC 的稳定性进行了证明，由于参数的选择，稳态振荡阶段会有两种情况存在，在这里考虑 $\Phi(\delta_\alpha)$ 变化范围为 $[-\rho/k,\rho/k]$ 的状态，优化系统在 t_0 时刻进入区域 $|\Phi(\delta_\alpha)|\leqslant\dfrac{\rho}{k}$ 并且在 t_1 时刻到达另一边界。

当 $s(t)$ 满足 $2n\beta<s(t)<(2n+1)\beta$ 时，有

$$\Phi(\delta_\alpha(t_0))=\frac{\rho}{k},\Phi(\delta_\alpha(t_1))=-\frac{\rho}{k} \tag{3.4.5}$$

$$s(t_0)-s(t_1)=-\int_{t_0}^{t_1}\dot{s}(t)\mathrm{d}t=-\int_{t_0}^{t_1}(\Phi(\delta_\alpha)k-\rho)\mathrm{d}t \tag{3.4.6}$$

因为 $\Phi(\delta_\alpha)\in[-\rho/k,\rho/k]$，所以 $\dot{s}(t)\in[-2\rho,0]$。依据拉格朗日中值定理，存在 $\dot{s}(t)$ 的平均值 $\overline{s}_1\in(-2\rho,0)$ 使得

$$s(t_0)-s(t_1)=-\int_{t_0}^{t_1}\dot{s}(t)\mathrm{d}t=\overline{s}_1(t_0-t_1)\triangleq\beta_1^* \tag{3.4.7}$$

成立。

同理，当 $s(t)$ 满足 $(2n-1)\beta<s(t)<2n\beta$ 时，有

$$\Phi(\delta_\alpha(t_0))=-\frac{\rho}{k},\Phi(\delta_\alpha(t_1))=\frac{\rho}{k} \tag{3.4.8}$$

$$s(t_0)-s(t_1)=-\int_{t_0}^{t_1}\dot{s}(t)\mathrm{d}t=\int_{t_0}^{t_1}(\Phi(\delta_\alpha)k+\rho)\mathrm{d}t \tag{3.4.9}$$

因为 $\Phi(\delta_\alpha)\in[-\rho/k,\rho/k]$，所以 $\dot{s}(t)\in[-2\rho,0]$。存在 $\dot{s}(t)$ 的平均值 $\overline{s}_2\in(-2\rho,0)$ 使得

$$s(t_0)-s(t_1)=-\int_{t_0}^{t_1}\dot{s}(t)\mathrm{d}t=\overline{s}_2(t_0-t_1)\triangleq\beta_2^* \tag{3.4.10}$$

成立。综上所述，得到如下结论。

考虑滑模 ESC 优化系统，对于任意给定参数 $\rho/k>0$，存在一个正常数 $\beta^*=\min(\beta_1^*,\beta_2^*)$，对于所有参数 $\beta\in(0,\beta^*)$，使得 $\Phi(\delta_\alpha)$ 的稳态值满足 $|\Phi(\delta_\alpha)|\leqslant\dfrac{\rho}{k}$。

进一步令

$$\Phi(\delta_{\alpha1})\triangleq\frac{\rho}{k},\Phi(\delta_{\alpha2})\triangleq-\frac{\rho}{k},\Phi(\delta_\alpha^*)\triangleq 0 \tag{3.4.11}$$

其中 δ_α^* 为极大值点。因为 $\Phi(\delta_\alpha)=\dfrac{\mathrm{d}}{\mathrm{d}\delta_\alpha}H(\delta_\alpha)$，且 $\dot{\Phi}(\delta_\alpha)<0$，得到

$$\delta_{\alpha 1}=\Phi^{-1}\left(\frac{\rho}{k}\right),\quad \delta_{\alpha 2}=\Phi^{-1}\left(-\frac{\rho}{k}\right),\quad \delta_{\alpha}^{*}=\Phi^{-1}(0) \tag{3.4.12}$$

令

$$\tilde{\delta}_{\alpha\max}=\max\left\{\left|\delta_{\alpha 1}-\delta_{\alpha}^{*}\right|,\left|\delta_{\alpha 2}-\delta_{\alpha}^{*}\right|\right\} \tag{3.4.13}$$

式中，$\tilde{\delta}_{\alpha\max}$ 为滑模 ESC 系统在 $\left|\Phi(\delta_{\alpha})\right|\leqslant\dfrac{\rho}{k}$ 内的最大极值估计偏差。由式(3.4.12)得，对于任意正常数 $\tilde{\delta}_{\alpha}^{*}$，都会存在 ρ/k 使得 $\tilde{\delta}_{\alpha\max}\leqslant\tilde{\delta}_{\alpha}^{*}$ 成立，其中 $\tilde{\delta}_{\alpha}^{*}$ 为无稳态振荡扰动 ESC 系统中的极值估计偏差。也就是说，对于任意正常数 $\tilde{\delta}_{\alpha}^{*}$，都会存在一个 β^{*}，对于所有 $\beta\in(0,\beta^{*})$，$\tilde{\delta}_{\alpha\max}\leqslant\tilde{\delta}_{\alpha}^{*}$ 是成立的，即切换后 δ_{α} 值位于无稳态振荡扰动 ESC 收敛域内。至此定理 3.4.1 证毕，无稳态振荡滑模 ESC 航速优化系统是收敛的。

3.4.4 仿真研究

为了验证本节所提出的无稳态振荡扰动 ESC 航速在线优化方案的有效性，以第 2 章所建立的 12m 型无人帆船运动数学模型为研究对象进行仿真验证。

1. 无外界扰动仿真

在无外界扰动情况下，帆船初始位置和航向是 (0,0) 和 0°，期望航向 110°，初始船速 2m/s，真实风速 5m/s，风从正北刮来。传统滑模 ESC 航速在线优化方案参数为 $k=0.19$，$\beta=19$，$\rho=16$；无稳态振荡扰动 ESC 航速在线优化方案参数为 $r=0.08$，$k=0.12$，$\omega=3$，$\omega_{l}=0.5$，$\omega_{h}=1.5$；无稳态振荡滑模 ESC 航速在线优化方案参数为 $k=0.12$，$\beta=19$，$\rho=8.3$，$r=0.08$，$k_{1}=1$，$\omega=3$，$\omega_{l}=0.1$，$\omega_{h}=1$，仿真结果如图 3.4.3～图 3.4.7 所示。

如图 3.4.3 所示，帆船可以很好地保持在期望航向。图 3.4.4～图 3.4.6 分别为相对风向角、帆攻角和帆角曲线图，且满足 $\delta_{s}=\alpha_{aw}-\alpha$ 关系。从图中两种优化方案的比较可以看出，当闭环系统趋于稳定后，传统滑模 ESC 航速在线优化方案中帆角和帆攻角含有较大的稳态振荡，大幅度频繁改变帆角会影响系统的稳定性，且降低器件的使用寿命，不适合实际的在线应用，而无稳态振荡滑模 ESC 航速在线优化方案消除了稳态振荡。

搜索极值过程中不断优化帆攻角调节风帆处于最佳位置，使帆船纵向速度最大。如图 3.4.7 所示，稳定时最大速度约为 3.832m/s，图中为三种不同方案优化后的速度值与基于模型的理论最大航速值的跟踪情况。由仿真图可知，基于 ESC 的三种航速优化值都能很好地跟踪到理论最大航速，其中无稳态振荡滑模 ESC 方案收敛速度最快。由局部放大图可以看出，无稳态振荡滑模 ESC 航速优化值与理论最优值基本重合，且优于传统滑模 ESC 方案，还消除了经典滑模 ESC 方案中存在的稳态振荡，因此本节提出的航速在线优化方案性能良好。

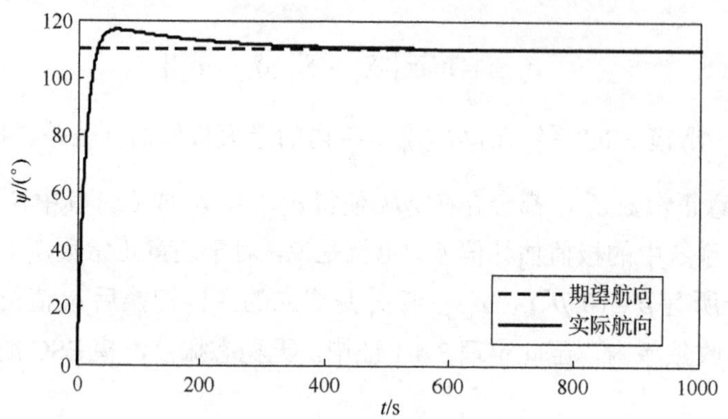

图 3.4.3　航向历时曲线图

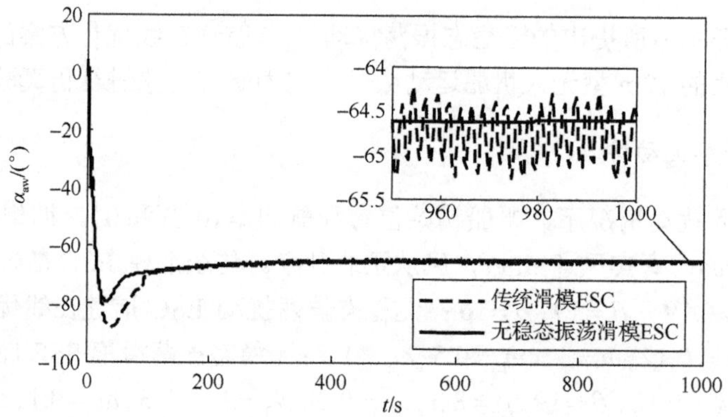

图 3.4.4　相对风向角曲线图

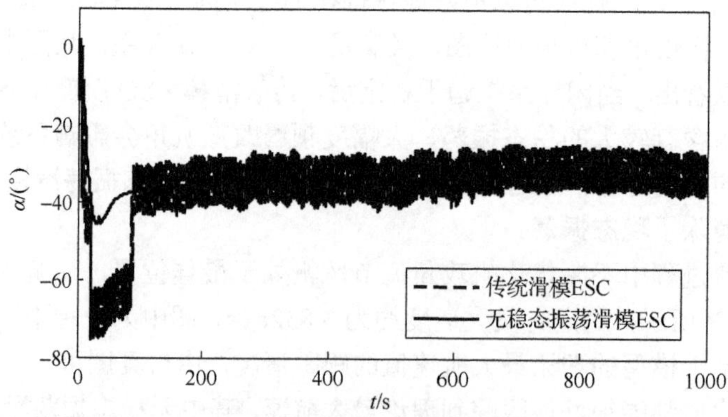

图 3.4.5　实际风帆攻角曲线图

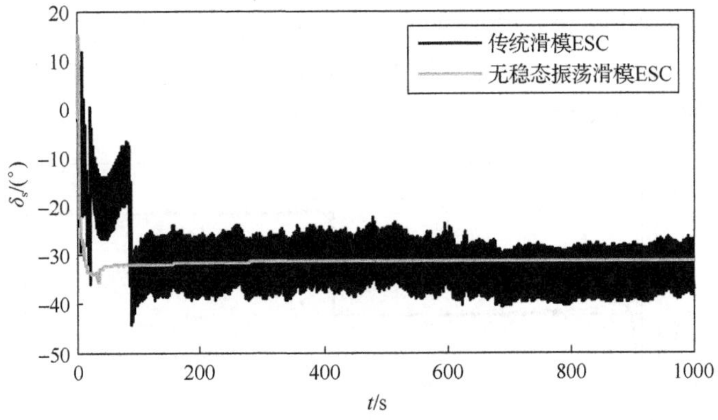

图 3.4.6　帆角曲线图

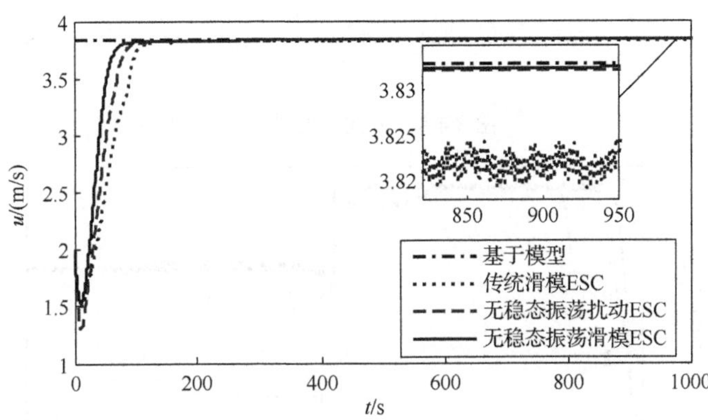

图 3.4.7　无外界扰动情况下帆船纵向速度优化

2. 带外界扰动仿真

通过考虑存在外界扰动的情况，可以评估所提优化方案的鲁棒性。并在仿真过程中通过改变航向来改变系统的航速极值点，从而验证无稳态振荡滑模 ESC 方案对极值点变化系统的适应能力。在仿真过程中，假设扰动参数为 $T = 2.15\text{m}$, $k = 1$, $\mu = 2°$, $h = 1\text{m}$, $\omega_e = 0.3\text{Hz}$, $\rho_{\text{water}} = 1025\text{kg/m}^3$ 。设定在 900s 时刻前期望航向为$110°$，900s 时刻后期望航向为$170°$，其他参数不变，加入海浪干扰进行仿真，其仿真结果如图 3.4.8 和图 3.4.9 所示。

对仿真结果进行分析。如图 3.4.8 所示，帆船在各阶段都可以很好地保持在期望航向。如图 3.4.9 所示，航速极值点改变后，在无稳态振荡滑模 ESC 作用下，仍然可以快速平稳地搜索到新的航速极值。而滑模 ESC 优化方案与基于模型的理论最优值有较大的偏离。因此，无稳态振荡滑模 ESC 对变极值系统具有更强的适应能力，收敛速度和稳定性明显优于传统滑模 ESC，且对不确定性与时变因素有更强鲁棒性。通过上述仿真结果可以看出，无人帆船不仅能够跟踪上改变后的期望航向，同时也能不断调节帆角达到新的航速极值点，航向保持器和 ESC 航速优化器可以很好地结合使用。

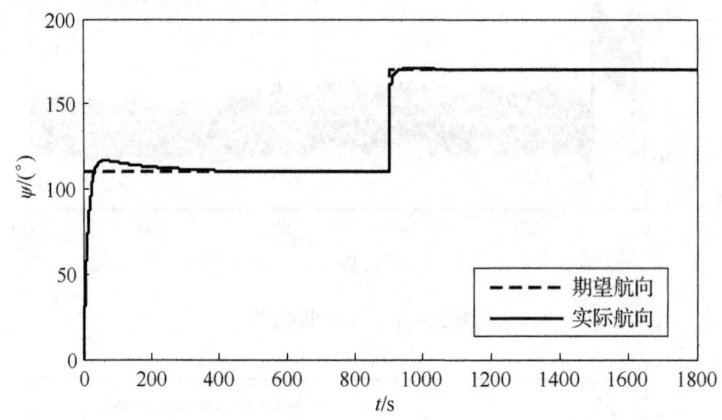

图 3.4.8　航向历时曲线图

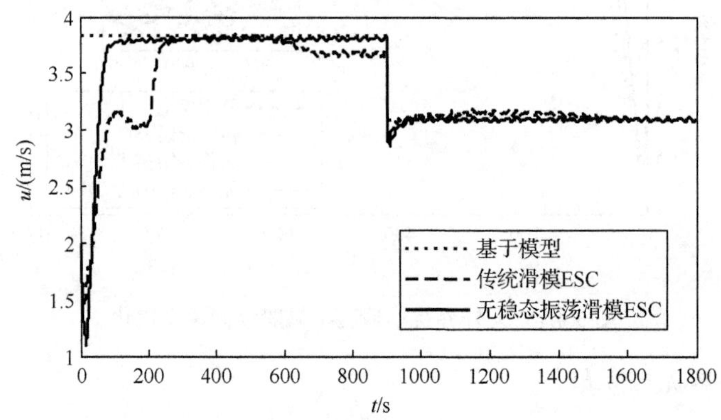

图 3.4.9　外界扰动存在情况下帆船纵向速度优化

3. 帆船速度极坐标图仿真

以上仿真结果表明，本节提出的航速在线优化方案性能良好，且具有很强的鲁棒性。接下来，在不同航向下将无稳态振荡滑模 ESC 航速优化结果与帆船模型理论最大航速进行比较，来评估航速优化器的控制精度。

图 3.4.10 给出了基于模型理论的帆船速度极坐标图和无稳态振荡滑模 ESC 航速优化值的对比。虽然它们在图中有个别速度值不匹配，但在极值搜索控制器中对参数进行微调，可能会得到更好的性能。由于大多数方向改进 ESC 航速优化值与理论最大值都是匹配的，这意味着本节提出的航速在线优化方案保证了良好的控制精度，帆船航速能够达到最佳航行状态。

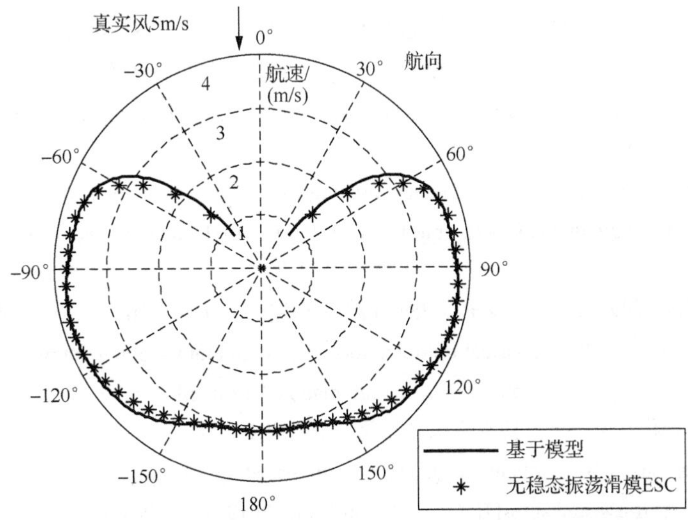

图 3.4.10　基于模型的理论最大航速值与无稳态振荡滑模 ESC 航速优化值的对比

参 考 文 献

[1] 葛艳, 孟庆春, 张文, 等. 帆船的模糊自适应控制方法研究[J]. 哈尔滨工业大学学报, 2005, 37(12): 1658-1660.

[2] Lin X, Jouffroy J. Modeling and nonlinear heading control of sailing yachts[J]. IEEE Journal of Oceanic Engineering, 2014, 39(2): 256-268.

[3] 沈智鹏, 邹天宇. 控制方向未知的无人帆船自适应动态面航向控制[J]. 哈尔滨工程大学学报, 2019, 40(1): 94-101.

[4] 沈智鹏, 邹天宇, 郭坦坦. 输入受限的非仿射无人帆船航向系统自适应动态面控制[J]. 控制理论与应用, 2019, 36(9): 1461-1468.

[5] Herrero P, Jaulin L, Vehi J, et al. Guaranteed set-point computation with application to the control of a sailboat[J]. International Journal of Control Automation and Systems, 2010, 8(1): 1-7.

[6] Kai T, Jouffroy J. Real-time sail and heading optimization for a surface sailing vessel by extremum seeking control[C]. International Scientific Colloquium, Ilmenau, Germany, 2010: 198-203.

[7] Lin X, Alves J C, Cruz N A, et al. Online speed optimization for sailing yachts using extremum seeking[C]. MTS/IEEE Oceans'12, Hampton Roads, Virginia, USA, 2012: 1-6.

[8] Saoud H, Hua M D, Plumet F, et al. Optimal sail angle computation for an autonomous sailboat robot[C]. IEEE Conference on Decision and Control, Osaka, Japan, 2015: 807-813.

[9] Corno M, Formentin S, Savaresi S M. Data-driven online speed optimization in autonomous sailboats[J]. IEEE Transactions on Intelligent Transportation Systems, 2016, 17(3): 762-771.

[10] 沈智鹏, 张圆. 帆船整体空气动力性能的数值模拟[J]. 船舶工程, 2018, 40(8): 39-44.

[11] 张圆, 沈智鹏. 均匀风下帆船的操纵可控区[J]. 大连海事大学学报, 2019, 45(1): 19-25.

[12] Adetola V, Guay M. Parameter convergence in adaptive extremum-seeking control[J]. Automatica, 2007, 43(1): 105-110.

[13] Dinçmen E, Altınel T. An emergency braking controller based on extremum seeking with experimental implementation[J]. International Journal of Dynamics and Control, 2016, 6(4): 1-14.

[14] 左斌, 李静, 胡云安. 极值搜索算法研究及其应用[M]. 北京：国防工业出版社, 2014.

[15] Zhang C, Ordonez R. Numerical optimization-based extremum seeking control with application to ABS design[J]. IEEE Transactions on Automatic Control, 2007, 52(3): 454-467.

[16] 王丽斌. 无稳态振荡极值搜索算法设计及应用研究[D]. 哈尔滨: 哈尔滨工业大学, 2014.

[17] Deng Y J, Zhang X K, Zhang G Q. Fuzzy logic based speed optimization and path following control for sail-assisted ships[J]. Ocean Engineering, 2019, 171: 300-310.

[18] Wang L B, Chen S L, Ma K M. On stability and application of extremum seeking control without steady-state oscillation[J]. Automatica, 2016, 68: 18-26.

[19] Wang L B, Chen S L, Zhao H. A novel fast extremum seeking scheme without steady-state oscillation[C]. Proceedings of the 33rd Chinese Control Conference, Nanjing, China, 2014: 8687-8692.

[20] 张雷, 胡云安, 韩庆龙. 无稳定状态颤振的单变量极值搜索算法仿真[J]. 海军航空工程学院学报, 2015, 30(5): 447-451.

[21] Chen S L, Wang L B, Ma K M, et al. A switching-based extremum seeking control scheme[J]. International Journal of Control, 2016, 90(8): 1-15.

[22] Rayguru M M, Kar I N. Contraction based stabilization of nonlinear singularly perturbed systems and application to high gain feedback[J]. International Journal of Control, 2017, 90(8): 1-19.

[23] Gama R, Guerman A, Smirnov G. On the asymptotic stability of discontinuous systems analysed via the averaging method[J]. Nonlinear Analysis: Theory, Methods and Applications, 2011, 74(4): 1513-1522.

[24] Liu L, Wong Y S, Lee B H K. Application of the centre manifold theory in non-linear aeroelasticity[J]. Journal of Sound and Vibration, 2000, 234(4): 641-659.

[25] Drakunov S, Özgüner Ü, Dix P, et al. ABS control using optimum search via sliding modes[J]. IEEE Transactions on Control Systems Technology, 1995, 3(1): 79-85.

[26] Pan Y, Özgüner Ü. Extremum seeking control with sliding mode[C]. Proceedings of the IFAC 15th Triennial World Congress, Barcelona, Spain, 2002: 371-376.

[27] Pan Y, Özguner Ü, Acarman T. Stability and performance improvement of extremum seeking control with sliding mode[J]. International Journal of Control, 2003, 76(9/10): 968-985.

[28] Yin C, Chen Y, Zhong S. Fractional-order sliding mode based extremum seeking control of a class of nonlinear systems[J]. Automatica, 2014, 50(12): 3173-3181.

[29] 孔繁星. 基于梯度信息的无稳态振荡滑模极值搜索控制设计与应用研究[D]. 哈尔滨: 哈尔滨工业大学, 2016.

[30] 秦子健. 基于无稳态振荡滑模极值搜索的风力发电最佳出力追踪[D]. 天津: 天津大学, 2017.

第4章 无人帆船全局和局部路径规划

无人帆船主要动力源为风能，因此，规划出合理有效的无人帆船航行路径是一个重要的研究方向。本章结合无人帆船运动特性以及风场约束，针对全局路径规划问题提出改进蚁群算法，针对局部路径规划问题提出切向角度补偿人工势场法，实现无人帆船不同情况下的路径规划，最终验证两种算法的可行性和高效性，对促进可再生能源充分利用以及推进无人帆船在海洋能源勘察和相关数据采集等实际应用方面具有重要现实意义。

4.1 基于改进蚁群算法的无人帆船全局路径规划

无人帆船在实际自主航行的过程中，应当根据无人帆船所处全局环境信息，实现具有一定精度且符合限制条件的全局路径规划。此时，对无人帆船没有具体根据环境做出实时改变的要求，但得到的路径规划结果需要尽可能做到全局最优，这属于离线规划[1,2]。蚁群算法是由意大利学者 Dorigo[3]于 20 世纪 90 年代提出来的，通过模拟自然界中蚁群寻找路径的行为得到一种启发式全局优化的进化算法，具有较优的搜索最优解能力[4-12]。但考虑无人帆船的运动特性，常规蚁群算法无法直接应用于无人帆船全局路径规划。

本章针对无人帆船全局路径规划问题展开深入研究。首先，结合无人帆船运动特性设定无人帆船特定转向规则并且实现改进蚁群算法中带风向因素的环境建模。然后，设计改进蚁群算法启发函数并且提出改进信息素更新规则。最后，通过多次仿真实验选取改进蚁群算法主要参数值，并且设定不同规格栅格仿真环境进一步验证改进蚁群算法在复杂全局环境中的实用性和高效性。

4.1.1 基本蚁群算法

蚁群算法经常用来解决旅行商问题（travelling salesman problem，TSP），即已知某些城市位置坐标，规定旅行商只能逐次并且单次通过每个城市，搜寻一条可行且较优的闭合规划路径。以旅行商问题为例进一步解释蚁群算法的数学模型。

在旅行商问题中，设定蚁群算法中的蚂蚁总数量为 m 。设定城市的规模为 n ，可以用集合表示成 $C=\{c_1,c_2,\cdots,c_n\}$ 。设定每个城市间的距离为 l ，可以用集合表示成 $L=\{l_{ij} \mid c_i,c_j \in c\}$ 。在时间 t 时刻，两城市间路径 l_{ij} 上的信息素浓度记为 $\tau_{ij}(t)$ ，信息素增加量记为$\Delta\tau_{ij}(t)$，此时第 i 个城市存在蚁群中蚂蚁的数量为$b_i(t)$，即$m=\sum_{i=1}^{m}b_i(t)$；蚂蚁k从第i个城市到第j个城市的状态转移概率为$p_{ij}^k(t)$；第i个城市到第j个城市之间的距离设定为d_{ij}（$\{i,j\in 1,2,\cdots,n\}$）。此外，蚂蚁从第i个城市到第j个城市的期望程度设定为$\eta_{ij}(t)$，定义如下：

$$\eta_{ij}(t)=\frac{1}{d_{ij}} \tag{4.1.1}$$

式中，$\eta_{ij}(t)$为启发函数，通常取第i个城市到第j个城市之间距离的倒数。

在蚁群算法的初始时刻，初始化算法参数后，将m只蚂蚁随机分配到n个城市中，此时每个城市间路径上的信息素相等，设$\tau_{ij}(0)=C$。蚂蚁k在规划路径的过程中，根据每条路径上的信息素量来判断运动方向，通过禁忌表tabu_k来记录任意一只蚂蚁已经选择并且经过的所有路径点。在整个蚁群算法的搜索过程中，蚂蚁通过每条路径上的信息素量和路径对应的启发信息计算相应的状态转移概率。因此，在时间t时刻，蚂蚁k从第i个城市到第j个城市的状态转移概率$p_{ij}^k(t)$定义如下：

$$p_{ij}^k(t)=\begin{cases}\dfrac{\left[\tau_{ij}(t)\right]^\alpha\left[\eta_{ij}(t)\right]^\beta}{\sum\limits_{s\in \text{allowed}_k}\left[\tau_{is}(t)\right]^\alpha\left[\eta_{is}(t)\right]^\beta}, & j\in \text{allowed}_k \\ 0, & \text{其他}\end{cases} \tag{4.1.2}$$

式中，$\text{allowed}_k=\{\{1,2,\cdots,n\}-\text{tabu}_k\}$，即蚂蚁$k$下一步允许选择的城市集合，当禁忌表$\text{tabu}_k$中的城市个数为$n$时，蚂蚁$k$结束循环，在循环过程中经过的路径就是旅行商问题的一个可行解；α为蚁群算法中的信息启发式因子，代表所得路径的相对重要性，即蚂蚁在循环过程中所累积的信息素对蚁群运动的影响；β为蚁群算法中的期望启发式因子，代表能见度的相对重要性，即蚁群选择路径的过程中自启发信息的影响。

自然界中蚂蚁在信息素传递的过程中会随着时间的推移挥发一部分，因此蚁群算法在每只蚂蚁搜寻可行解之后，对所经过路径上信息素量在保证蚂蚁之间有效信息交互的同时，也应当实现一定程度上的减少。当蚂蚁遍历完n个城市之后，信息素更新定义如下：

$$\tau_{ij}(t+1)=(1-\rho)\tau_{ij}(t)+\Delta\tau_{ij}(t) \tag{4.1.3}$$

$$\Delta\tau_{ij}(t)=\sum_{k=1}^{m}\Delta\tau_{ij}^k(t) \tag{4.1.4}$$

式中，ρ是信息素挥发系数$(0<\rho<1)$，代表信息素的衰减程度；$1-\rho$是信息素残留因子，代表信息素的残留程度；$\Delta\tau_{ij}^k(t)$表示蚂蚁k在本次循环过程中残留在城市i和城市j之间路径上的信息素量。

根据信息素更新策略不同，Dorigo[3]提出三种蚁群算法模型，分别为：蚁周系统（ant-cycle system）模型、蚁量系统（ant-quantity system）模型和蚁密系统（ant-density system）模型。

在蚁周系统模型中，$\Delta\tau_{ij}^k(t)$定义如下：

$$\Delta\tau_{ij}^k(t)=\begin{cases}\dfrac{Q}{L_k}, & 若蚂蚁k当前循环经过(i,j)\\ 0, & 否则\end{cases} \tag{4.1.5}$$

在蚁量系统模型中，$\Delta\tau_{ij}^k(t)$定义如下：

$$\Delta\tau_{ij}^k(t)=\begin{cases}\dfrac{Q}{d_{ij}}, & 若蚂蚁k当前循环经过(i,j)\\ 0, & 否则\end{cases} \tag{4.1.6}$$

在蚁密系统模型中，$\Delta\tau_{ij}^k(t)$定义如下：

$$\Delta\tau_{ij}^k(t)=\begin{cases}Q, & 若蚂蚁k当前循环经过(i,j)\\ 0, & 否则\end{cases} \tag{4.1.7}$$

式中，Q是信息素强度，即在一次循环过程结束后，蚂蚁在经过路径上释放的全部信息素，信息素强度在一定程度上对蚁群算法的收敛速度产生影响；L_k表示蚂蚁k在本次循环中遍历所有城市后的路径总长度。针对上述三种信息素更新模型，蚁周系统是指蚂蚁经过一次循环之后再对经过路径上未挥发的信息素进行更新，属于全局信息更新。而蚁量系统和蚁密系统是指蚂蚁在实现一步移动后便对路径上的信息素进行更新，属于局部信息更新。因此，蚁周系统模型相对其他两种算法更为合理，本章所采用的蚁群算法模型为蚁周系统模型。

4.1.2 带风向因素的改进蚁群算法环境建模

由于栅格法简单可靠、易于实现且适用于全局环境建模，本章基于栅格法实现改进蚁群算法环境建模。在已知无人帆船所处环境条件下，明确无人帆船的初始位置和目标终点位置以及障碍物位置和大小，实现在二维空间中通过栅格法将整个环境拆分为大小相同的栅格。设定无人帆船所处环境在二维空间内的可航行区域为集合S，此时通过栅格法得到的环境模型为$f:S\to\{0,1\}$。当$f(x)=0$时，该栅格为无人帆船可航行栅格，即自由栅格。当$f(x)=1$时，该栅格为无人帆船不可航行栅格，即障碍栅格（图 4.1.1）。传统栅格法采用的搜索策略一般为四叉树搜索策略，能够移动的方向只有上、下、左和右四个方向，虽然这种搜索策略能够保证无人帆船在搜寻过程中不容易出现与障碍物碰撞的情况，但是得到的路径规划结果不光滑，甚至出现路径偏移以及转向过多的情况，在复杂的环境中缺点更加明显。

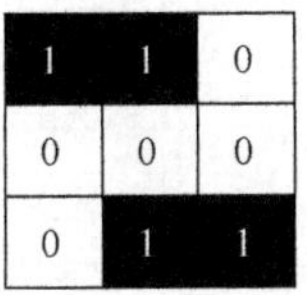

图 4.1.1　栅格法建模示意图

在上述栅格法建模的基础上，针对无人帆船的运动特性，为了使无人帆船在航行过程中避免出现与障碍物距离过近的情况，限制无人帆船转向条件得到可行合理的改进栅格地图。采用八叉树搜索策略设定邻接矩阵，使无人帆船能够移动的方向为上、右上、右、右下、下、左下、左和左上八个方向。如图 4.1.2 所示，偶数所在栅格为直向栅格，奇数所在栅格为斜向栅格。当无人帆船向斜向栅格方向航行时，需要判断与该斜向栅格垂直方向的直向栅格状态，若垂直方向上两个直向栅格均为自由栅格时，无人帆船可以按照当前转向航行；若垂直方向上两个直向栅格中至少有一个栅格为障碍栅格，则判定无人帆船放弃当前转向作为航向，这样无人帆船在实现转向的过程中可以有效避免出现与两侧障碍物相碰撞的情况。

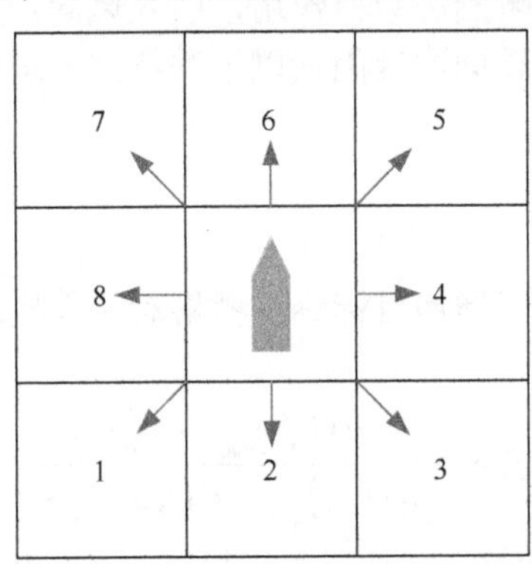

图 4.1.2　无人帆船转向栅格示意图

因此，包括无人帆船八个转向的路径消耗定义如下：

$$\begin{cases} r, & \text{无人帆船判断偶数方向为可行转向} \\ \sqrt{2}r, & \text{无人帆船判断奇数方向为可行转向} \end{cases} \tag{4.1.8}$$

式中，r 为栅格的粒径。图中栅格默认为单元栅格。

无人帆船在全局环境中除考虑障碍物位置以外，仍需考虑带风向因素的环境建模。无人帆船期望风向较为平缓的可行栅格作为全局路径，即带风向因素环境建模中颜色程度较浅且相近的可行栅格（图 4.1.3）。

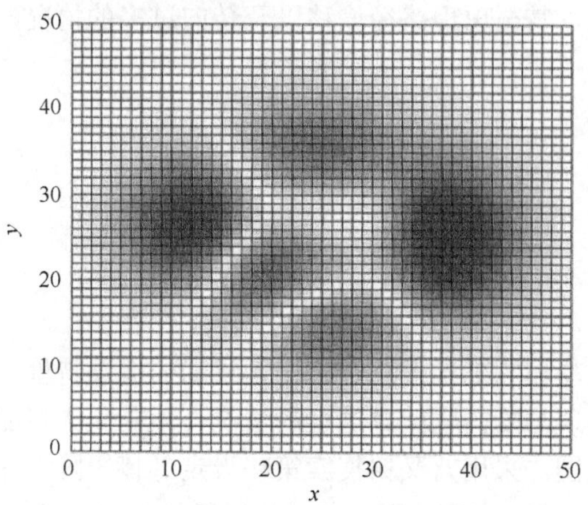

图 4.1.3　带风向因素的环境建模

4.1.3　改进蚁群算法启发函数设计

本节针对无人帆船的运动特性，在全局路径长度的基础上，提出路径长度因素、风向角度因素和转向次数因素。改进后的启发函数 $\eta'_{ij}(t)$ 引入路径长度因素以增加目标终点栅格对无人帆船的吸引作用，引入风向角度因素以期望得到相同风向角度的全局路径，引入转向次数因素以根据特定要求实现对全局环境中无人帆船转向次数的限制。

1. 路径长度因素

路径长度因素就是为了增加目标终点栅格对无人帆船的吸引作用，路径长度因素 $L(i,j,g)$ 定义如下：

$$L(i,j,g)=\frac{d(i,g)_{\max}-d(j,g)}{d(i,g)_{\max}-d(i,g)_{\min}+z_1}l_1+l_2 \tag{4.1.9}$$

式中，i 是无人帆船当前栅格；j 是无人帆船下一个目标栅格；l_1 和 l_2 为路径长度因素系数，根据无人帆船所处环境设定；$d(i,g)_{\max}$ 和 $d(i,g)_{\min}$ 分别是无人帆船当前栅格 i 的可选邻接栅格与目标终点栅格 g 距离的最大值和最小值；$d(j,g)$ 是无人帆船选择的下一位置栅格 j 与目标终点栅格 g 的距离；z_1 是防止出现 $d(i,g)_{\max}$ 与 $d(i,g)_{\min}$ 相等时的修正系数，设定 z_1 的大小数量级要远小于距离的数量级。

2. 风向角度因素

由于无人帆船的运动特性，需要引入全局环境中风向角度因素。在全局环境中，当无人帆船与风向夹角越小时，对应可行栅格处的信息素越小，因此无人帆船将更倾向于向平缓风向方向航行，风向角度因素 $N(i,j)$ 定义如下：

$$N(i,j)=\frac{n_{\max}-\left|\Delta n(i,j)\right|}{n_{\max}-n_{\min}+z_2}n_1+n_2 \tag{4.1.10}$$

式中，n_1 和 n_2 分别是风向角度因素系数；$n_{\max}$ 和 $n_{\min}$ 分别是无人帆船当前栅格与下一个目标栅格风向夹角的最大值和最小值；$\Delta n(i,j)$ 是当前栅格处无人帆船与风向夹角差值；z_2 是防止出现 $n_{\max}$ 与 $n_{\min}$ 相等时的修正系数，设定 z_2 的数量级也是要远小于风向角度差值的数量级。

3. 转向次数因素

根据全局环境障碍物的设定，可以控制无人帆船转向次数期望程度得到理想的路径规划结果，因此，在改进启发函数中增加转向次数因素 $W(t)$。

在当前循环过程中，若当前蚂蚁的栅格标号在蚂蚁访问过的栅格标号的有序集合中，转向次数因素 $W(t)$ 定义为

$$W(t)=\frac{w}{u} \tag{4.1.11}$$

式中，w 是转向次数因素系数；u 是当前第 t 次迭代中到当前栅格位置之前蚂蚁访问过栅格标号的有序集合。

若蚂蚁从上一个栅格到当前栅格的转向标号与当前栅格到下一个栅格的转向标号不同，转向次数因素 $W(t)$ 定义为

$$W(t)=\varepsilon\frac{w}{u} \tag{4.1.12}$$

式中，ε 是无人帆船在环境中转向次数的期望程度 $(0<\varepsilon<1)$，当期望无人帆船转向次数增加时，可以适当增大 ε。

若蚂蚁从上一个栅格到当前栅格的转向标号与当前栅格到下一个栅格的转向标号相同，转向次数因素 $W(t)$ 定义为

$$W(t)=(1-\varepsilon)w \tag{4.1.13}$$

在上述三种启发因素函数基础上，得到改进启发函数 $\eta'_{ij}(t)$，定义如下：

$$\eta'_{ij}(t)=\frac{1}{d_{ij}}+L(i,j,g)+H(i,j)+W(t) \tag{4.1.14}$$

4.1.4　改进蚁群算法信息素更新规则

蚁群算法中信息素更新规则直接影响到算法性能，在改进蚁群算法中考虑无人帆船的复杂客观因素，在路径长度因素作为最优路径衡量的基础上，引入不同风场生成高度因素。本章采用的是蚁周模型，因此改进信息素更新规则定义如下：

$$\tau_{ij}(t+1)=(1-\rho)\tau_{ij}(t)+\Delta\tau'_{ij}(t) \tag{4.1.15}$$

$$\Delta\tau'_{ij}(t)=\sum_{k=1}^{m}\Delta\tau_{ij}^{k'}(t) \tag{4.1.16}$$

$$\Delta\tau_{ij}^{k'}(t)=\begin{cases}\dfrac{Q}{c_1L+c_2\bar{H}}, & \text{若蚂蚁}k\text{在当前循环经过}(i,j)\\ 0, & \text{否则}\end{cases} \tag{4.1.17}$$

式中，L 是蚂蚁经过的路径长度；$\bar{H}$ 是蚂蚁经过全局路径中风场高度的标准差；c_1 是路径长度调节系数；c_2 是风场高度调节系数，可以根据无人帆船的实际情况进行调节。因此，当路径长度更短且风场高度标准差更小时，无人帆船可以得到更优的全局路径规划结果。

此外，为进一步提高算法的收敛性和全局性，设定信息素阈值和动态挥发系数，定义如下：

$$\tau_{ij}=\begin{cases}\tau_{\min}, & \tau_{ij}<\tau_{\min}\\ \tau_{ij}, & \tau_{\min}\leqslant\tau_{ij}\leqslant\tau_{\max}\\ \tau_{\max}, & \tau_{ij}>\tau_{\max}\end{cases} \tag{4.1.18}$$

$$\rho(t)=\begin{cases}0.95\rho(t-1), & 0.95\rho>\rho_{\min}\\ \rho_{\min}, & 0.95\rho\leqslant\rho_{\min}\end{cases} \tag{4.1.19}$$

4.1.5　改进蚁群算法步骤

针对无人帆船全局路径规划问题，改进蚁群算法的详细步骤如下。

步骤 1：构建基于风场因素的栅格地图，初始化改进蚁群算法相关参数。

步骤 2：更新迭代次数。

步骤 3：判断是否有蚂蚁被放入栅格地图中，即判断蚂蚁数目。若栅格地图中存有蚂蚁，将一只蚂蚁放置初始栅格。否则，跳转步骤 6。

步骤 4：根据式（4.1.14）计算改进蚁群算法启发函数，并且根据状态转移概率式（4.1.2）计算下一个目标栅格。

步骤 5：判断蚂蚁是否达到目标终点栅格，若蚂蚁成功到达目标终点栅格，根据式（4.1.15）～式（4.1.19）计算并更新信息素，重置栅格地图中的蚂蚁。否则，跳转步骤 4。

步骤 6：记录个体蚂蚁所经过的最短路径，判断迭代次数，若达到最大迭代次数，输出最优的全局路径。否则，将禁忌表清空，跳转步骤 2，直至满足条件结束。

上述改进蚁群算法的流程图如图 4.1.4 所示。

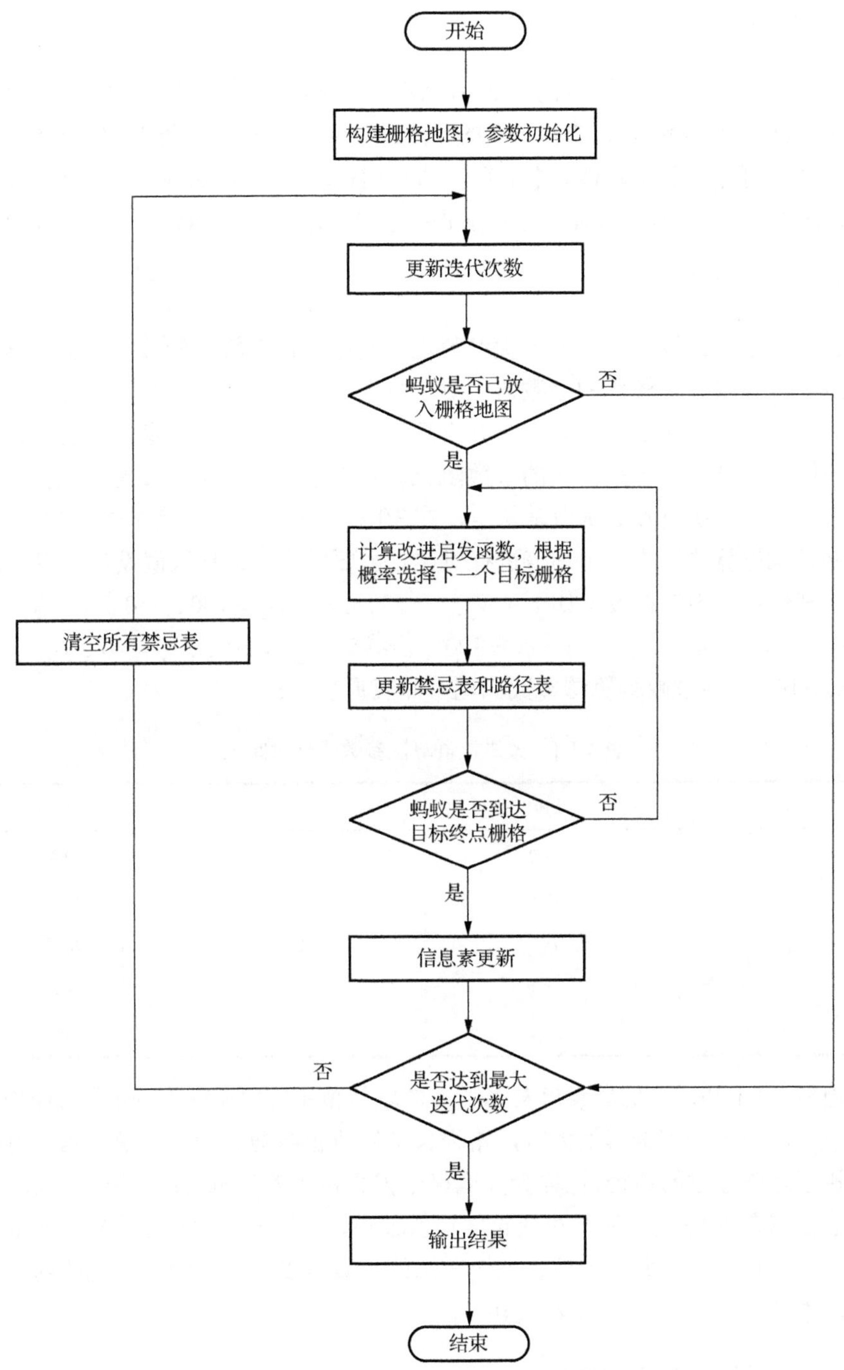

图 4.1.4　改进蚁群算法流程图

4.1.6 仿真研究

将本章改进蚁群算法应用于无人帆船全局路径规划问题，采用 MATLAB R2017a 软件对传统蚁群算法和本章的改进蚁群算法进行对比仿真，验证本章改进蚁群算法的可行性和优越性。本章算法仿真运行环境：Windows10 64bits；处理器 AMD A8-7410 APU with AMD Radeon R5 Graphics；主频 2.2GHz；内存 8GB。

1. 主要参数选取

目前关于蚁群算法模型的最优参数设置问题还没有较好的数学分析方法，一般通过人工经验设定较优的参数值。对于蚁群算法最重要的参数是信息素启发因子 α 和期望启发因子 β。本章在参数合理变化范围内设定不同参数组合，通过对比相应的仿真结果，选择最优的参数组合。每个参数在范围内设定一组值，设定指定值时，其他所有参数均取默认值，在 30×30 规格仿真环境中进行 20 次仿真实验并且求出算法结果的平均值进行对比。主要优化参数默认值设定如下：α=1，β=5；其他相关参数值设定如下：$N_{c\max}=50$，$m=50$，$Q=100$，ρ=0.3，$l_1=8$，$l_2=3$，$w=10$，$h_1=5$，$h_2=1$，$c_1=1$，$c_2=300$，ε=0.5，$\tau_{\min}=10$，$\tau_{\max}=40$，$\rho_{\min}=0.2$，$z_1=z_2=10^{-3}$。改进蚁群算法参数优化对照表见表 4.1.1。

表 4.1.1　改进蚁群算法参数优化对照表

α	均值	β	均值
0	51.0	1	52.4
0.5	47.8	3	48.5
1	45.2	5	46.2
3	46.3	8	45.6
5	49.1	10	45.9

由表 4.1.1 知，当信息素启发因子 α 的取值范围在(0.5,3)时，所得路径长度均值较小，但当 α 的值继续增大时，路径长度均值也会随之增大，说明蚂蚁有可能是选择了之前经过的路径，这样会降低整个搜索路径的随机性；当期望启发因子 β 的取值范围在(5,10)时，所得路径长度均值较小，但当 β 的值再增大时，蚁群会更容易选择最短路径，此时虽然会加快算法的收敛速度，但是缺乏一定的随机性。因此，本章主要优化参数取 α=1，β=8。

2. 30×30 栅格仿真环境

为了验证改进蚁群算法中对无人帆船转向次数因素的限制，设定 30×30 规格的确定栅格仿真环境进行仿真实验。实线是本章改进蚁群算法规划的路径；虚线是传统蚁群算法规划的路径；初始位置为(0.5,0.5)，即仿真环境中的左下位置；目标终点为(29.5,29.5)，即仿真环境中的右上位置。

图 4.1.5 和图 4.1.6 分别为 30×30 栅格仿真环境中两种算法全局路径规划结果以及两种算法的收敛性比较。通过仿真结果可以看出，在 30×30 栅格仿真环境中，本章提出的改进蚁群算法搜索得到的全局路径仍优于传统蚁群算法路径规划结果，算法收敛速度加快程度更为明显。传统蚁群算法通过 39 次迭代将全局路径长度收敛到 52.2，而改进蚁群算法通过 8 次迭代将全局路径长度收敛到 51.4（表 4.1.2）。由于额外引入无人帆船转向次数的限制，改进蚁群算法中在迭代前期能够有效搜寻到直线方向的可行路径，这将大大加快算法的收敛速度。传统蚁群算法虽然在第 10 次迭代的时候搜寻到了接近最优解的路径，但是直到第 39 次迭代的时候才收敛到最优解且改进蚁群算法规划的全局最优路径长度更优。

图 4.1.7 为在不同转向次数因素系数设定的条件下，改进蚁群算法对应的仿真结果。当转向次数因素系数 w 设定为 5 时，无人帆船将尽可能选择直线方向的可行路径，这也使无人帆船得到的全局路径在长度方面更优。当转向次数因素系数 w 分别设定为 10 和 15 时，随着对无人帆船转向次数限制的减少，通过改进蚁群算法得到的全局路径长度也会相应增加。而当转向次数因素系数 w 设定在(20,35)的范围内时，由于额外引入了不均匀风场高度因素的启发函数，得到的全局路径长度稳定在 54.0 左右，这也在一定程度上反映了当前参数设定条件下仿真环境中的平均全局路径长度。

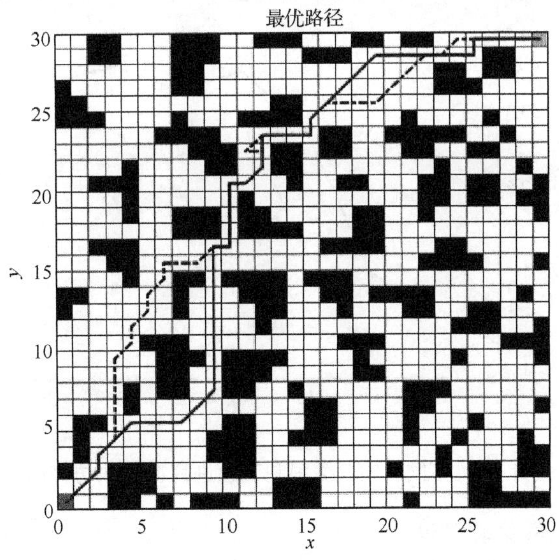

图 4.1.5　30×30 栅格仿真环境中两种算法全局路径规划结果

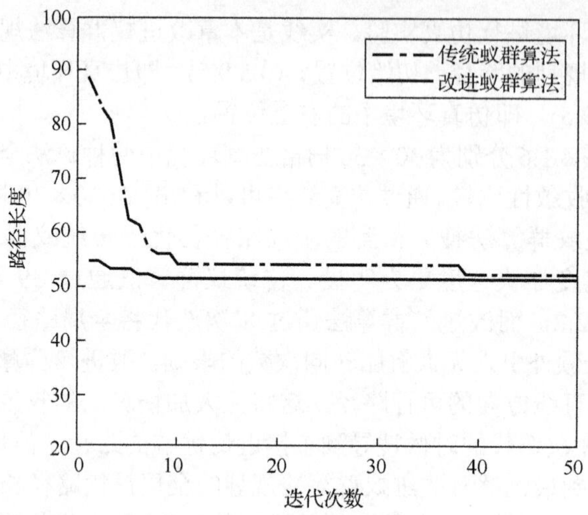

图 4.1.6　30×30 栅格仿真环境中两种算法收敛性比较

表 4.1.2　30×30 栅格仿真环境中仿真结果对比

算法	最优路径长度	迭代稳定次数	程序运行时间/s
传统蚁群算法	52.2	39	11.22
改进蚁群算法	51.4	8	15.69

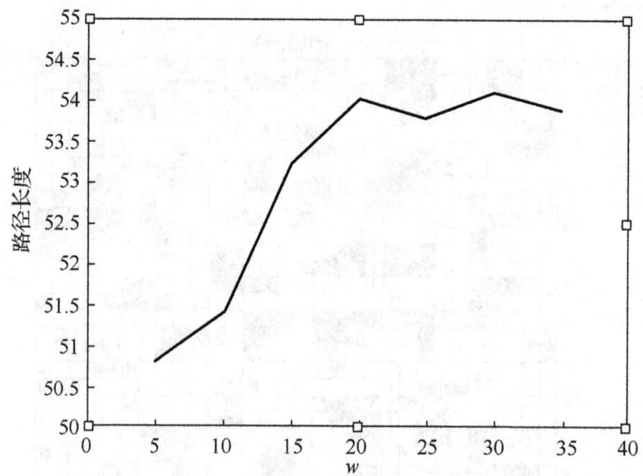

图 4.1.7　不同转向次数限制下改进蚁群算法仿真结果

3. 50×50 栅格仿真环境

为了验证改进蚁群算法具有更优的全局性，本章设定四种 50×50 规格的不同障碍物比例栅格仿真环境进行仿真实验。实线是本章改进蚁群算法规划的路径；

虚线是传统蚁群算法规划的路径；初始位置为(0.5,0.5)，即仿真环境中的左下位置；目标终点为(49.5,49.5)，即仿真环境中的右上位置。

1）50×50 栅格仿真环境一（障碍物比例 10%）

图 4.1.8 和图 4.1.9 分别为 50×50 栅格仿真环境一中两种算法全局路径规划结果以及两种算法的收敛性比较。无人帆船在当前全局环境中，通过改进蚁群算法得到全局路径规划长度为 71.6，运行时间为 20.69s；通过传统蚁群算法得到全局路径规划长度为 77.8，运行时间为 19.17s。改进蚁群算法在第 27 次迭代收敛到最优解，传统蚁群算法第 29 次迭代收敛到最优解（表 4.1.3）。

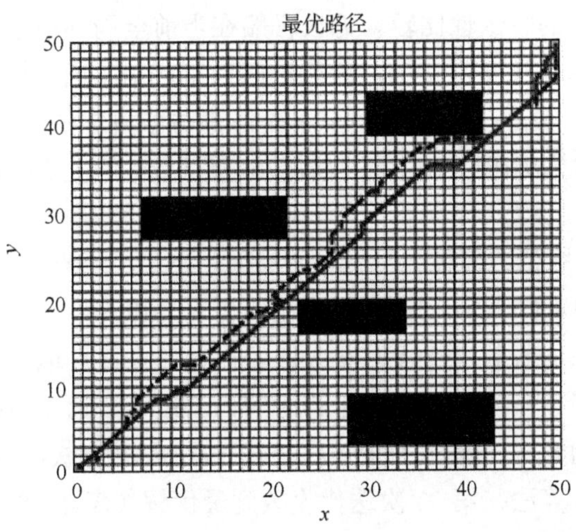

图 4.1.8　50×50 栅格仿真环境一中两种算法全局路径规划结果

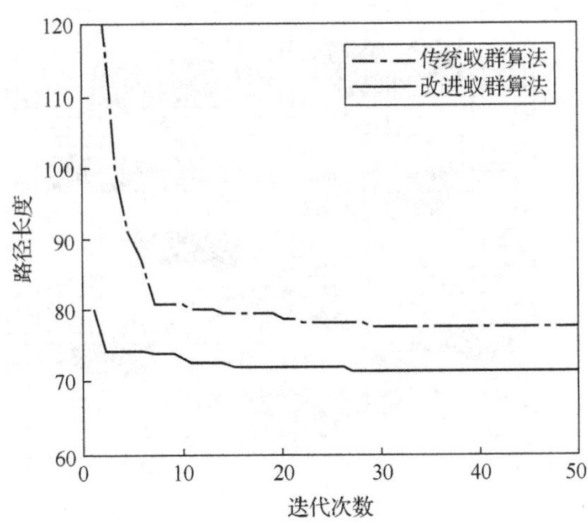

图 4.1.9　50×50 栅格仿真环境一中两种算法收敛性比较

表 4.1.3　50×50 栅格仿真环境一中仿真结果对比

算法	最优路径长度	迭代稳定次数	程序运行时间/s
传统蚁群算法	77.8	29	19.17
改进蚁群算法	71.6	27	20.69

2）50×50 栅格仿真环境二（障碍物比例 20%）

图 4.1.10 和图 4.1.11 分别为 50×50 栅格仿真环境二中两种算法全局路径规划结果以及两种算法的收敛性比较。无人帆船在当前全局环境中，通过改进蚁群算法得到全局路径规划长度为 74.6，运行时间为 20.48s；通过传统蚁群算法得到全局路径规划长度为 79.6，运行时间为 20.08s。改进蚁群算法在第 19 次迭代收敛到最优解，传统蚁群算法在第 10 次迭代收敛到最优解，但改进蚁群算法全局路径规划长度更优（表 4.1.4）。

3）50×50 栅格仿真环境三

图 4.1.12 和图 4.1.13 分别为 50×50 栅格仿真环境三中两种算法全局路径规划结果以及两种算法的收敛性比较。无人帆船在当前全局环境中，通过改进蚁群算法得到全局路径规划长度为 74.0，运行时间为 25.64s；通过传统蚁群算法得到全局路径规划长度为 80.2，运行时间为 23.29s。改进蚁群算法在第 22 次迭代收敛到最优解，传统蚁群算法在第 23 次迭代收敛到最优解（表 4.1.5）。

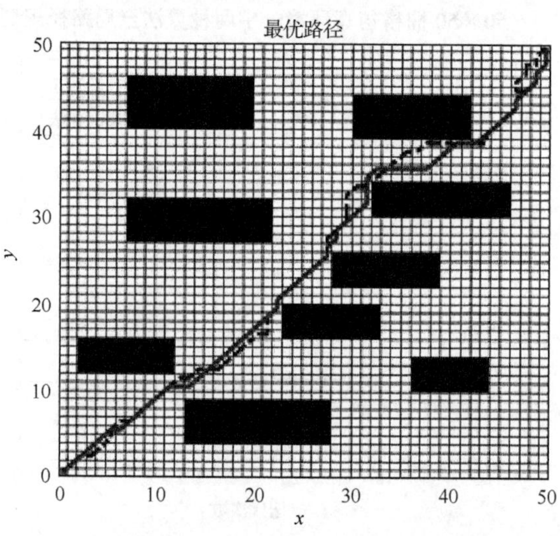

图 4.1.10　50×50 栅格仿真环境二中两种算法全局路径规划结果

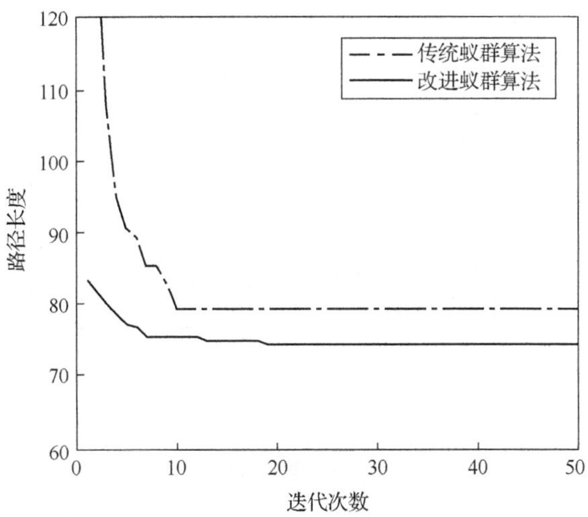

图 4.1.11　50×50 栅格仿真环境二中两种算法收敛性比较

表 4.1.4　50×50 栅格仿真环境二中仿真结果对比

算法	最优路径长度	迭代稳定次数	程序运行时间/s
传统蚁群算法	79.6	10	20.08
改进蚁群算法	74.6	19	20.48

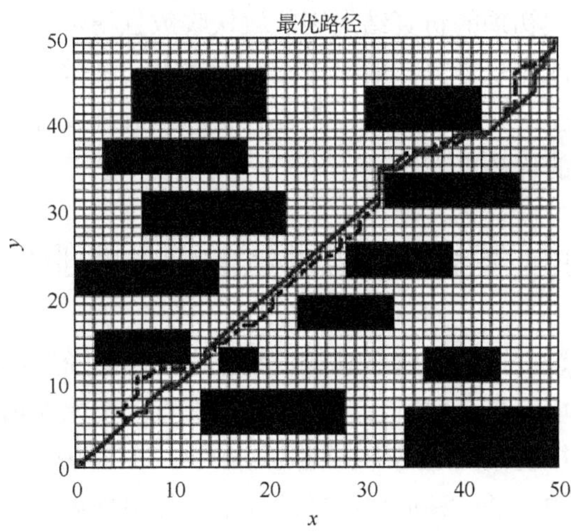

图 4.1.12　50×50 栅格仿真环境三中两种算法全局路径规划结果

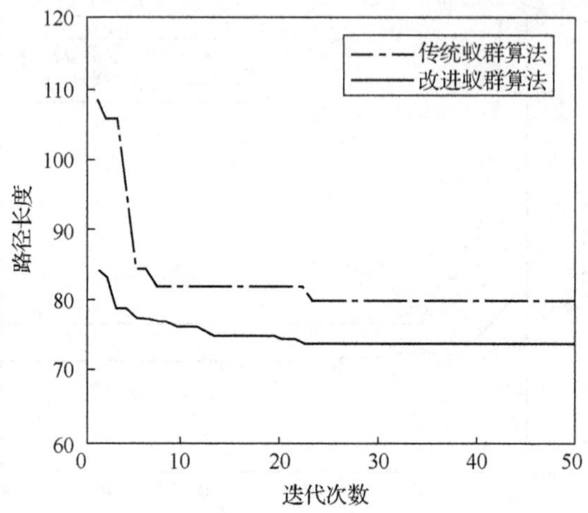

图 4.1.13 50×50 栅格仿真环境三中两种算法收敛性比较

表 4.1.5 50×50 栅格仿真环境三中仿真结果对比

算法	最优路径长度	迭代稳定次数	程序运行时间/s
传统蚁群算法	80.2	23	23.29
改进蚁群算法	74.0	22	25.64

上述仿真结果表明，传统蚁群算法迭代初期规划的全局路径长度波动非常大，而改进蚁群算法迭代初期的仿真结果则能较快收敛且稳定。由于设计改进启发函数以及参数限制，改进蚁群算法的程序运行所需时间稍微逊色于传统蚁群算法，但运行时间在可接受的合理范围内，不可否认的是改进蚁群算法在全局路径规划长度及收敛性方面的优势更为明显。

4.2 基于切向选择人工势场法的无人帆船局部路径规划

当无人帆船通过上述改进蚁群算法得到较优全局路径后，应当根据传感器所感知的当前局部环境信息，实时计算相应航行位置，使无人帆船具有较优的避障能力，实现局部路径规划，这属于在线规划[13,14]。人工势场法是由 Khatib[15]在避障情况下提出使用的，是一种成熟高效的局部路径规划算法。其主要思想是将无人帆船所处环境设计成一个势场，主要包括环境边界、障碍物、无人帆船起始位置以及目标终点等因素[16-20]。其中，把无人帆船看作是势场中的运动物体，障碍物、目标终点以及风产生的客观因素均会对整个环境势场产生影响并作用于无人帆船。人工势场法的特点是结构简单，而且将生成的局部路径和无人帆船系统与环境信息形成了闭环控制系统，极大程度上增强了系统对应用环境的适应能力。但是传统人工势场法同样存在问题，由于整个环境势场作用在无人帆船是一种合力的方式，当引力和斥力正好抵消时，此时无人帆船所受合力为零，无法继续航行运动，即出现传统人工势场法中的局部极小点问题，无法最终运动到目标终点。因此，人工势场法中的势场设定和整合对于最终路径规划结果至关重要。Pêtrès 等[21-23]针对无人帆船自主航行中所受推力不可测和复杂的运动学问题，基于人工势场法的思想，根据无人帆船周围所处环境设定额外势场，在无人帆船迎风航行和顺风航行的不同情况下，最终设计整套无人帆船系统并且规划出符合无人帆船模型的可行路径。

本章针对无人帆船局部路径规划问题展开深入研究，先介绍传统人工势场法中的引力势场和斥力势场模型。之后结合第 2 章的无人帆船气动力分析以及第 3 章的无人帆船极速度曲线，提出由风生成的逆风风力势场模型，给出无人帆船不同限制条件下的受力情况。然后引入切向选择防止无人帆船陷入局部极小点情况，并且提高局部路径规划效率。最后仿真验证通过切向选择人工势场法可以得到理想的局部路径规划结果。

4.2.1　引力势场

引力势场 u_{att} 对无人帆船具有负势能的影响，使无人帆船能具有向势能较低的方向航行运动的趋势。当无人帆船与目标终点的距离较远时，所受的引力势能就较大。反之，在航行过程中当无人帆船与目标终点的距离越来越近时，所受的引力势能也就越来越小，直到无人帆船成功航行到目标终点，无人帆船所受的引力势能为零。

人工势场法中引力势场 u_{att} 定义如下：

$$u_{\text{att}}\left(x\right)=0.5k_{\text{a}}\rho^{2}\left(x,x_{\text{g}}\right) \tag{4.2.1}$$

式中，k_{a} 表示引力势场增益系数；x 表示无人帆船当前点位置；x_{g} 表示路径规划过程中目标终点的位置；$\rho\left(x,x_{\text{g}}\right)$ 表示无人帆船当前点与目标终点的欧几里得距离；引力势场 u_{att} 和无人帆船当前点与目标终点的距离 $\rho\left(x,x_{\text{g}}\right)$ 成平方关系，方向为无人帆船与目标终点之间的连线方向，指向目标终点。

设定无人帆船初始位置为(0,0)，目标终点为(10,10)，引力势场增益系数 $k_{\text{a}}=15$，在 10×10 规格的仿真环境中，引力势场模型仿真结果如图 4.2.1 所示。

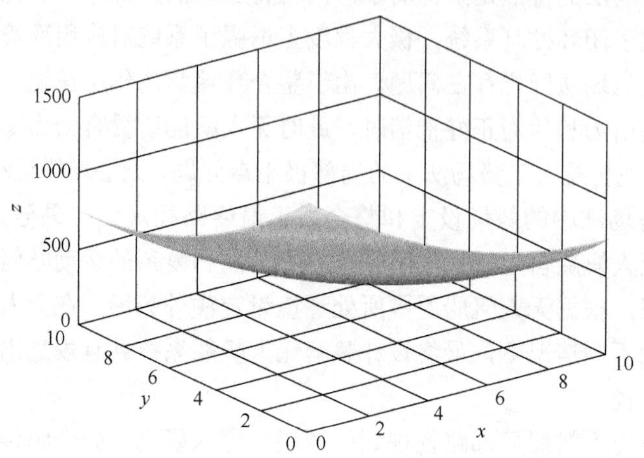

图 4.2.1　引力势场模型仿真结果

对引力势场 u_{att} 求负梯度得到无人帆船所受引力 f_{att}，方向为引力势场 u_{att} 的最速下降方向，是引力势场 u_{att} 对无人帆船与目标终点之间距离的导数，定义如下：

$$f_{\mathrm{att}}(x) = -\nabla[u_{\mathrm{att}}(x)] = -\nabla[0.5k_{\mathrm{a}}\rho^2(x, x_{\mathrm{g}})] = -k_{\mathrm{a}}\rho(x, x_{\mathrm{g}}) \tag{4.2.2}$$

由式（4.2.2）可知，无人帆船所受引力 f_{att} 与无人帆船当前点与目标终点的距离 $\rho(x, x_{\mathrm{g}})$ 成正比关系。

4.2.2　斥力势场

斥力势场 u_{rep} 对无人帆船具有正势能的影响，主要是由环境中的障碍物生成。当无人帆船与障碍物之间的距离在障碍物影响距离范围内时，无人帆船便受斥力势场的影响。此时，若无人帆船与障碍物距离越近，无人帆船所受斥力势场的势能越大。当无人帆船航行到障碍物边缘时，此时所受斥力势场势能就接近于无穷大。反之，若无人帆船与障碍物距离越远，无人帆船所受斥力势场的势能越小，直到无人帆船航行到障碍物影响距离外，这时所受斥力势场势能为零。

人工势场法中斥力势场 u_{rep} 定义如下：

$$u_{\mathrm{rep}}(x) = \begin{cases} 0.5k_{\mathrm{r}}\left(\dfrac{1}{\rho(x, x_{\mathrm{o}})} - \dfrac{1}{\rho_{\mathrm{o}}}\right)^2, & \rho(x, x_{\mathrm{o}}) \leqslant \rho_{\mathrm{o}} \\ 0, & \rho(x, x_{\mathrm{o}}) > \rho_{\mathrm{o}} \end{cases} \tag{4.2.3}$$

式中，k_r 表示斥力势场增益系数；x 表示无人帆船当前点位置；x_o 表示无人帆船所处环境中障碍物的位置；ρ_o 表示障碍物对无人帆船的影响距离；$\rho(x,x_o)$ 表示无人帆船当前点与障碍物之间的距离。斥力势场 u_{rep} 和无人帆船当前点与障碍物之间的距离 $\rho(x,x_o)$ 的倒数成平方关系，方向为无人帆船当前点与障碍物之间的连线方向，背离障碍物且指向无人帆船。

设定无人帆船所处环境中障碍物的坐标为(5,5)，半径为 2，斥力势场增益系数 k_r=5，在 10×10 规格的仿真环境中，斥力势场模型仿真结果如图 4.2.2 所示。

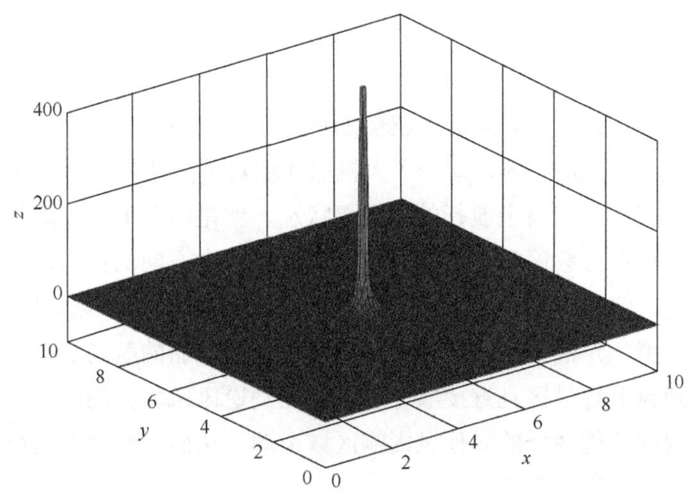

图 4.2.2　斥力势场模型仿真结果

对斥力势场 u_{rep} 求负梯度得到无人帆船所受引力 f_{rep}，方向为斥力势场 u_{rep} 的最速下降方向，是斥力势场 u_{rep} 对无人帆船当前点与障碍物之间距离的导数，定义如下：

$$f_{rep}(x)=-\nabla[u_{rep}(x)]=\begin{cases}k_r\left(\dfrac{1}{\rho(x,x_o)}-\dfrac{1}{\rho_o}\right)\dfrac{1}{\rho^2(x,x_o)}\dfrac{\partial\rho(x,x_o)}{\partial x}, & \rho(x,x_o)\leqslant\rho_o\\0, & \rho(x,x_o)>\rho_o\end{cases}\tag{4.2.4}$$

由式（4.2.4）可知，当无人帆船在障碍物影响距离 ρ_o 内且当前点与障碍物的距离 $\rho(x,x_g)$ 减小时，无人帆船所受斥力 f_{rep} 增大。当 $\rho(x,x_o)$ 趋近于 ρ_o 时，无人帆船处于远离障碍物状态，所受障碍物斥力势场的斥力会逐渐减小直至为零。当 $\rho(x,x_o)$ 趋近于零时，无人帆船处于靠近障碍物状态，所受障碍物斥力势场会逐渐增大直至无穷大，保证无人帆船能够避免发生与障碍物接触的情况。障碍物影响距离 ρ_o 的设定可以根据无人帆船所处客观环境以及障碍物的大小、位置等条件来考虑，当无人帆船所处环境中的障碍物数量较少时，可以适当增大障碍物的影响距离 ρ_o，使无人帆船能够更有效地实现避障，得到更优的局部路径规划结果。当障碍物较大时，也可以适当增加障碍物的影响距离 ρ_o，防止无人帆船局部路径规划中与较大体积的障碍物相撞。而当障碍物位置与目标终点较近时，可以设定较小的障碍物影响距离 ρ_o，防止对目标终点的影响过大出现无人帆船无法达到目标终点的情况。

4.2.3 逆风风力势场

逆风风力势场 u_{wind} 是针对无人帆船的运动特性，根据极速度曲线所定义的逆风航行禁区概念设定的势场。即当无人帆船的相对风向角在 $-45^\circ < \alpha_{\text{aw}} < 45^\circ$ 的范围内，无人帆船均处于自主航行的非理想状态，就是所谓的逆风航行禁区。当无人帆船处于逆风航行禁区时，无人帆船无法获得前进方向的推力，甚至面对这种航行情况，无人帆船需要采用迎风换舷的航行策略，使无人帆船尽可能处于侧风航行状态，获得一定的航速。逆风风力势场对无人帆船的航向进行了限制，当无人帆船处于逆风航行禁区且继续航行时便会受到逆风风力势场的势能影响，迫使无人帆船尽快向势能较低的其他风影响区域运动，从而达到理想的航行状态，即相对风向角 α_{aw} 的理想区域。

切向选择人工势场法中的逆风风力势场 u_{wind}，定义如下：

$$u_{\text{wind}}(x) = 0.5k_{\text{up}}v_{\text{wind}}\rho^2(x,x_n)_{\max}, \quad -45^\circ < \alpha_{\text{aw}} < 45^\circ \tag{4.2.5}$$

式中，k_{up} 是无人帆船所处逆风航行禁区时的风力势场系数；v_{wind} 是此时逆风风力势场中的均匀风速；$\rho(x,x_n)$ 是无人帆船当前点和周围逆风风力势场环境的距离。

为了更好地体现逆风航行禁区的概念，其他风影响区的势场大小取最大值。设定无人帆船初始点坐标为(5,5)，初始航向为正东方向（沿 y 轴正方向为正北方向），风向为正东方向，风速为 3m/s，逆风航行禁区风力势场系数 k_{up}=3.5，在 10×10 规格的仿真环境中的逆风航行禁区风力势场模型仿真结果如图 4.2.3 所示。

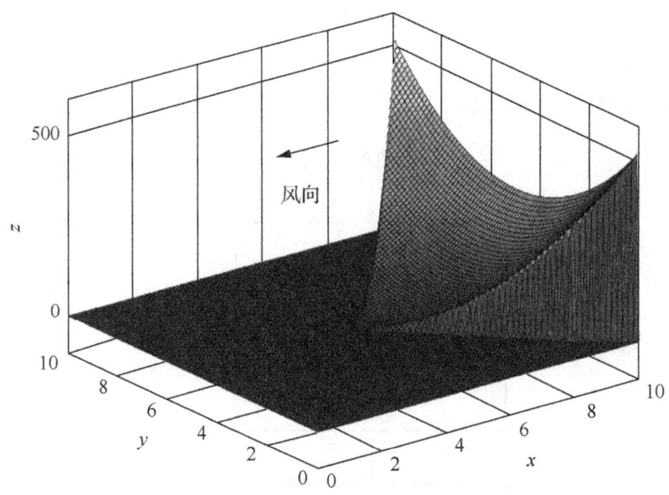

图 4.2.3　逆风航行禁区风力势场模型仿真结果

针对无人帆船上述航行运动特点，在无人帆船局部路径规划仿真中，假设无人帆船航行时受均匀风力的作用，无人帆船所受逆风风力 $f_{\text{wind}}(x)$ 定义如下：

$$f_{\text{wind}}(x) = -\nabla[u_{\text{wind}}(x)] = k_{\text{up}} v_{\text{wind}} \rho(x, x_n)_{\max}, \quad -45^\circ < \alpha_{\text{aw}} < 45^\circ \tag{4.2.6}$$

由式（4.2.6）可知，无人帆船在逆风航行禁区所受风力 f_{wind} 与无人帆船初始位置和周围风力势场环境的最大距离 $\rho(x, x_n)_{\max}$ 成正比关系。因此，无人帆船在处于逆风航行禁区时会受到设定风力的影响，而相对风向角处于合理范围内时，无人帆船受整个环境中势场力的作用。

无人帆船所受合力 $f(x)$ 定义如下：

$$f(x) = f_{\text{att}}(x) + f_{\text{rep}}(x) + f_{\text{wind}}(x) \tag{4.2.7}$$

4.2.4　切向选择人工势场法步骤

以无人帆船局部路径规划问题为例，切向选择人工势场法的详细步骤如下。

步骤 1：设定无人帆船局部规划所处的仿真环境，初始化切向选择人工势场法相关系数，确定无人帆船的起始位置、目标终点位置以及障碍物相关位置信息。

步骤 2：通过无人帆船与障碍物、目标终点之间的夹角，计算当无人帆船处于障碍物影响范围内时所受斥力作用、来自目标终点的引力作用以及逆风风力势场的风力作用。

步骤 3：计算仿真环境中无人帆船所受合力的大小和方向。

步骤 4：若无人帆船未到达目标终点，则跳转步骤 2；否则跳转步骤 5。

步骤 5：输出对应的无人帆船局部路径规划结果，结束切向选择人工势场法路径规划。

上述切向选择人工势场法的流程图如图 4.2.4 所示。

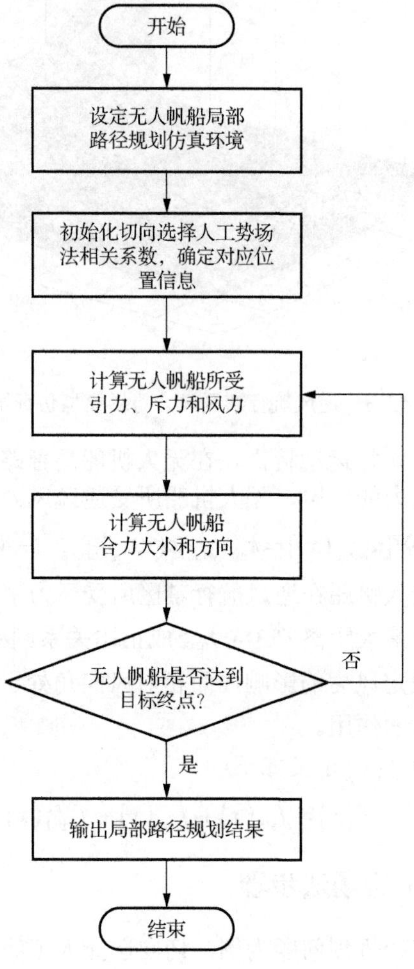

图 4.2.4　切向选择人工势场法的流程图

4.2.5　仿真研究

1. 切点选择仿真

当无人帆船处于较多障碍物情况下对切点进行判断时，局部路径规划过程中无人帆船航行到每个障碍物影响距离之内时均会产生两个不同方向的切点，此时将选择不同切点方向可能情况的距离相加，直到无人帆船规划路径的目标终点达到目标终点。通过比较整个切点方向距离之和并且选择一条最优的规划路径，路径上的切点将作为无人帆船自主航行过程中每个阶段的临时目标点，而目标终点仍为局部路径规划过程中的最后目标点。

对于无人帆船的切点选择问题，为了体现无人帆船能够选择更优切向方向的切点，切点选择仿真中设定不同位置的初始位置以及相同的目标终点，实现切点仿真对比。设定无人帆船的初始位置分别为(0,1)和(1,0)，此时的目标终点均为(10,10)，设定风况为西南风且风速为 3m/s。

图 4.2.5 是无人帆船处于不同初始位置时选择不同方向切点的仿真结果。仿真结果证明无人帆船能够实现根据不同的初始位置选择较优方向上的切点，并且达到指定的目标终点。

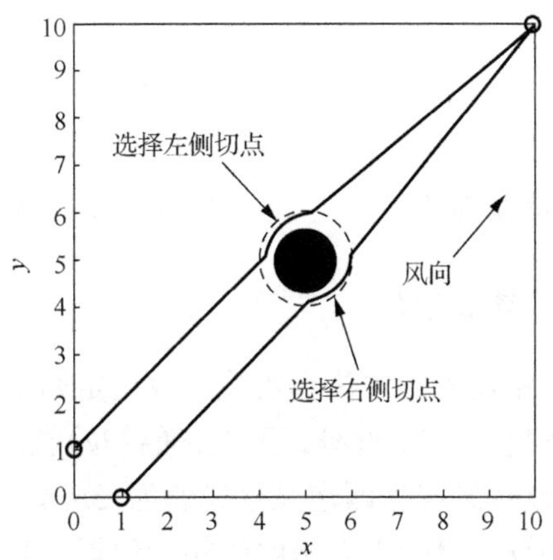

图 4.2.5　无人帆船切点选择仿真结果

2. 局部极小点仿真

对于验证切向选择人工势场法能够有效解决传统人工势场法中的局部极小点问题，在局部极小点情况的仿真中设定无人帆船的初始位置、障碍物位置与目标终点处于共线状态且无风力势场影响。在局部极小点仿真结果对比中，设定初始位置为(0,0)、目标终点为(6,6)。

图 4.2.6 和图 4.2.7 是无人帆船面对局部极小点情况时的路径规划结果。从图 4.2.6 的仿真结果可以看出，无人帆船一直位于点(4.3,4.3)附近局部震荡，始终无法航行到达目标终点，即无人帆船通过传统人工势场法无法脱离由初始位置、障碍物位置与目标终点处于共线状态时形成的局部极小点情况。而图 4.2.7 的仿真结果则可以证明，无人帆船通过切向选择人工势场法可以有效解决传统人工势场法中的局部极小点问题，当初始位置、障碍物位置与目标终点处于共线状态时，切向选择人工势场法会选择较优切向上障碍物作用于无人帆船的切点作为临时目标点，避免无人帆船陷入局部极小点情况和局部震荡的状态，最终到达临时目标

点的切点并且航行到目标终点，从而得到可行有效的无人帆船局部路径规划结果。

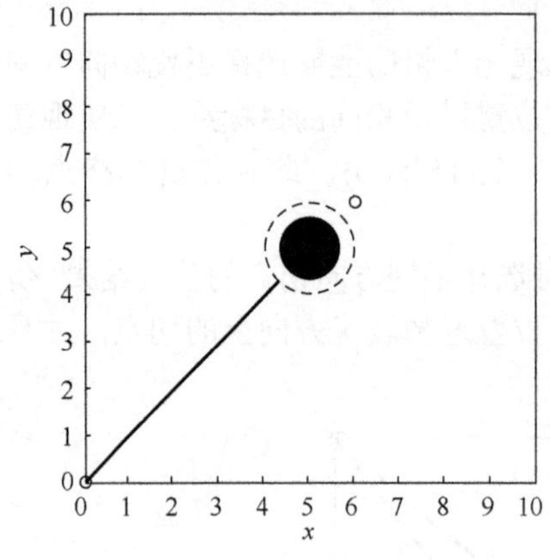

图 4.2.6　无人帆船陷入局部极小点

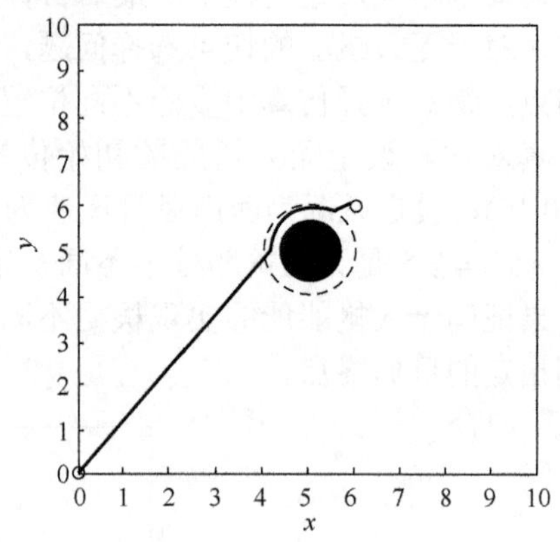

图 4.2.7　无人帆船到达目标终点

3. 切向选择人工势场法仿真

相关无人帆船局部路径规划的仿真实验系数设定如下：无人帆船处于逆风航行禁区时的风力势场系数 $k_{up}=5$。此外，无人帆船初始航向沿 x 轴正方向（沿 y 轴正方向为正北方向），默认风况为西南风且风速为 3m/s。假设无人帆船所处环境风力势场为均匀风力势场，已知无人帆船的初始位置、目标终点以及所处环境中障碍物的位置，并且将障碍物的形状设定为封闭圆形障碍物。仿真环境中无人帆船的初始位置为(0,0)、目标终点为(10,10)，障碍物坐标设定如下：(1,1.6),(3,2),(3,4.5),(5,3),(5,7),(6,5)和(7.5,8)。局部路径规划仿真环境势场模型如图 4.2.8 所示。

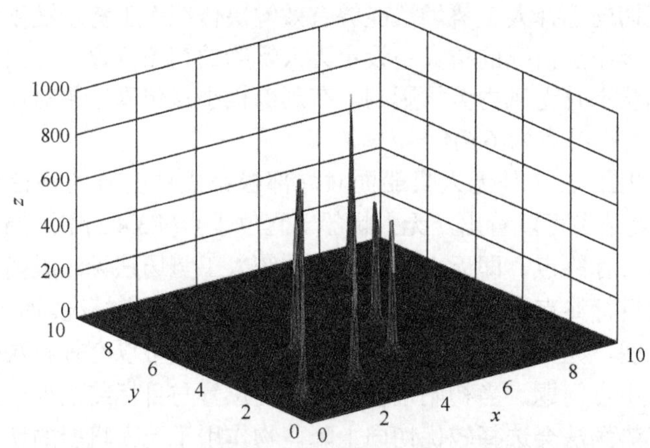

图 4.2.8　局部路径规划仿真环境势场模型

图 4.2.9 是无人帆船在上述静态局部路径规划仿真环境势场中，传统人工势场法和切向选择人工势场法的算法仿真结果对比。

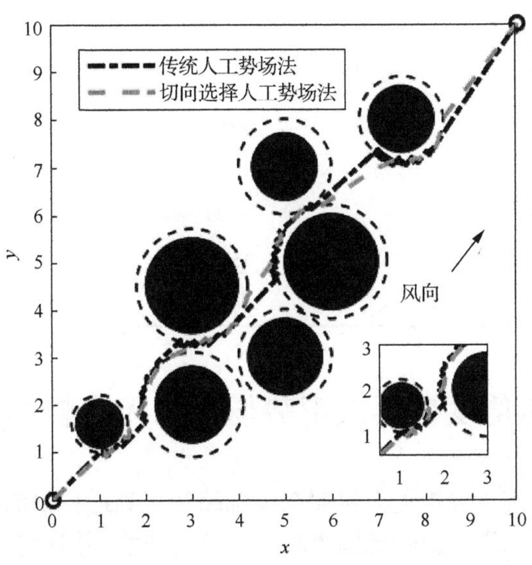

图 4.2.9　两种算法仿真结果对比

无人帆船通过传统人工势场法得到局部路径规划长度为 21.50，引入切向选择优化之后，无人帆船得到局部路径规划长度为 15.92，相比传统人工势场法优化了 25.95%，设定不同风向得到风速为 3m/s 时切向选择人工势场法的局部路径规划结果如表 4.2.1 所示。在传统人工势场法中，无人帆船总是通过在障碍物影响距离边缘震荡来不断调整航向，无法尽快航行到下个阶段的临时目标点，而且临时目标点的选取与障碍物的中心共线，此时将会产生无人帆船航行过程中更多的路径消耗。在传统人工势场法中加入切向选择优化之后，无人帆船在整个局部路径规划的过程中，选择路径长度较优方向上的切点分别作为无人帆船每个阶段的临时坐标点，无人帆船在障碍物影响距离范围周围震荡次数明显减少。同时能够更快地到达临时目标点，得到相比传统人工势场法更优的局部路径规划结果。

表 4.2.1　风速为 3m/s 时不同风向下切向选择人工势场法的仿真结果

风向	切向选择人工势场法	
	路径长度	优化率/%
西南（−135°）	15.92	25.95
正南（−90°）	16.30	24.19

续表

风向	切向选择人工势场法	
	路径长度	优化率/%
东南（−45°）	16.97	21.07
正东（0°）	16.49	23.30
东北（45°）	16.42	23.63
正北（90°）	16.00	25.58
西北（135°）	15.81	26.47
正西（180°）	16.30	24.12

4.3　基于切向角度补偿人工势场法的无人帆船局部路径规划

本节在上节基础上分析无人帆船在局部路径规划过程中的不同航行状态，当无人帆船在航行到障碍物影响范围内时引入角度补偿，并且定义补偿角度的大小，提出切向角度补偿人工势场法。局部路径规划问题中需要深入考虑动态障碍物情况，即同时包括动态障碍物和静态障碍物的复杂混合环境。本章验证切向角度补偿人工势场法在局部路径规划中的优越性，之后得到并分析不同风向和风速下的无人帆船局部路径规划结果。此外，设定合理的静态环境和混合环境，进一步验证改进算法的可行性和有效性。

4.3.1　无人帆船角度补偿

当无人帆船根据所规划的局部路径航行到障碍物影响距离范围内时，应当尽快逃离该影响范围。同时，为防止无人帆船在向选定切点航行的过程中出现转角过大的情况，应根据无人帆船的航行运动状态进行切向方向的角度补偿。

根据上述无人帆船的角度补偿问题，分析无人帆船局部路径规划过程，将整个局部路径规划过程划分为初始位置航行状态、正常航行状态以及目标终点航行状态三种情况，定义如下。

情况一：当无人帆船最初从初始位置航行时为无人帆船的初始位置航行状态，此时无人帆船还未处于有障碍物环境的势场中，无人帆船只受逆风风力和势场引力的作用。

情况二：当无人帆船航行到障碍物区域时为无人帆船的正常航行状态，此时无人帆船受逆风风力、势场引力以及势场斥力的综合作用。在障碍物的环境中，无人帆船将面对选择当前障碍物较优切点作为临时目标点的情况，设定一个临时目标终点对无人帆船的额外引力 f_t，使无人帆船尽快达到较优切向方向上的切点。此外，针对无人帆船的运动特性，设定角度补偿 ω，防止无人帆船与障碍物的距离过近时调整航向发生碰撞的情况，并且有效解决无人帆船局部震荡的问题，得到更优的避障能力和更为理想的局部路径规划结果。

无人帆船切向方向的补偿角度 ω 定义如下：

$$\omega = k_\theta \Delta\delta \tag{4.3.1}$$

式中，k_θ 为无人帆船切向方向的角度补偿系数；$\Delta\delta$ 为无人帆船所受合力方向与切点方向的角度差值。

情况三：当无人帆船航行脱离障碍物区域时为无人帆船的目标终点航行状态，此时目标终点可以看作是无人帆船局部路径规划过程中的最后一个目标切点，无人帆船除受到逆风风力和势场引力作用外，同样受来自目标终点的额外引力 f_t 的作用。这将使无人帆船尽快航行到目标终点，局部路径规划结果将更优。

根据上述无人帆船局部路径规划过程中的航行状态分析，无人帆船整体受力公式定义如下：

$$f_{\text{sailboard}} = \begin{cases} f_{\text{wind}} + f_{\text{att}}, & \text{无人帆船初始位置航行状态} \\ f_{\text{wind}} + f_{\text{att}} + f_{\text{rep}} + f_t, & \text{无人帆船正常航行状态} \\ f_{\text{wind}} + f_{\text{att}} + f_t, & \text{无人帆船目标终点航行状态} \end{cases} \tag{4.3.2}$$

4.3.2　切向角度补偿人工势场法步骤

在引入切向方向的切点选择优化和角度补偿优化后，以无人帆船局部路径规划为例，切向角度补偿人工势场法的详细步骤如下。

步骤 1：设定无人帆船局部规划所处的仿真环境，初始化人工势场法相关系数，确定无人帆船的起始位置、目标终点位置以及障碍物相关位置信息。

步骤 2：通过比较不同切向方向上无人帆船与障碍物切点之间距离，选择较优切向方向上的切点。

步骤 3：计算无人帆船所受障碍物影响范围内的斥力、目标终点的引力和逆风风力势场的风力。

步骤 4：计算无人帆船所受合力大小和方向。

步骤 5：当无人帆船航行到障碍物影响范围内，计算切向方向的补偿角度 ω，无人帆船尽快航行到目标切点。

步骤 6：若无人帆船未达到目标终点，则跳转步骤 2；否则跳转步骤 7。

步骤 7：输出对应的无人帆船局部路径规划结果，结束切向角度补偿人工势场法路径规划。

上述切向角度补偿人工势场法的流程图如图 4.3.1 所示。

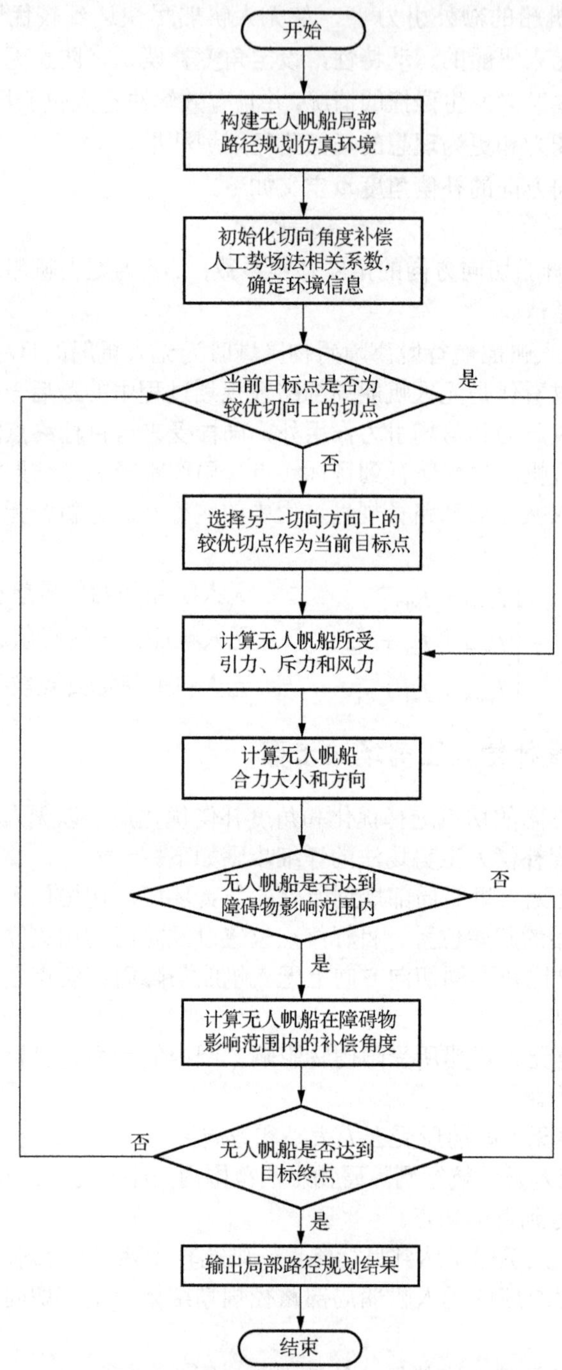

图 4.3.1　切向角度补偿人工势场法的流程图

4.3.3 仿真研究

1. 变风况下仿真

相关无人帆船局部路径规划的仿真实验系数设定如下：无人帆船角度补偿系数 $k_\theta = 0.55$，目标终点对无人帆船的切向引力 $f_t = 500$，无人帆船处于逆风航行禁区时的风力势场系数 k_{up}=5。此外，无人帆船初始航向沿 x 轴正方向（沿 y 轴正方向为正北方向），默认风况为西南风且风速为 3m/s。假设无人帆船所处环境风力势场为均匀风力势场，已知无人帆船的初始位置、目标终点以及所处环境中障碍物的位置，并且将障碍物的形状设定为封闭圆形障碍物。仿真环境中无人帆船的初始位置为(0,0)、目标终点为(10,10)，障碍物坐标设定如下：(1,1.6),(3,2),(3,4.5),(5,3),(5,7),(6,5)和(7.5,8)。

图 4.3.2 是在上述切向选择优化后人工势场法的基础上，与切向角度补偿人工势场法的算法仿真结果对比。通过切向角度补偿人工势场法，规划出路径长度 14.91，相比传统人工势场法路径规划长度优化了 30.65%，相比切向选择优化后的人工势场法路径规划长度优化了 6.34%。针对相同放大的仿真区域，无人帆船即便需要调整航向，但是在障碍物影响距离范围的局部震荡次数明显减少，无人帆船更高效地通过障碍物影响距离范围区域，并且尽快达到作为较优切向方向的切点，即临时目标点。根据上述仿真结果对比，无人帆船通过切向角度补偿人工势场法得到的局部路径规划结果更为平滑并且贴合无人帆船的运动特性。

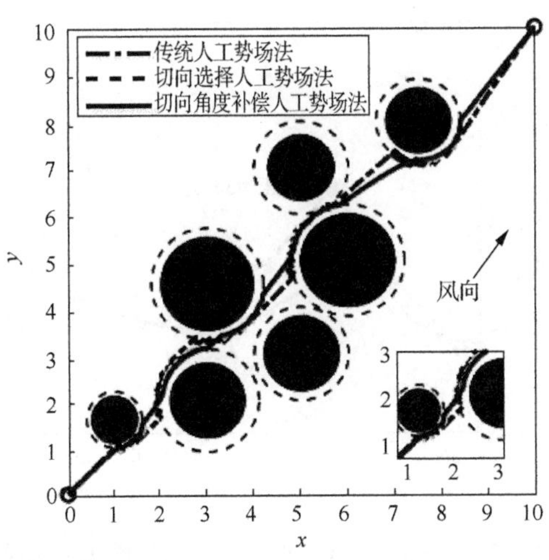

图 4.3.2　三种算法仿真结果对比

图 4.3.3 和图 4.3.4 分别为无人帆船在不同风速风向下两种算法的路径规划长度。表 4.3.1～表 4.3.3 分别为无人帆船在风速为 3m/s、4m/s 和 5m/s 且不同风向的条件下，通过切向角度补偿人工势场法以及切向选择人工势场法得到的局部路径规划结果。无人帆船的初始航向是沿 x 轴正方向，此时通过目标终点的位置得到无人帆船的期望航向是东北方向。根据前文得到无人帆船极速度曲线，此时符合无人帆船运动特性较为合理的风向为西南、东南、东北和西北风向。由表 4.3.1 中风速为 3m/s 时无人帆船面对不同风向的局部路径规划结果可知，西南风向与仿真环境中期望航向一致，因此无人帆船的局部路径规划结果最优。同样是无人帆船理想侧风航行状态的风向，东北风向与西南风向和期望航向处于共线，但是方向相反，导致局部路径规划长度相对西南风向情况时有所增加。而东南风向和西北风向均偏离无人帆船的期望航向，因此局部路径规划长度没有上述风向情况下理想。通过对比表 4.3.1～表 4.3.3 的数据可知，当风速适当增大时，逆风风力势场对无人帆船的作用会增强，无人帆船在调整航行禁区时需要以局部路径规划长度为代价，实现更多的迎风换舷等操作来不断调整航行过程中的航向。即便无人帆船在风速增加时的极速度会同样略微增加，但调整航向的过程同样会导致无人帆船局部路径规划长度的增加。此外，局部路径规划结果与障碍物位置紧密相关，障碍物生成不同方向的斥力势场、整个环境生成的引力势场以及逆风风力势场一起作用于无人帆船。当逆风风力势场与斥力势场能够尽可能相互抵消时，无人帆船就能够更好地受引力势场的作用，也将会得到更为理想的局部路径规划结果。

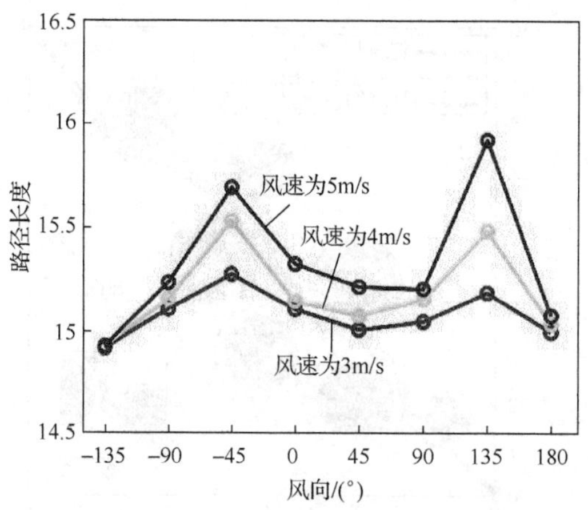

图 4.3.3　不同风速下切向角度补偿人工势场法路径规划长度

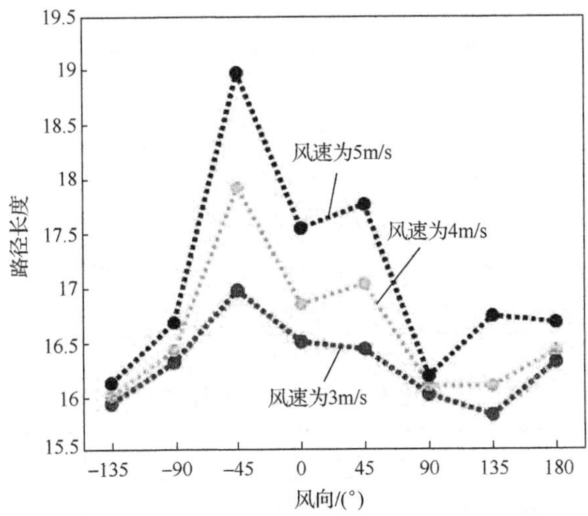

图 4.3.4　不同风速下切向选择人工势场法路径规划长度

表 4.3.1　风速为 3m/s 时不同风向仿真结果对比

风向	切向角度补偿人工势场法		切向选择人工势场法	
	路径长度	优化率/%	路径长度	优化率/%
西南（−135°）	14.91	30.65	15.92	25.95
正南（−90°）	15.10	29.77	16.30	24.19
东南（−45°）	15.27	28.98	16.97	21.07
正东（0°）	15.10	29.77	16.49	23.30
东北（45°）	15.00	30.23	16.42	23.63
正北（90°）	15.04	30.05	16.00	25.58
西北（135°）	15.18	29.40	15.81	26.47
正西（180°）	14.99	30.28	16.30	24.12

表 4.3.2　风速为 4m/s 时不同风向仿真结果对比

风向	切向角度补偿人工势场法		切向选择人工势场法	
	路径长度	优化率/%	路径长度	优化率/%
西南（−135°）	14.92	30.60	15.99	25.63
正南（−90°）	15.15	29.53	16.41	23.67
东南（−45°）	15.53	27.77	17.92	16.65
正东（0°）	15.14	29.58	16.84	21.67

续表

风向	切向角度补偿人工势场法		切向选择人工势场法	
	路径长度	优化率/%	路径长度	优化率/%
东北（45°）	15.07	29.91	17.03	20.79
正北（90°）	15.15	29.53	16.08	25.21
西北（135°）	15.48	28.00	16.08	25.21
正西（180°）	15.03	30.09	16.41	23.67

表 4.3.3　风速为 5m/s 时不同风向仿真结果对比

风向	切向角度补偿人工势场法		切向选择人工势场法	
	路径长度	优化率/%	路径长度	优化率/%
西南（-135°）	14.92	30.60	16.11	25.07
正南（-90°）	15.23	29.16	16.67	22.47
东南（-45°）	15.69	27.02	18.98	11.72
正东（0°）	15.32	28.74	17.54	18.42
东北（45°）	15.21	29.26	17.76	17.40
正北（90°）	15.20	29.30	16.17	24.79
西北（135°）	15.92	25.95	16.73	22.19
正西（180°）	15.07	29.91	16.67	22.47

由以上分析可知，不同风况下，切向选择人工势场法与切向角度补偿人工势场法的算法运行时间均在 0.7s 左右。但局部路径规划长度方面，考虑不同风向下的情况，切向角度补偿人工势场法均能在切向选择人工势场法的基础上优化 5.70%左右。两种算法相对传统人工势场法，在局部路径规划长度方面有明显的提升，但是切向角度补偿人工势场法得到的局部路径规划长度更为理想。

2. *静态环境仿真*

为了进一步验证切向角度补偿人工势场法的可行性，设定四种含有不同数量静态障碍物的仿真环境。相关静态环境中无人帆船局部路径规划仿真实验参数设定如下：无人帆船角度补偿系数 $k_{\theta}=0.55$，目标终点对无人帆船的切向引力 $f_{\mathrm{t}}=500$，无人帆船处于逆风航行禁区时的风力势场系数 k_{up}=5。此外，无人帆船初始航向沿 x 轴正方向（沿 y 轴正方向为正北方向），默认风况为西南风且风速为

3m/s。假设无人帆船所处环境风力势场为均匀风力势场，已知无人帆船的初始位置为(0,0)、目标终点为(10,10)。

情况一：静态障碍物坐标设定为(3,2), (5,5), (7,7)。

图 4.3.5 为静态环境情况一中无人帆船局部路径规划仿真结果。无人帆船通过切向角度补偿人工势场法得到局部路径规划长度为 14.54，最终到达目标终点。

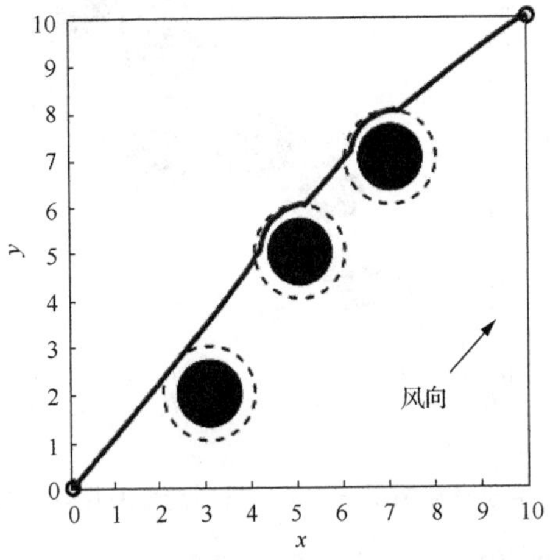

图 4.3.5　静态环境情况一中无人帆船局部路径规划仿真结果

情况二：静态障碍物坐标设定为(3,2), (3.5,4), (5,5), (7,7), (7.5,5)。

图 4.3.6 为静态环境情况二中无人帆船局部路径规划仿真结果。无人帆船通过切向角度补偿人工势场法得到局部路径规划长度为 15.02，最终到达目标终点。

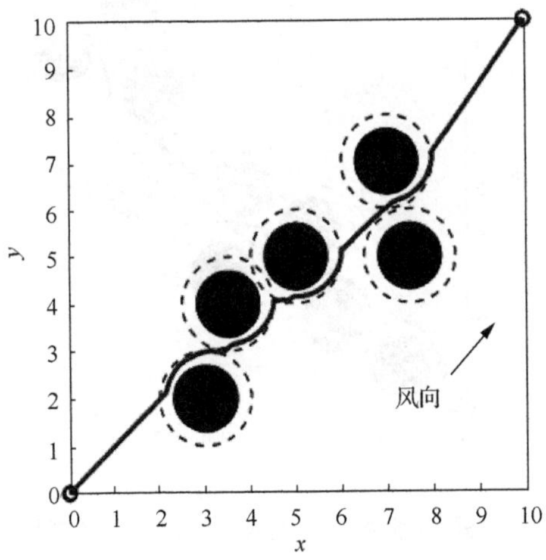

图 4.3.6　静态环境情况二中无人帆船局部路径规划仿真结果

情况三：静态障碍物坐标设定为(3,2), (3.5,4), (5,5), (7,7), (7.5,5), (7.5,9), (9,8)。

图 4.3.7 为静态环境情况三中无人帆船局部路径规划仿真结果。无人帆船通过切向角度补偿人工势场法得到局部路径规划长度为 15.27，最终到达目标终点。

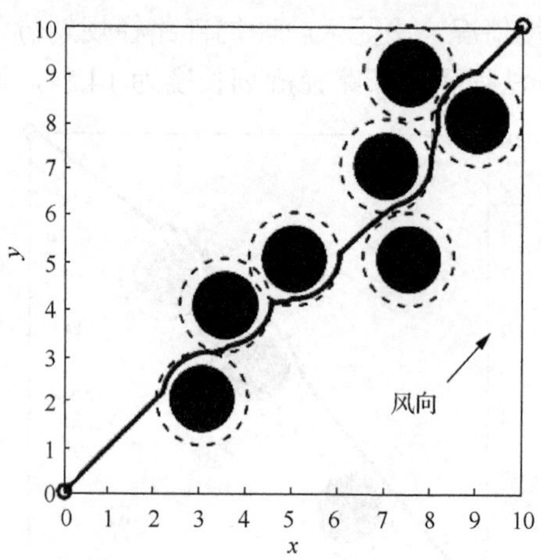

图 4.3.7　静态环境情况三中无人帆船局部路径规划仿真结果

情况四：静态障碍物坐标设定为(1.5,1), (3,2), (3.5,4), (5,5), (5.5,3), (7,7), (7.5,5), (7.5,9), (9,8)。

图 4.3.8 为静态环境情况四中无人帆船局部路径规划仿真结果。无人帆船通过切向角度补偿人工势场法得到局部路径规划长度为 15.47，最终到达目标终点。

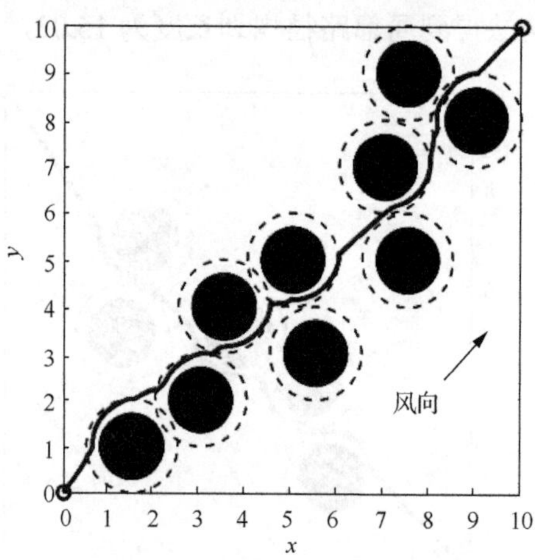

图 4.3.8　静态环境情况四中无人帆船局部路径规划仿真结果

分析上述静态环境中无人帆船局部路径规划仿真结果可知，当设定不同数量的静态障碍物时，无人帆船均能通过切向角度补偿人工势场法到达目标终点，得到相应的合理且平滑的局部路径规划结果。静态环境中仿真结果验证针对无人帆船局部路径规划情况，切向角度补偿人工势场法具有较优的实用性。

3. 混合环境仿真

在上述仿真实验基础上，为了验证无人帆船通过切向角度补偿人工势场法实现局部路径规划的实用性，设定含有动态障碍物和静态障碍物的混合环境。相关混合环境中无人帆船局部路径规划仿真实验参数设定如下：无人帆船角度补偿系数 $k_\theta = 0.55$，目标终点对无人帆船的切向引力 $f_t = 500$，无人帆船处于逆风航行禁区时的风力势场系数 k_{up}=5 。此外，无人帆船初始航向沿 x 轴正方向（沿 y 轴正方向为正北方向），默认风况为西南风且风速为 3m/s。假设无人帆船所处环境风力势场为均匀风力势场，已知无人帆船的初始位置为(0,0)、目标终点为(10,10)，混合环境中动态障碍物运动起始坐标设定为(1,3)，运动方向为东南方向，动态障碍物步长分别设定为 0、0.05、0.1 和 0.15。其他静态障碍物坐标设定为(3,4.5), (5,7), (5,3), (6,5)和(8,8)。

当混合环境中动态障碍物步长为 0 时，动态障碍物相当于坐标为(1,3)的静态障碍物，无人帆船通过切向角度补偿人工势场法得到局部路径规划长度为 14.71。分析仿真结果可知，无人帆船在整个局部路径规划过程中始终未在动态障碍物的影响范围内，并且通过切向角度补偿人工势场法航行到目标终点（图 4.3.9）。

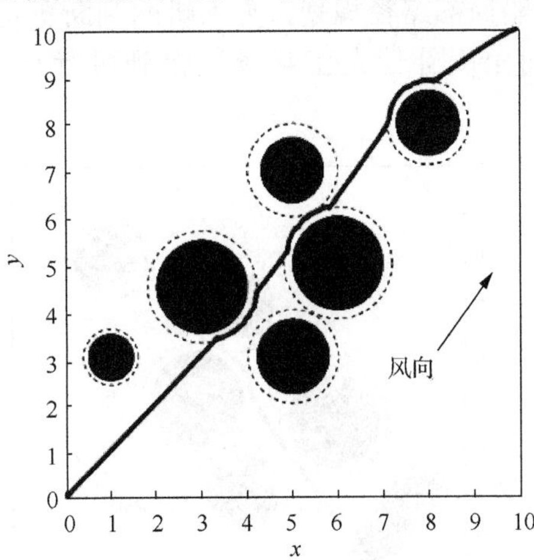

图 4.3.9　步长为 0 时混合环境中无人帆船局部路径规划仿真结果

当混合环境中动态障碍物步长为 0.05 时，动态障碍物从初始位置(1,3)开始向东南方向运动，无人帆船通过切向角度补偿人工势场法得到局部路径规划长度为 14.71。分析仿真结果可知，在无人帆船刚从初始位置(0,0)出发时，动态障碍物同样未对无人帆船局部路径规划产生影响。直到无人帆船到达目标终点(10,10)时，动态障碍物运动路径刚刚到达无人帆船整个局部规划路径附近（图 4.3.10）。

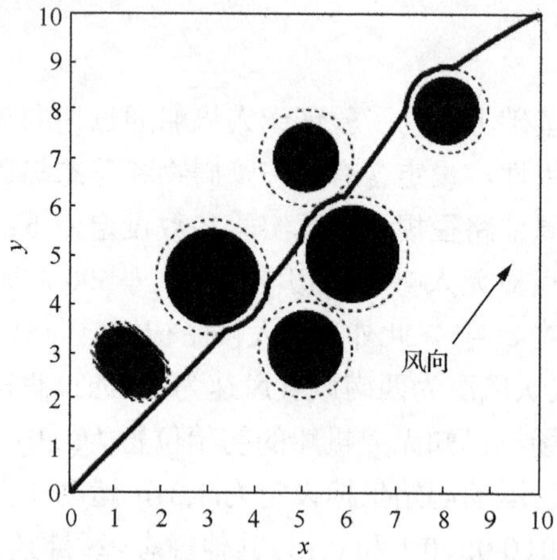

图 4.3.10　步长为 0.05 时混合环境中无人帆船局部路径规划仿真结果

当混合环境中动态障碍物步长为 0.1 时，动态障碍物从初始位置(1,3)开始向东南方向运动，无人帆船通过切向角度补偿人工势场法得到局部路径规划长度为 14.91。分析仿真结果可知，在无人帆船刚从初始位置(0,0)出发后，动态障碍物运动路径影响到无人帆船局部路径规划，无人帆船判断更优方向上的切点作为临时目标点，通过切向角度补偿人工势场法得到可行局部路径规划仿真结果（图 4.3.11）。

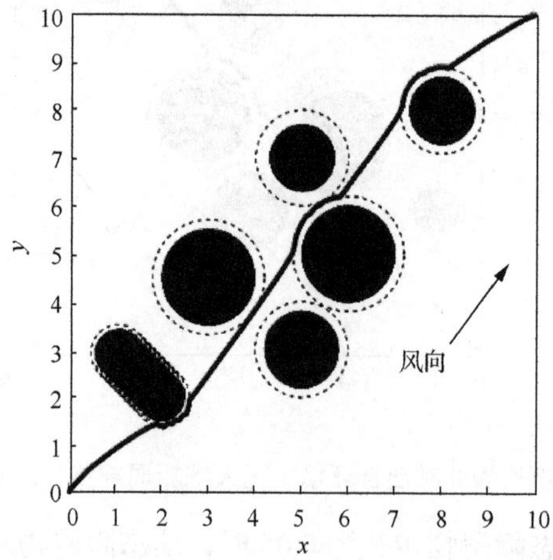

图 4.3.11　步长为 0.1 时混合环境中无人帆船局部路径规划仿真结果

当混合环境中动态障碍物步长为 0.15 时，动态障碍物从初始位置(1,3)开始向东南方向运动，无人帆船通过切向角度补偿人工势场法得到局部路径规划长度为14.71。分析仿真结果可知，在无人帆船刚从初始位置(0,0)出发后，动态障碍物运动路径与无人帆船局部规划路径错开，因此动态障碍物并未对无人帆船局部路径规划产生影响，无人帆船最后通过切向角度补偿人工势场法得到可行局部路径规划仿真结果（图 4.3.12）。

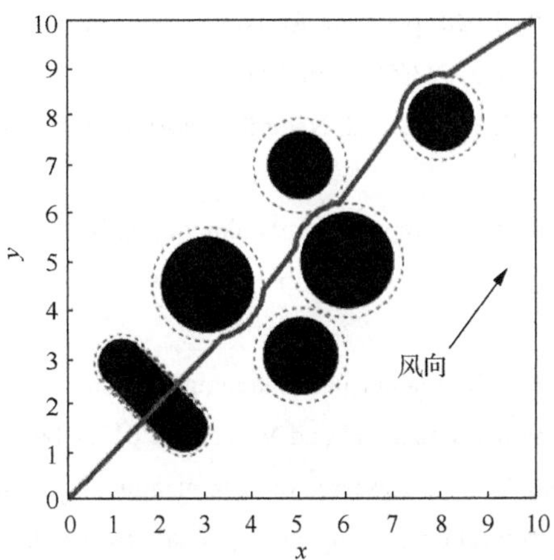

图 4.3.12　步长为 0.15 时混合环境中无人帆船局部路径规划仿真结果

分析上述混合环境中无人帆船局部路径规划仿真结果可知（表 4.3.4），当动态障碍物步长分别为 0、0.05 和 0.15 时，无人帆船通过切向角度补偿人工势场法得到的局部路径规划长度均为 14.71，混合环境中动态障碍物的运动路径未对无人帆船局部规划路径产生影响。但当动态障碍物步长为 0.1 时，动态障碍物运动路径对无人帆船产生影响，无人帆船通过切向角度补偿人工势场法避开动态障碍物，规划路径贴合动态障碍物的影响范围，尽可能减少无人帆船路径规划长度，最终使无人帆船航行到目标终点。混合环境中仿真结果验证针对更为复杂的动态障碍物情况，切向角度补偿人工势场法为无人帆船提供良好的避障性能。

表 4.3.4　动态障碍物不同步长对应无人帆船局部路径规划长度

动态障碍物步长	无人帆船局部路径规划长度
0	14.71
0.05	14.71
0.1	14.91
0.15	14.71

参 考 文 献

[1] Tsai C C, Huang H C, Chan C K. Parallel elite genetic algorithm and its application to global path planning for autonomous robot navigation[J]. IEEE Transactions on Industrial Electronics, 2011, 58(10): 4813-4821.

[2] Chesi G, Hung Y S. Global path-planning for constrained and optimal visual servoing[J]. IEEE Transactions on Robotics, 2007, 23(5): 1050-1060.

[3] Dorigo M. Optimization Learning and Natural Algorithms[D]. Italy, Milano: Politecnico di Milano, 1992.

[4] Li Y, Soleimani H, Zohal M. An improved ant colony optimization algorithm for the multi-depot green vehicle routing problem with multiple objectives[J]. Journal of Cleaner Production, 2019(227):1161-1172.

[5] Huang M, Ding P, Huan J X. Global path planning for mobile robot based on improved ant colony algorithms[J]. Applied Mechanics and Materials, 2013, 418: 15-19.

[6] Luo Q, Wang H B, Zheng Y, et al. Research on path planning of mobile robot based on improved ant colony algorithm[J]. Neural Computing and Applications, 2020, 32(6): 1555-1566.

[7] 王晓燕，杨乐，张宇，等. 基于改进势场蚁群算法的机器人路径规划[J]. 控制与决策，2018, 33(10): 1775-1781.

[8] 刘建华，杨建国，刘华平，等. 基于势场蚁群算法的移动机器人全局路径规划方法[J]. 农业机械学报, 2015, 46(9): 18-27.

[9] 李理，李鸿，单宁波. 多启发因素改进蚁群算法的路径规划[J]. 计算机工程与应用，2019, 55(5): 219-225, 250.

[10] Wang Z Q, Zhu X G, Han Q Y. Mobile robot path planning based on parameter optimization ant colony algorithm[J]. Procedia Engineering, 2011, 15: 2738-2741.

[11] 唐禹. 一种路径规划问题的蚁群算法研究[D]. 哈尔滨：哈尔滨工程大学, 2013.

[12] 赵娟平. 移动机器人路径规划的蚁群优化算法研究[D]. 沈阳：东北大学, 2012.

[13] Cha Y Y, Gweon D G. Local path planning of a free ranging mobile robot using the directional weighting method[J]. Mechatronics, 1996, 6(1): 53-80.

[14] Chu K, Lee M, Sunwoo M. Local path planning for off-road autonomous driving with avoidance of static obstacles[J]. IEEE Transactions on Intelligent Transportation Systems, 2012, 13(4): 1599-1616.

[15] Khatib O. Real-time obstacle avoidance for manipulators and mobile robots[C]. IEEE International Conference on Robotics and Automation, San Francisco, 1986: 500-505.

[16] 郭枭鹏. 基于改进人工势场法的路径规划算法研究[D]. 哈尔滨：哈尔滨工业大学, 2017.

[17] Zhou Z Y, Wang J J, Zhu Z F, et al. Tangent navigated robot path planning strategy using particle swarm optimized artificial potential field[J]. Optik-International Journal for Light and Electron Optics, 2018, 158: 639-651.

[18] 李晔, 贾知浩, 张伟斌, 等. 面向无人艇自主靠泊的分层轨迹规划与试验[J]. 哈尔滨工程大学学报, 2019, 40(6): 1043-1050.

[19] Lin Z N, Yue M, Wu X M, et al. An improved artificial potential field method for path planning of mobile robot with subgoal adaptive selection[C]. International Conference on Intelligent Robotics and Applications, Shenyang, China, 2019: 211-220.

[20] Yu J J, Du H W, Wang G W, et al. Research about local path planning of moving robot based on improved artificial potential field[C]. The 25th Chinese Control and Decision Conference, Guiyang, China, 2013: 2861-2865.

[21] Pêtrès C, Romero-Ramirez M A, Plumet F. A potential field approach for reactive navigation of autonomous sailboats[J]. Robotics and Autonomous Systems, 2012, 60(12): 1520-1527.

[22] Pêtrès C, Romeroramirez M A, Plumet F. Navigation with obstacle avoidance of an autonomous sailboat[C]. 14th International Conference on Climbing and Walking Robots, Paris, France, 2011: 94-101.

[23] Plumet F, Pêtrès C, Romero-Ramirez M A, et al. Toward an autonomous sailing boat[J]. IEEE Journal of Oceanic Engineering, 2015, 40(2): 397-407.

第5章 无人帆船航向自适应动态面控制

针对受风帆和海流等作用影响的无人帆船在航行过程中极易产生横向漂移，造成航线偏离等问题，如何提高无人帆船操帆效率并实现其自适应控制是推动无人帆船发展亟待解决的科学问题。本章主要针对四自由度无人帆船的航向控制问题，考虑帆船遭受模型参数部分未知、控制增益未知、输入受限、外界扰动等情况，结合反演技术、递归滑模动态面技术、神经网络、Nussbaum 函数、参数自适应等方法，设计了自适应动态面控制器，实现无人帆船航向保持/改变控制目标。

5.1 控制增益未知的无人帆船自适应动态面航向控制

在复杂的海况下，无人帆船在航行中会遭遇许多未知航行危险及外界环境中风、浪、流等海洋干扰，这给无人帆船自动化技术发展和工程实现带来了诸多困难。Lin 等[1]针对不含有外界环境扰动的四自由度帆船数学模型，采用反演方法设计了船舶运动航向控制器，实现了无扰动的航向保持控制。Wille 等[2]在文献[1]的基础上，考虑外界扰动的影响，利用状态反馈线性化设计了航向保持控制器，并引入横漂角作为修正项来减小航向控制误差。文献[1]、[2]的研究均假设帆船数学模型完全已知，且控制器设计中的控制增益已知，但在实际工程中，无人帆船存在模型不确定，控制增益未知的情况。文献[3]、[4]分别设计滑模和模糊控制器对系统中的控制增益未知函数进行在线逼近，有效实现对参考信号的跟踪控制。文献[5]在控制器设计中引入 Nussbaum 增益技术[6]，有效地解决了控制增益未知的问题。

本节考虑四自由度无人帆船存在模型不确定、控制增益和外界环境扰动均未知情况，并考虑真实风浪等扰动作用，设计一种神经网络自适应动态面航向控制器。该控制器采用 RBF 神经网络逼近帆船模型不确定部分，通过引入 Nussbaum 函数，解决控制增益未知问题，与动态面技术的结合，解决“计算膨胀”问题，避免可能存在的控制器奇异值问题，并设计带修正泄露项的自适应律[7]对神经网络逼近误差与外界环境扰动总和的界进行估计。

5.1.1 问题描述

根据第 2 章所设计的无人帆船运动学模型(2.2.1)与动力学模型(2.2.2)，可归纳出帆船航向运动数学模型为

$$\dot{\psi} = r\cos\phi \tag{5.1.1}$$

$$\dot{r} = f_1(\psi, r, \delta_{\rm s}, \delta_{\rm r}, u, v, p, \phi) \tag{5.1.2}$$

式中，

$$f_1 = (I_{zz} - N_{\dot{r}})^{-1}[(-X_{\dot{u}} + Y_{\dot{v}})uv - N_{\psi d}(\dot{\psi})\cos\phi - N_{\rm k} - N_{\rm h} + N_{\rm s} + N_{\rm r} + N_{\rm wind} + N_{\rm wave}]$$

$\delta_{\rm s}$ 为帆角；$\delta_{\rm r}$ 为舵角。

为便于帆船航向控制器设计，根据舵角 $\delta_{\rm r}$ 的执行器实际配置范围，可将模型(5.1.2)中的非仿射系统 f_1 变换为如下关于控制舵角输入 $\delta_{\rm r}$ 的仿射系统：

$$\begin{cases}\dot{\psi} = r\cos\phi \\ \dot{r} = f_2(\psi, r, \delta_{\rm s}, u, v, p, \phi) + g_{\rm r}\delta_{\rm r} + \varDelta\end{cases} \tag{5.1.3}$$

式中，ψ、r 为系统状态变量；f_2 为光滑结构未知的非线性函数；$\delta_{\rm r}$、ψ 分别为系统的输入和输出；$g_{\rm r} = \dfrac{|x_{\rm r}|\rho A_{\rm r} V_{\rm R}^2 k_{\rm Lr}}{2\left(I_{zz} - N_{\dot{r}}\right)}$，其中 $|x_{\rm r}|$ 为舵在附体坐标系中 x 轴的坐标，ρ 为流体密度，$A_{\rm r}$ 为舵平面区域的面积，$V_{\rm R}$ 为船舵处水流速度，$k_{\rm Lr}$ 为舵的升力系数，$g_{\rm r}$ 中部分参数难以实时测量得出，故假设其为未知光滑控制增益函数；$\varDelta = \dfrac{N_{\rm wind} + N_{\rm wave}}{I_{zz} - N_{\dot{r}}}$ 为风浪干扰[8]，其值未知但有界。

为便于控制器的设计，本节提出以下两个假设。

假设 5.1.1　无人帆船的期望航向 $\psi_{\rm d}$ 是光滑可导且有界的，其一阶导数 $\dot{\psi}_{\rm d}$ 和二阶导数 $\ddot{\psi}_{\rm d}$ 亦是有界的。

假设 5.1.2　控制增益函数 $g_{\rm r}$ 增益未知且有界，存在常数 $G_{\rm r}>0$，使得 $|g_{\rm r}| \leqslant G_{\rm r}$。

本节控制目标　针对无人帆船航向控制数学模型(5.1.3)，在满足假设 5.1.1 和假设 5.1.2 的情况下，考虑存在模型不确定，以及控制增益和外界扰动均未知的情况下，设计一种神经网络自适应动态面航向保持控制器，使无人帆船可以沿期望航向航行，并保证闭环系统所有信号的一致最终有界性，实现无人帆船的航向保持控制。

5.1.2 自适应动态面航向控制器设计

考虑帆船存在模型不确定部分、控制增益和外界扰动未知问题，将引入 Nussbaum 函数，结合神经网络、动态面技术和自适应反演技术，设计无人帆船航

向保持的神经网络自适应动态面控制器。

为了便于控制器设计，先给出 Nussbaum 函数及与之相关的一个引理。

定义 5.1.1[6]　连续函数 $N(\xi)$：$\mathbf{R}\to\mathbf{R}$ 被称为是一个 Nussbaum 函数，具有下列属性：

$$\begin{cases}\lim\limits_{s\to+\infty}\sup\dfrac{1}{s}\int_0^s N(\xi)\mathrm{d}\xi=+\infty\\ \lim\limits_{s\to+\infty}\inf\dfrac{1}{s}\int_0^s N(\xi)\mathrm{d}\xi=-\infty\end{cases}\tag{5.1.4}$$

引理 5.1.1[6]　设 $V(\cdot)$ 和 $\xi(\cdot)$ 为定义在 $\left[0,t_f\right)$ 上的光滑函数，其中 $V(t)\geqslant 0$，$\forall t\in\left[0,t_f\right)$，并且 $N(\cdot)$ 为一光滑 Nussbaum 函数，如果 $\forall t\in\left[0,t_f\right)$，以下不等式成立：

$$V(t)\leqslant c_0+\mathrm{e}^{-c_1 t}\int_0^t g\left[x(\tau)\right]N(\xi)\dot{\xi}\mathrm{e}^{c_1\tau}\mathrm{d}\tau+\mathrm{e}^{-c_1 t}\int_0^t\dot{\xi}\mathrm{e}^{c_1\tau}\mathrm{d}\tau\tag{5.1.5}$$

式中，c_0 表示某一适当的常数；常数 $c_1>0$；$g\left[x(\tau)\right]$ 为时变函数，则 $\int_0^t g\left[x(\tau)\right]N(\xi)\dot{\xi}\mathrm{d}\tau$、$\xi(t)$ 和 $V(t)$ 在 $\left[0,t_f\right)$ 上必定有界。

注 5.1.1　根据文献[9]的命题 2，若闭环系统有界，则 $t_f=\infty$。

考虑式（5.1.3）中存在未知非线性函数 f_2，故引进 RBF 神经网络对其进行在线逼近。对光滑的非线性函数 $f_2:\Omega\to\mathbf{R}$，存在一个径向基函数向量 $\boldsymbol{H}(\boldsymbol{x}):\mathbf{R}^m\to\mathbf{R}^l$，以及理想的神经网络权值矩阵 $\boldsymbol{W}^*\in\mathbf{R}^l$，使得

$$f_2=\boldsymbol{W}^{*\mathrm{T}}\boldsymbol{H}(\boldsymbol{x})+\varepsilon\tag{5.1.6}$$

式中，$\boldsymbol{x}=\left[\psi,r,\phi\right]^{\mathrm{T}}\in\Omega$ 为神经网络的输入，Ω 为 $\mathbf{R}^m$ 上的紧集；$\boldsymbol{H}(\boldsymbol{x})=\left[h_1(\boldsymbol{x}),h_2(\boldsymbol{x}),\cdots,h_l(\boldsymbol{x})\right]^{\mathrm{T}}\in\mathbf{R}^l$ 为神经网络径向基函数向量，$h_l(\boldsymbol{x})$ 为神经网络的高斯基函数输出，其表达式为 $h_l(\boldsymbol{x})=\exp\left[-\dfrac{\left(\boldsymbol{x}-\boldsymbol{c}_j\right)^{\mathrm{T}}\left(\boldsymbol{x}-\boldsymbol{c}_j\right)}{2b_j^2}\right]$，$b_j>0$ 为高斯基函数的宽度，j 为神经网络隐含层的第 j 个节点，$j=1,2,\cdots,l$，$\boldsymbol{c}_j=\left[c_{j1},c_{j2},c_{j3}\right]^{\mathrm{T}}$ 为第 j 个隐含层神经元的中心点向量值；$\varepsilon\in\mathbf{R}$ 为神经网络的逼近误差，理想权值矩阵 $\boldsymbol{W}^*$ 取在紧集 Ω 内使得 $|\varepsilon|$ 最小的估计值 $\hat{\boldsymbol{W}}^{\mathrm{T}}$，定义为

$$\boldsymbol{W}^*=\arg\min_{\hat{W}\in\mathbf{R}^l}\left\{\sup_{x\in\Omega}\left|f_2-\hat{\boldsymbol{W}}^{\mathrm{T}}\boldsymbol{H}(\boldsymbol{x})\right|\right\}\tag{5.1.7}$$

理想权值矩阵 $\boldsymbol{W}^*$ 在实际中无法得到，故用 $\hat{\boldsymbol{W}}$ 表示其估计值，$\tilde{\boldsymbol{W}}$ 表示其估计误差，即 $\tilde{\boldsymbol{W}}=\hat{\boldsymbol{W}}-\boldsymbol{W}^*$。因此，系统的未知非线性不确定性 f_2 可表示为

$$f_2 = \hat{\boldsymbol{W}}^{\mathrm{T}} \boldsymbol{H}(\boldsymbol{x}) - \tilde{\boldsymbol{W}}^{\mathrm{T}} \boldsymbol{H}(\boldsymbol{x}) + \varepsilon \tag{5.1.8}$$

假设 5.1.3　对于所有的 $\boldsymbol{x} \in \Omega$，理想权值矩阵 $\boldsymbol{W}^*$ 和逼近误差 ε 有界，即存在正常数 $\boldsymbol{W}_{\mathrm{M}}$ 和 ε_{H}，满足 $\|\boldsymbol{W}^*\| \leqslant \boldsymbol{W}_{\mathrm{M}}$，$|\varepsilon| \leqslant \varepsilon_{\mathrm{H}}$。

1. 控制律设计

第 1 步　定义航向误差变量 z_1，并对 z_1 子系统进行设计：

$$z_1 = \psi - \psi_{\mathrm{d}} \tag{5.1.9}$$

式中，ψ_{d} 是期望航向，且 $\dot{\psi}_{\mathrm{d}}$ 是连续有界的。

对式（5.1.9）求导得

$$\dot{z}_1 = r\cos\phi - \dot{\psi}_{\mathrm{d}} \tag{5.1.10}$$

选择 Lyapunov 函数 $V_1 = \dfrac{z_1^2}{2}$ 并求导可得

$$\dot{V}_1 = z_1\dot{z}_1 = z_1\left(r\cos\phi - \dot{\psi}_{\mathrm{d}}\right) \tag{5.1.11}$$

式中，横摇角 $\phi \in (-\pi/2, \pi/2)$，则 $\cos\phi > 0$。

第 2 步　定义艏摇角速度误差变量 z_2，并对 z_2 子系统进行设计：

$$z_2 = r - \alpha_1 \tag{5.1.12}$$

式中，α_1 为虚拟控制量，选取为

$$\alpha_1 = -k_1 z_1 + \frac{\dot{\psi}_{\mathrm{d}}}{\cos\phi} \tag{5.1.13}$$

为避免对虚拟控制量直接求导产生“微分爆炸”问题，引入新的状态变量 θ_1 作为 α_1 的一阶低通滤波器输出，其表达式为

$$\begin{cases} T_1\dot{\theta}_1 + \theta_1 = \alpha_1 \\ \theta_1(0) = \alpha_1(0) \end{cases} \tag{5.1.14}$$

式中，T_1 为滤波器时间常数。用滤波器的 $\dot{\theta}_1$ 代替 $\dot{\alpha}_1$ 项，避免传统反演方法中对虚拟控制量直接求导产生的计算复杂问题，易于工程实现。

定义无人帆船闭环系统滤波器跟踪误差为

$$Y = \theta_1 - \alpha_1 \tag{5.1.15}$$

对式（5.1.12）求导，并用神经网络系统（5.1.8）逼近系统不确定函数 f_2，可得

$$\begin{aligned} \dot{z}_2 &= \dot{r} - \dot{\alpha}_1 \\ &= f_2 + g_{\mathrm{r}}\delta_{\mathrm{r}} + \varDelta - \dot{\theta}_1 \\ &= \hat{\boldsymbol{W}}^{\mathrm{T}} \boldsymbol{H}(\boldsymbol{x}) - \tilde{\boldsymbol{W}}^{\mathrm{T}} \boldsymbol{H}(\boldsymbol{x}) + g_{\mathrm{r}}\delta_{\mathrm{r}} - \dot{\theta}_1 + \varDelta + \varepsilon \end{aligned} \tag{5.1.16}$$

假设 5.1.4　对于无人帆船风浪扰动 $\varDelta$ 和 RBF 神经网络逼近误差 ε，存在未知

且有界函数$D>0$，使$|\varepsilon|+|\Delta|<D$。

设计无人帆船航向保持舵角控制律为

$$\delta_{\mathrm{r}}=N(\xi)\left[k_2z_2+\hat{\boldsymbol{W}}^{\mathrm{T}}\boldsymbol{H}(\boldsymbol{x})+\Xi\hat{D}-\dot{\theta}_1\right] \tag{5.1.17}$$

$$N(\xi)=\mathrm{e}^{\xi^2}\cos\left[(\pi/2)\xi\right] \tag{5.1.18}$$

式中，$\Xi=\tanh\left(\dfrac{z_2}{\chi}\right)$，$\chi$为正的设计常数；$\hat{D}$为$D$的估计值；$k_2$为正的设计常数；$\xi$为 Nussbaum 函数变量。

设计权值向量自适应律为

$$\dot{\hat{\boldsymbol{W}}}=\gamma\left[\boldsymbol{H}(\boldsymbol{x})z_2-\sigma\hat{\boldsymbol{W}}\right] \tag{5.1.19}$$

式中，σ和γ均为正的设计参数。

设计ξ的参数自适应律为

$$\dot{\xi}=\left[k_2z_2+\hat{\boldsymbol{W}}^{\mathrm{T}}\boldsymbol{H}(\boldsymbol{x})+\Xi\hat{D}-\dot{\theta}_1\right]z_2 \tag{5.1.20}$$

对神经网络逼近误差和外界扰动组成的界变量D，设计带$\varLambda$修正泄露项的自适应律对其进行估计：

$$\dot{\hat{D}}=Q\left[\Xi z_2-\varLambda\left(\hat{D}-D^0\right)\right] \tag{5.1.21}$$

式中，Q为正的设计参数；$\varLambda$亦为正的设计参数，选取值较小，以保证$\hat{D}$不会增长到无界；D^0为D的先验估计。

注 5.1.2　本节仅对无人帆船模型不确定部分采用 RBF 神经网络逼近，对控制增益未知函数g_{r}则通过引入 Nussbaum 型增益函数$N(\xi)$进行在线逼近，其中自适应参数仅有一个变量ξ，这样就使得控制器中自适应参数减少，并结合动态面技术，解决“计算膨胀”问题，简化计算，易于工程实现。

注 5.1.3　在设计帆船航向控制器的过程中，文献[1]未考虑外界环境扰动。但在实际工程中，帆船存在模型不确定部分和外界扰动未知问题，用神经网络在线逼近模型不确定部分，其神经网络逼近误差和外界环境扰动的总和采用基于σ修正泄露项的自适应律对其界进行估计补偿，可提高无人帆船航向保持精确性，增强鲁棒性。

2. 系统稳定性证明

为便于分析无人帆船航向控制闭环系统的稳定性，本节提出如下定理。

定理 5.1.1　针对无人帆船航向运动数学模型（5.1.3），考虑存在模型不确定、控制增益和外界扰动均未知的情况，在假设 5.1.1 和假设 5.1.2 成立的情况下，采用神经网络逼近模型不确定项，设计参数ξ的自适应律（5.1.20）和估计外界环境干扰界值的自适应律（5.1.21），在控制律（5.1.17）的作用下，通过设计适当的参

数 $k_1, k_2, \gamma, \sigma, \chi, Q$ 及 Λ 和滤波器时间常数 T，可保证无人帆船航向控制系统所有信号的一致最终有界性。

证明　选择如下 Lyapunov 函数：

$$V_2 = V_1 + \frac{1}{2}z_2^2 + \frac{1}{2\gamma}\tilde{\boldsymbol{W}}^{\mathrm{T}}\tilde{\boldsymbol{W}} + \frac{1}{2}Y^2 + \frac{1}{2Q}\tilde{D}^2 \tag{5.1.22}$$

式中，$\tilde{\boldsymbol{W}} = \hat{\boldsymbol{W}} - \boldsymbol{W}^*$ 为神经网络权值估计误差变量；$\tilde{D} = \hat{D} - D$ 为神经网络逼近误差和外界扰动组成的界估计误差变量。

根据式（5.1.17）～式（5.1.19），将式（5.1.16）变换为

$$\dot{z}_2 = \left[g_{\mathrm{r}}N(\xi)+1\right]\varsigma - \tilde{\boldsymbol{W}}^{\mathrm{T}}\boldsymbol{H}(\boldsymbol{x}) + D - k_2 z_2 - \varXi\hat{D} \tag{5.1.23}$$

式中，$\varsigma = k_2 z_2 + \hat{\boldsymbol{W}}^{\mathrm{T}}\boldsymbol{H}(\boldsymbol{x}) + \varXi\hat{D} - \dot{\theta}_1$。

对式（5.1.22）关于时间求导，可得

$$\begin{aligned}
\dot{V}_2 &= \dot{V}_1 + z_2\dot{z}_2 + \frac{1}{\gamma}\tilde{\boldsymbol{W}}^{\mathrm{T}}\dot{\hat{\boldsymbol{W}}} + Y\dot{Y} + \frac{1}{Q}\tilde{D}\dot{\hat{D}} \\
&= -k_1\cos\phi z_1^2 + z_1 z_2\cos\phi + Y\dot{Y} + \frac{1}{\gamma}\tilde{\boldsymbol{W}}^{\mathrm{T}}\dot{\hat{\boldsymbol{W}}} + z_2\Big\{\left[g_{\mathrm{r}}N(\xi)+1\right]\varsigma - \tilde{\boldsymbol{W}}^{\mathrm{T}}\boldsymbol{H}(\boldsymbol{x}) \\
&\quad + D - k_2 z_2 - \varXi\hat{D}\Big\} + \varXi\tilde{D}z_2 - \Lambda\tilde{D}\left(\hat{D} - D^0\right) \\
&= -k_1\cos\phi z_1^2 + z_1 z_2\cos\phi - k_2 z_2^2 + Y\dot{Y} + \tilde{\boldsymbol{W}}^{\mathrm{T}}\left[\frac{1}{\gamma}\dot{\hat{\boldsymbol{W}}} - \boldsymbol{H}(\boldsymbol{x})z_2\right] \\
&\quad + \left[g_{\mathrm{r}}N(\xi)+1\right]\dot{\xi} + z_2 D - \varXi D z_2 - \Lambda\left(\hat{D} - D\right)\left(\hat{D} - D^0\right)
\end{aligned} \tag{5.1.24}$$

考虑到

$$\begin{aligned}
-\left(\hat{D} - D\right)\left(\hat{D} - D^0\right) &= -\frac{1}{2}\left(\hat{D} - D\right)^2 - \frac{1}{2}\left(\hat{D} - D^0\right)^2 + \frac{1}{2}\left(D - D^0\right)^2 \\
&\leqslant -\frac{1}{2}\left(\hat{D} - D\right)^2 + \frac{1}{2}\left(D - D^0\right)^2
\end{aligned}$$

$$ab \leqslant \frac{1}{2}\left(a^2 + b^2\right)$$

$$-\tilde{\boldsymbol{W}}^{\mathrm{T}}\hat{\boldsymbol{W}} \leqslant \frac{1}{2}\left\|\boldsymbol{W}^*\right\|^2 - \frac{1}{2}\tilde{\boldsymbol{W}}^{\mathrm{T}}\tilde{\boldsymbol{W}}$$

并应用双曲正切函数的性质，对于 $\chi > 0$，$A \in \mathbf{R}$，有 $0 \leqslant |A| - A\tanh(A/\chi) \leqslant 0.2785\chi$，故式（5.1.24）变为

$$\begin{aligned}
\dot{V}_2 &\leqslant \left(\frac{1}{2} - k_1\cos\phi\right)z_1^2 + \left(\frac{1}{2} - k_2\right)z_2^2 + Y\dot{Y} + \frac{\sigma}{2}\left\|\boldsymbol{W}^*\right\|^2 - \frac{\sigma}{2}\tilde{\boldsymbol{W}}^{\mathrm{T}}\tilde{\boldsymbol{W}} \\
&\quad + \left[g_{\mathrm{r}}N(\xi)+1\right]\dot{\xi} + 0.2785\chi D + \frac{\Lambda}{2}\left(D - D^0\right)^2 - \frac{\Lambda}{2}\left(\hat{D} - D\right)^2
\end{aligned} \tag{5.1.25}$$

对于式（5.1.25）中$Y\dot{Y}$项，由式（5.1.15）可得

$$\begin{aligned}\dot{Y} &= \dot{\theta}_1 - \dot{\alpha}_1 \\ &= \frac{Y}{T} + k_1\dot{z}_1 - \ddot{\psi}_{\rm d}\sec\phi\tan\phi\end{aligned} \tag{5.1.26}$$

考虑如下紧集：

$$\Pi_{\rm d} = \left\{(\psi_{\rm d},\dot{\psi}_{\rm d},\ddot{\psi}_{\rm d}) : |\psi_{\rm d}|^2 + |\dot{\psi}_{\rm d}|^2 + |\ddot{\psi}_{\rm d}|^2 \leqslant I\right\}$$

$$\Pi_1 = \left\{\sum_{j=1}^{2} z_j^2 + \frac{1}{\gamma}\tilde{\boldsymbol{W}}^{\rm T}\tilde{\boldsymbol{W}} + Y^2 + \frac{1}{Q}\tilde{D}^2 < 2\Gamma\right\}$$

式中，I、Γ为任意正常数。考虑紧集$\Pi_{\rm d}\in\mathbf{R}$和紧集$\Pi_1\in\mathbf{R}$，则$\Pi_{\rm d}\times\Pi_1\in\mathbf{R}$也是紧集，即存在非负的连续函数$\beta(\cdot)$，使得

$$\left|\dot{Y}+\frac{Y}{T}\right| \leqslant \beta\left(z_1,z_2,k_1,Y,\hat{\boldsymbol{W}},\psi_{\rm d},\dot{\psi}_{\rm d},\ddot{\psi}_{\rm d}\right)$$

且$\beta(\cdot)$在空间$\Pi_{\rm d}\times\Pi_1$上有最大值N，故

$$\begin{aligned}Y\dot{Y} &= -\frac{Y^2}{T} + Y\left(\dot{Y}+\frac{Y}{T}\right) \\ &\leqslant -\frac{Y^2}{T} + \eta Y^2 + \frac{N^2}{4\eta}\end{aligned} \tag{5.1.27}$$

式中，η为正常数。

综合式（5.1.25）和式（5.1.27），可得

$$\begin{aligned}\dot{V}_2 \leqslant& -\left(k_1\cos\phi - \frac{1}{2}\right)z_1^2 - \left(k_2 - \frac{1}{2}\right)z_2^2 - \frac{\sigma}{2}\tilde{\boldsymbol{W}}^{\rm T}\tilde{\boldsymbol{W}} - \left(\frac{1}{T} - \eta\right)Y^2 - \frac{\Lambda}{2}\tilde{D}^2 \\ &+ \left[g_{\rm r}N(\xi)+1\right]\dot{\xi} + \frac{N^2}{4\eta} + \frac{\sigma}{2}\left\|\boldsymbol{W}^*\right\|^2 + 0.2785\chi D + \frac{\Lambda}{2}\left(D - D^0\right)^2 \\ \leqslant& -\mu_0 V_2 + \left[g_{\rm r}N(\xi)+1\right]\dot{\xi} + \partial\end{aligned} \tag{5.1.28}$$

式中，

$$\begin{cases}\mu_0 = \min\left[2\left(k_1\cos\phi - \dfrac{1}{2}\right), 2\left(k_2 - \dfrac{1}{2}\right), \sigma\gamma, 2\left(\dfrac{1}{T} - \eta\right), Q\Lambda\right] \\ \partial = \dfrac{N^2}{4\eta} + \dfrac{\sigma}{2}\left\|\boldsymbol{W}^*\right\|^2 + 0.2785\chi D + \dfrac{\Lambda}{2}\left(D - D^0\right)^2\end{cases} \tag{5.1.29}$$

其中，$k_1 > \dfrac{1}{2\cos\phi}$；$k_2 > \dfrac{1}{2}$；$\eta < \dfrac{1}{T}$。

对式（5.1.28）两端乘以$e^{\mu_0 t}$，则有

$$\frac{d}{dt}\left[V_2(t)e^{\mu_0 t}\right] \leqslant \partial e^{\mu_0 t} + g_r N(\xi)\dot{\xi}e^{\mu_0 t} + \dot{\xi}e^{\mu_0 t} \tag{5.1.30}$$

式中，μ_0为正的设计常数。

设$\ell = \partial/\mu_0$，对式（5.1.30）在$[0,t]$上进行积分，得

$$0 \leqslant V_2(t) \leqslant \ell + V_2(0)e^{-\mu_0 t} + e^{-\mu_0 t}\int_0^t \dot{\xi}e^{\mu_0\tau}d\tau + e^{-\mu_0 t}\int_0^t g_r N(\xi)\dot{\xi}e^{\mu_0\tau}d\tau \tag{5.1.31}$$

根据式（5.1.31）和引理 5.1.1 得出结论：在有限时间$\left[0,t_f\right)$内，$V_2(t)$、ξ、z_1、z_2、Y、$\hat{W}$及$\hat{D}$都是有界的。因此对设计参数k_1、k_2、γ、σ、χ、Q、Λ及滤波器时间常数T进行适当调整选择，并且由注 5.1.1 可知，当$t_f = \infty$时，得到闭环系统所有信号在定义的紧集内部都是一致最终有界的。

另外，由于$|\psi(t)| \leqslant |z_1(t)| + |\psi_d(t)|$，根据式（5.1.22）和式（5.1.31）得

$$|\psi(t)| \leqslant \sqrt{2(\ell + C) + 2V_2(0)e^{-\mu_0 t}} + |\psi_d(t)| \tag{5.1.32}$$

式中，$C = \sup\int_0^t \left\{\left[g_r N(\xi) + 1\right]\dot{\xi}\right\}e^{-\mu_0(t-\tau)}d\tau$。

由μ_0、∂及ℓ的定义可知，可以通过选取适当的设计参数k_1、k_2、γ、σ、χ、Q、Λ及滤波器时间常数T，使得ℓ尽可能小，从而使得$\varpi > \sqrt{2(\ell + C)}$尽可能小。因此，存在一个任意常数$\upsilon > 0$，使得对于所有的$t \geqslant \upsilon$，都有$z_1(t) \leqslant \varpi$，从而$\lim\limits_{t\to\infty}|z_1(t)| \leqslant \varpi$成立。即，通过选取适当控制器参数而使得航向保持误差$z_1 = \psi - \psi_d$尽量小，可以实现无人帆船高精度的航向保持。

3. 仿真分析

为验证所设计航向保持控制器的有效性，以 2.2 节构建的 12m 型无人帆船运动数学模型为研究对象进行仿真验证，该船的质量为 25900kg，船长为 12.84m，船宽为 3.21m，帆面积为 170m^2，舵面积为 1.17m^2，详细参数参考表 2.2.1。

为了保证仿真结果尽量真实，对仿真环境中的风浪扰动力矩进行如下设计：

$$\begin{cases} X_{wind} = \dfrac{1}{2}\rho_{air}V_R^2 c_X(\gamma_R)L^2 \\ Y_{wind} = \dfrac{1}{2}\rho_{air}V_R^2 c_Y(\gamma_R)L^2 \\ K_{wind} = \dfrac{1}{2}\rho_{air}V_R^2 c_K(\gamma_R)L^3 \\ N_{wind} = \dfrac{1}{2}\rho_{air}V_R^2 c_N(\gamma_R)L^3 \end{cases} \tag{5.1.33}$$

$$
\begin{cases}
X_{\text{wave}} = 2aB\dfrac{\sin b \sin c}{c}s(t) \\
Y_{\text{wave}} = 2aL\dfrac{\sin b \sin c}{b}s(t) \\
K_{\text{wave}} = \dfrac{1}{2}\rho_{\text{water}} g m h_{\text{c}} k A_{\text{a}} \sin\chi \mathrm{e}^{-\frac{kT}{2}} \sin\omega_{\text{e}} t \\
N_{\text{wave}} = ak\left(B^2 \sin\left(b\dfrac{c\cos c - \sin c}{c^2}\right) - L^2 \sin\left(c\dfrac{b\cos b - \sin b}{b^2}\right)\right)\xi(t)
\end{cases}
\tag{5.1.34}
$$

式中，ρ_{air} 为空气密度；L 为帆船的长度；B 为船宽；T 为吃水；γ_{R}、V_{R} 分别为相对风向和风速；c_X、c_Y、c_K、c_N 为四自由度的风压力矩转换系数；k 为波数；ρ_{water} 为海水密度；g 为重力加速度；h_{c} 为船舶受力作用点的高度到船舶重心的垂直距离；χ 为波向角；ω_{e} 为遭遇频率；h 为波高；$a = \rho_{\text{water}} g\left(1-\mathrm{e}^{-kT}\right)/k^2$；$b=(kL/2)\cos\chi$；$c=(kB/2)\sin\chi$；$\xi(t)=(h/2)\cos(\omega_{\text{e}}t)$；$s(t)=(kh/2)\sin(\omega_{\text{e}}t)$。

在仿真过程中，假设吃水 $T = 2.15\text{m}$，波数 $k=1$，波向角 $\mu = 2^\circ$，浪的有义波高 $h=1.15\text{m}$，遭遇频率 $\omega_{\text{e}} = 0.65\text{Hz}$，海水密度 $\rho_{\text{water}} = 1025\text{m}^2/\text{kg}$。设定真实风向角 $\alpha_{\text{tw}} = 120^\circ$，风速 $v_{\text{tw}} = 9\text{m/s}$，初始船速 $v(0) = 2\text{m/s}$，初始航向 $\psi = 0^\circ$，期望航向 $\psi_{\text{d}} = 20^\circ$。控制参数 $k_1 = 0.5$，$k_2 = 25$，$\Lambda = 1\times10^{-4}$，$\chi = 0.5$，$\gamma = 10$，$\sigma = 1\times10^{-5}$，$Q = 8$，$T = 0.3$。$N(\xi) = \mathrm{e}^{\xi^2}\cos\left[(\pi/2)\xi\right]$。RBF 神经网络的隐含层数量选择为 41 个，取 c_{j1} 在 $[-2,2]$ 平均分布，c_{j2} 在 $[-0.4,0.4]$ 平均分布，c_{j3} 在 $[-1,1]$ 平均分布，高斯基函数的宽度 b_j 取为 2。

为了验证本节设计的自适应动态面控制（adaptive dynamic surface control，ADSC）方法的有效性，将本节方法与文献[1]中采用的反演方法进行对比分析。在进行帆船航向控制的同时，帆角的操作采用文献[10]的操帆规则进行控制。仿真结果如图 5.1.1～图 5.1.8 所示。

图 5.1.1 和图 5.1.2 分别表示在风浪扰动的作用下，对给定期望航向下无人帆船的航向保持控制曲线和航向误差曲线。由两图可知，相较于文献[1]的反演方法，本节设计的自适应动态面控制方法，自适应技术可实时估计扰动的界值，对扰动具有较强的鲁棒性，当闭环控制系统趋于稳定后，帆船实际航向能够自适应地跟踪在期望航向上，航向误差小，具有较高的控制精度，符合航向保持的要求。图 5.1.3 为控制器输出，即为舵角的曲线图，相较于反演方法，本节方法的控制输出响应速度快、调节时间较短，在达到稳态时压舵角约为 2°，用于平衡风浪对帆船的转向力，使帆船航向在受环境扰动的情况下稳定在期望航向上，符合实际要求。

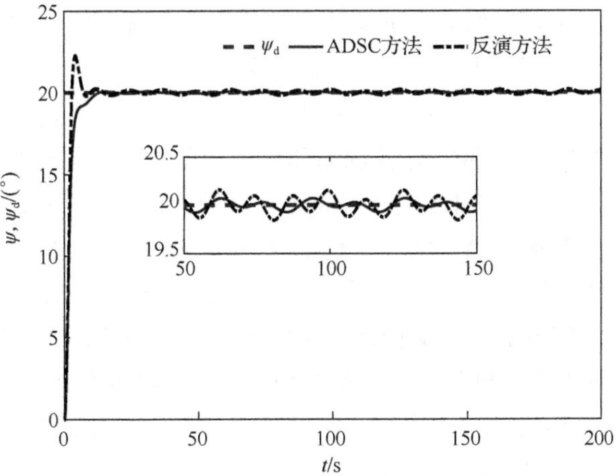

图 5.1.1　航向保持控制曲线图

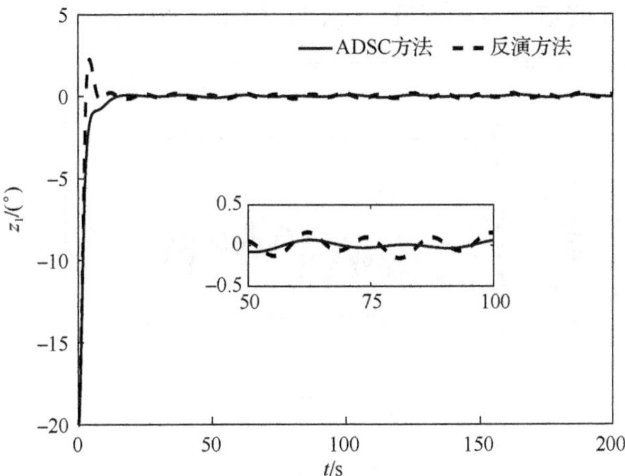

图 5.1.2　航向误差曲线图

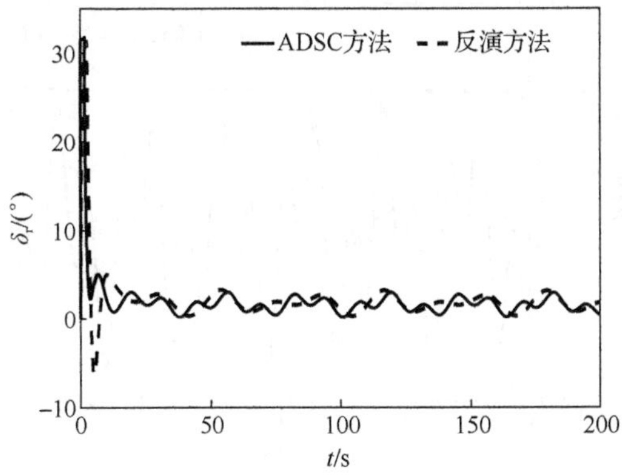

图 5.1.3　控制器输出曲线图

图 5.1.4 为 RBF 神经网络逼近曲线，在 35s 左右神经网络基本跟踪上所要逼近的不确定项 f_2，从图 5.1.4 神经网络逼近效果可知，逼近过程存在一定的逼近误差，设计带有 σ 修正泄露项的自适应律对神经网络逼近误差以及外界扰动总和的界进行估计。图 5.1.5 表示对外界扰动和逼近误差总和的界进行良好的估计，保证帆船的高精度航行。图 5.1.6 为 Nussbaum 函数 $N(\xi)$ 及其参数 ξ 曲线图，可以看出 Nussbaum 变量最终趋于稳定，说明系统误差及状态信号有界，能够解决未知控制增益的问题。图 5.1.7 为相对风向角 α_{aw}、帆攻角 α_{s} 和帆角 δ_{s} 三者关系曲线图，不断调整帆角使风帆处于最佳帆攻角位置，大约为 30°，此时帆船受到风的有效推力最大，最佳帆攻角对航向保持控制有一定的辅助作用。图 5.1.8 为相对风速和船速曲线图，结合图 5.1.7 可知，获得最大推力时船速也是最快的，稳定时船速为 4.3m/s，此时相对风速为 7.3m/s。

以上对比试验结果验证了本节所提出的控制策略的有效性，表明所设计航向保持控制器实现了良好的航向保持性能，对外界干扰具有较强的鲁棒性。

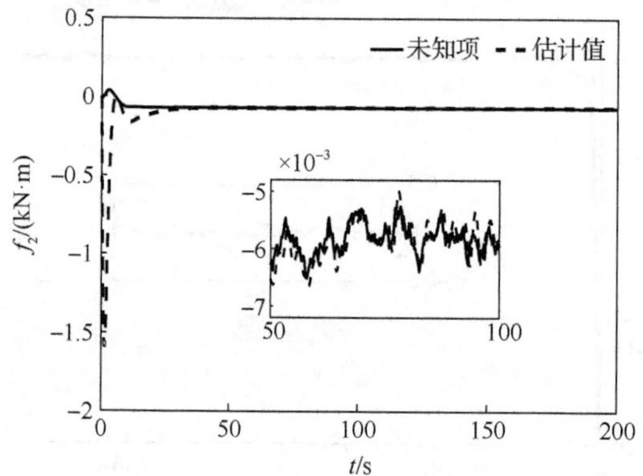

图 5.1.4　RBF 神经网络逼近曲线图

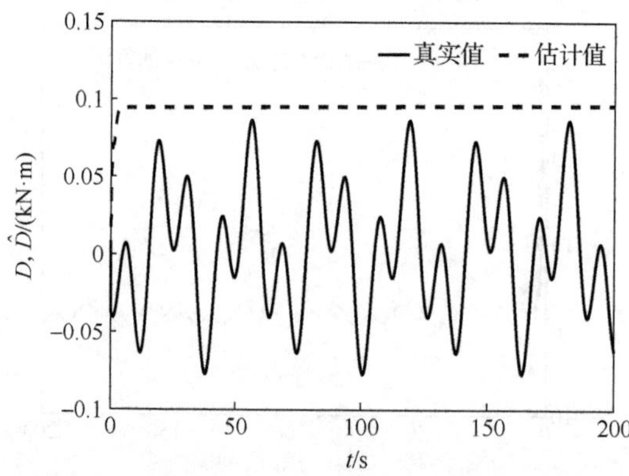

图 5.1.5　扰动 D 的界及估计值 $\hat{D}$ 曲线图

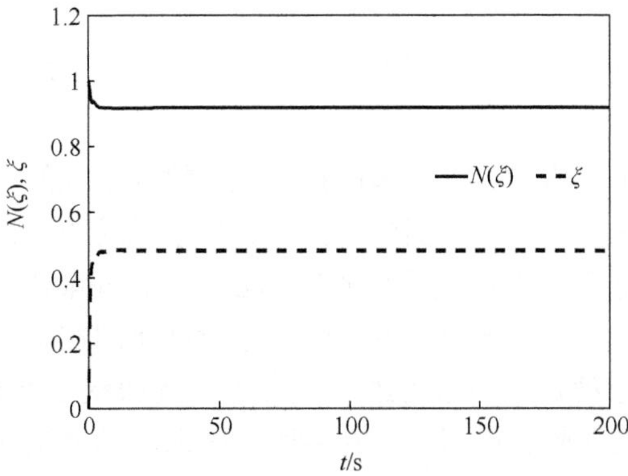

图 5.1.6　Nussbaum 函数 $N(\xi)$ 及其参数 ξ 曲线图

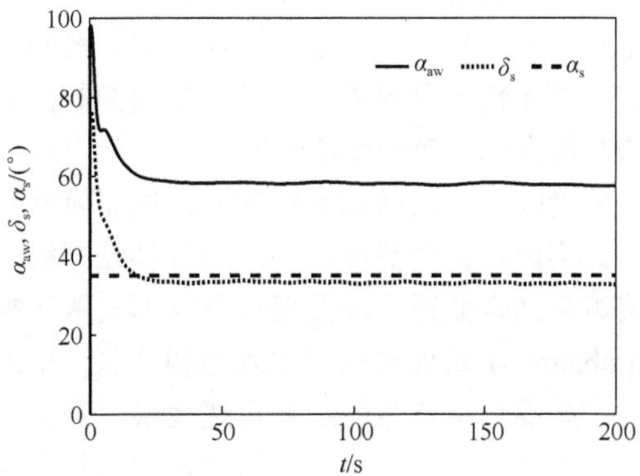

图 5.1.7　相对风向角、帆攻角和帆角曲线图

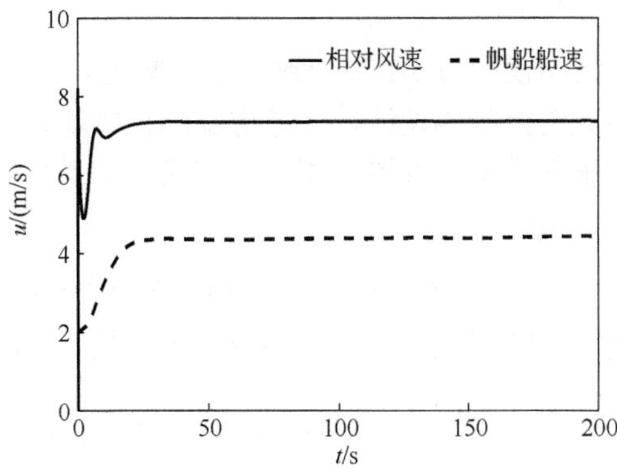

图 5.1.8　相对风速和船速曲线图

5.2 输入受限无人帆船的自适应递归滑模动态面航向控制

在 5.1 节基础上，本节进一步考虑控制舵角输入受限的问题。无人帆船航行时由于航向舵只能在有限角度范围内工作，如果不对舵角进行输入限制，会严重影响航向系统的稳定性。针对常规水面大型船舶，王国峰等[11]考虑舵角受限约束条件下的航向控制问题，基于反演方法的思想设计航向控制器，实现了船舶航向控制系统的全局渐近稳定，但未考虑系统含有干扰和模型不确定的问题。Zheng 等[12-13]针对存在输入受限和模型未知的船舶，引入辅助系统处理饱和问题，采用自适应方法估计模型未知问题，并结合动态面技术消除了反演方法的“计算膨胀”问题。然而，采用的常规动态面控制方法，其低通滤波器具有一定的延迟，若仅考虑子系统跟踪误差，对控制器参数摄动非常脆弱。刘希等[14]采用递归滑模考虑各子系统误差间的相互关系，提出一种递归滑模动态面控制方法，有效解决系统的跟踪控制问题。对于舵角输入受限的无人帆船航向控制问题，可尝试引入递归滑模动态面控制方法，提高帆船航向跟踪性能。

本节针对输入舵角受限和控制增益未知的无人帆船航向控制问题，考虑帆船存在模型不确定项和真实风浪扰动情况，提出一种神经网络自适应递归滑模动态面航向控制策略。该策略结合低通滤波器变换系统形式解决控制增益未知问题，利用双曲正切和 Nussbaum 函数处理控制输入饱和现象，引入神经网络逼近帆船系统模型不确定部分，并综合考虑帆船艏摇角速度误差和航向误差之间关系设计递归滑模动态面舵角控制律，同时对神经网络逼近误差和复合干扰总和的界采用带 σ 修正泄露项的自适应律[7]进行在线估计。

5.2.1 问题描述

本节所采用无人帆船模型与 5.1 节一致，不再赘述。

为便于无人帆船航向控制器设计，并考虑实际控制输入舵角的有界性，可将模型(5.1.2)变换为如下关于受执行器饱和约束的输出 $u(\delta_r)$ 的严反馈非线性系统：

$$\begin{cases}\dot{\psi} = r\cos\phi \\ \dot{r} = f_2(\psi, r, \delta_s, u, v, p, \phi) + g_r u(\delta_r) + \Delta\end{cases} \tag{5.2.1}$$

式中，ψ、r 为系统状态变量；f_2 为光滑结构未知的非线性函数；$g_r = \dfrac{|x_r|\rho A_r V_R^2 k_{Lr}}{2(I_{zz} - N_{\dot{r}})}$，其中 $|x_r|$ 为舵在附体坐标系中 x 轴的坐标，ρ 为流体密度，A_r 为舵平面区域的面积，V_R 为船舵处水流速度，k_{Lr} 为舵的升力系数，g_r 中部分参数

难以实时测量得出，故假设其为未知光滑控制增益函数；$\Delta=\dfrac{N_{\text{wind}}+N_{\text{wave}}}{I_{zz}-N_{\dot r}}$ 为风浪干扰，其值未知但有界；δ_{r} 为系统实际控制输入量；$u(\delta_{\text{r}})$ 为受执行器饱和约束特性的输出控制量。

饱和受限函数 $u(\delta_{\text{r}})$ 的具体描述如下：

$$u(\delta_{\text{r}})=\text{sat}(\delta_{\text{r}})=\begin{cases}\text{sgn}(\delta_{\text{r}})u_{\text{M}}, & |\delta_{\text{r}}|\geqslant u_{\text{M}}\\ \delta_{\text{r}}, & |\delta_{\text{r}}|<u_{\text{M}}\end{cases} \tag{5.2.2}$$

式中，u_{M} 为系统中控制器的输出上界值。

为使受执行器饱和约束特性的输出控制量 $u(\delta_{\text{r}})$ 具有非线性光滑特性，利用双曲正切函数对饱和函数的近似作用，定义光滑函数 $h(\delta_{\text{r}})$ 如下：

$$h(\delta_{\text{r}})=u_{\text{M}}\tanh\left(\frac{\delta_{\text{r}}}{u_{\text{M}}}\right)=u_{\text{M}}\frac{\text{e}^{\delta_{\text{r}}/u_{\text{M}}}-\text{e}^{-\delta_{\text{r}}/u_{\text{M}}}}{\text{e}^{\delta_{\text{r}}/u_{\text{M}}}+\text{e}^{-\delta_{\text{r}}/u_{\text{M}}}} \tag{5.2.3}$$

引入饱和函数产生的误差函数形式如下：

$$\rho(\delta_{\text{r}})=\text{sat}(\delta_{\text{r}})-h(\delta_{\text{r}}) \tag{5.2.4}$$

式中，$\rho(\delta_{\text{r}})$ 为有界函数，其界限值表示为

$$|\rho(\delta_{\text{r}})|=|\text{sat}(\delta_{\text{r}})-h(\delta_{\text{r}})|\leqslant u_{\text{M}}[1-\tanh(1)]$$

为便于控制器的设计，本节提出两个假设，与 5.1 节中的假设 5.1.1 和假设 5.1.2 相同，此处不再赘述。

本节控制目标　针对无人帆船航向运动数学模型（5.2.1），在满足假设 5.1.1 和假设 5.1.2 的前提下，考虑系统存在模型不确定、控制增益和外界扰动均未知且输入受限的情况，设计一种自适应递归滑模动态面航向控制器，使帆船航向 ψ 保持在期望航向 ψ_{d} 上，并保证闭环系统所有信号一致最终有界，实现无人帆船的航向控制目标。

5.2.2　自适应递归滑模动态面航向控制器设计

考虑帆船控制舵角输入受限，且存在模型不确定、控制增益和外界扰动均未知的情况，本节将双曲正切函数和 Nussbaum 函数有机结合，采用自适应神经网络和递归滑模动态面技术，设计带输入受限和控制增益未知的无人帆船自适应递归滑模动态面航向控制器。

为了有效解决控制增益未知的问题，根据式（5.2.2）～式（5.2.4），结合低通滤波器，将式（5.2.1）变换为

$$\begin{cases}\dot\psi=r\cos\phi\\ \dot r=f_2'[h(\delta_{\text{rf}})]+h(\delta_{\text{r}})+\bar\Delta+d_{f_2}\end{cases} \tag{5.2.5}$$

式中，函数 $f_2'\left[h\left(\delta_{\mathrm{rf}}\right)\right]=f_2+\left(g_{\mathrm{r}}-1\right)h\left(\delta_{\mathrm{rf}}\right)$；$\bar{\Delta}=\Delta+g_{\mathrm{r}}\rho\left(\delta_{\mathrm{r}}\right)$ 为系统风浪干扰和界限误差构成的复合干扰变量；变量 $d_{f_2}=f_2'\left[h\left(\delta_{\mathrm{r}}\right)\right]-f_2'\left[h\left(\delta_{\mathrm{rf}}\right)\right]$；变量 $h\left(\delta_{\mathrm{rf}}\right)$ 是为防止系统出现代数环问题而引入的滤波值，表示为

$$h\left(\delta_{\mathrm{rf}}\right)=H_{\mathrm{L}}\left(s\right)h\left(\delta_{\mathrm{r}}\right)$$

其中，$H_{\mathrm{L}}\left(s\right)$ 为 Butterworth 低通滤波器。

假设 5.2.1 函数 $f_2'(\cdot)$ 满足全局 Lipschitz 条件，对于变量 $h\left(\delta_{\mathrm{r}}\right)$、$h\left(\delta_{\mathrm{rf}}\right)\in\mathbf{R}^n$，存在已知正整数 m，使得式(5.2.6)成立：

$$\left|d_{f_2}\right|\leqslant m\left|h\left(\delta_{\mathrm{r}}\right)-h\left(\delta_{\mathrm{rf}}\right)\right| \tag{5.2.6}$$

假设 5.2.2[15] 执行器具有低通特性，即使得 $h\left(\delta_{\mathrm{rf}}\right)=H_{\mathrm{L}}\left(s\right)h\left(\delta_{\mathrm{r}}\right)\approx h\left(\delta_{\mathrm{r}}\right)$。故存在一常数 β 使得不等式 $\left|h\left(\delta_{\mathrm{r}}\right)-h\left(\delta_{\mathrm{rf}}\right)\right|\leqslant\beta$ 成立。

注 5.2.1 假设 5.2.2 中 $h\left(\delta_{\mathrm{rf}}\right)\approx h\left(\delta_{\mathrm{r}}\right)$ 是合理的，因为大多数控制系统的执行器具有低通特性[15]。

考虑式（5.2.5）中存在未知非线性函数 $f_2'\left[h\left(\delta_{\mathrm{rf}}\right)\right]$，故引进 RBF 神经网络对其进行在线逼近。由于在 2.1 节已详细介绍神经网络原理和假设，故本节不再赘述。系统的未知非线性不确定性 $f_2'\left[h\left(\delta_{\mathrm{rf}}\right)\right]$ 可表示为

$$f_2'\left[h\left(\delta_{\mathrm{rf}}\right)\right]=\hat{\boldsymbol{W}}^{\mathrm{T}}\boldsymbol{H}\left(\boldsymbol{x}\right)-\tilde{\boldsymbol{W}}^{\mathrm{T}}\boldsymbol{H}\left(\boldsymbol{x}\right)+\varepsilon \tag{5.2.7}$$

1. 控制律设计

第 1 步 考虑帆船航向误差变量，定义第一个滑模面变量 s_1 为

$$\begin{cases} z_1=\psi-\psi_{\mathrm{d}} \\ s_1=z_1 \end{cases} \tag{5.2.8}$$

式中，ψ_{d} 表示期望航向。

对式（5.2.8）两边关于时间求导得

$$\dot{s}_1=\dot{z}_1=r\cos\phi-\dot{\psi}_{\mathrm{d}} \tag{5.2.9}$$

式中，横摇角 $\phi\in\left(-\pi/2,\pi/2\right)$，则 $\cos\phi>0$。

设计艏摇角速度 r 的虚拟控制量 α_1 为

$$\alpha_1=-k_1s_1+\frac{\dot{\psi}_{\mathrm{d}}}{\cos\phi} \tag{5.2.10}$$

为避免对虚拟控制量直接求导产生“微分爆炸”问题，引入新的状态变量 θ_1 作为 α_1 的一阶低通滤波器输出，其表达式为

$$\begin{cases}T_1\dot{\theta}_1+\theta_1=\alpha_1 \\ \theta_1(0)=\alpha_1(0)\end{cases} \tag{5.2.11}$$

式中，T_1为滤波器时间常数。用滤波器的$\dot{\theta}_1$代替$\dot{\alpha}_1$项，避免传统反演方法中对虚拟控制量直接求导产生的计算复杂问题，易于工程实现。

定义闭环系统滤波器中α_1的跟踪误差为

$$y_1=\theta_1-\alpha_1 \tag{5.2.12}$$

第 2 步　根据帆船艏摇角速度误差变量$z_2=r-\theta_1$和第一步得到的航向误差变量s_1，综合考虑两者误差间的相互关系，定义第二个递归滑模面变量s_2为

$$s_2=c_1s_1+z_2 \tag{5.2.13}$$

式中，c_1为正的设计参数。

对式（5.2.13）求导，并用神经网络系统（5.2.7）逼近系统不确定函数f_2'，可得

$$\begin{aligned}\dot{s}_2&=c_1\dot{s}_1+f_2'\left[h(\delta_{\mathrm{rf}})\right]+h(\delta_{\mathrm{r}})+\bar{\Delta}-\dot{\theta}_1+d_{f_2}\\&=c_1\dot{s}_1+\hat{\boldsymbol{W}}^{\mathrm{T}}\boldsymbol{H}(\boldsymbol{x})-\tilde{\boldsymbol{W}}^{\mathrm{T}}\boldsymbol{H}(\boldsymbol{x})+\varepsilon+h(\delta_{\mathrm{r}})+\bar{\Delta}-\dot{\theta}_1+d_{f_2}\end{aligned} \tag{5.2.14}$$

假设 5.2.3　对于无人帆船 RBF 神经网络逼近误差ε、复合干扰变量$\bar{\Delta}$，存在未知且有界函数$D>0$，使$|\varepsilon|+|\bar{\Delta}|<D$。

根据式（5.2.14），选取虚拟控制量α_2为

$$\alpha_2=-c_1\dot{s}_1-k_2s_2-s_1\cos\phi-\hat{\boldsymbol{W}}^{\mathrm{T}}\boldsymbol{H}(\boldsymbol{x})+\dot{\theta}_1-\Xi\hat{D} \tag{5.2.15}$$

式中，$k_2>0$；$\Xi=\tanh(s_2/\chi)$，$\chi>0$；$\hat{D}$为D的估计值。

考虑受执行器饱和约束特性的控制输出量$h(\delta_{\mathrm{r}})$，引入辅助误差变量：

$$z_3=h(\delta_{\mathrm{r}})-\theta_2 \tag{5.2.16}$$

式中，θ_2为α_2的一阶低通滤波器输出，表达式为

$$\begin{cases}T_2\dot{\theta}_2+\theta_2=\alpha_2 \\ \theta_2(0)=\alpha_2(0)\end{cases} \tag{5.2.17}$$

式中，T_2为滤波器时间常数。

定义闭环系统滤波器中α_2的跟踪误差为

$$y_2=\theta_2-\alpha_2 \tag{5.2.18}$$

结合式（5.2.16）和式（5.2.18），将式（5.2.14）变换为

$$\dot{s}_2=c_1\dot{s}_1+\hat{\boldsymbol{W}}^{\mathrm{T}}\boldsymbol{H}(\boldsymbol{x})-\tilde{\boldsymbol{W}}^{\mathrm{T}}\boldsymbol{H}(\boldsymbol{x})+z_3+y_2+\alpha_2-\dot{\theta}_1+\bar{\Delta}+\varepsilon+d_{f_2} \tag{5.2.19}$$

为了降低饱和效应，减小由执行机构受限导致$h(\delta_{\mathrm{r}})$与实际控制输入量δ_{r}之

间出现的偏差，帮助控制输入退出饱和，设计带航向误差补偿的舵角控制律为

$$\begin{cases}\dot{\delta}_{\mathrm{r}}=-c\delta_{\mathrm{r}}+w\\ w=N(\xi)\overline{w}\\ \overline{w}=k_3z_3+s_2-\zeta c\delta_{\mathrm{r}}-\dot{\theta}_2\end{cases}\tag{5.2.20}$$

式中，c、k_3 均为正的设计参数；$\zeta=\dfrac{\partial h(\delta_{\mathrm{r}})}{\partial\delta_{\mathrm{r}}}=\dfrac{4}{\left(\mathrm{e}^{\delta_{\mathrm{r}}/u_{\mathrm{M}}}+\mathrm{e}^{-\delta_{\mathrm{r}}/u_{\mathrm{M}}}\right)^2}>0$；选取 $N(\xi)=\xi^2\cos\xi$，ξ 为 Nussbaum 函数变量。

设计 ξ 的参数自适应律为

$$\dot{\xi}=\gamma_\chi\overline{w}z_3\tag{5.2.21}$$

式中，γ_χ 为正的设计参数。

设计权值向量自适应律为

$$\dot{\hat{\boldsymbol{W}}}=\gamma\left[\boldsymbol{H}(\boldsymbol{x})s_2-\sigma\hat{\boldsymbol{W}}\right]\tag{5.2.22}$$

式中，σ 和 γ 均为正的设计参数。

对神经网络逼近误差和复合干扰组成的界变量 D，设计带 $\varLambda$ 修正泄露项的自适应律对其进行估计：

$$\dot{\hat{D}}=Q\left[\varXi s_2-\varLambda\left(\hat{D}-D^0\right)\right]\tag{5.2.23}$$

式中，Q 为正的设计参数；$\varLambda>0$，且选取值较小，以保证 $\hat{D}$ 不会增长到无界；D^0 为 D 的先验估计。

注 5.2.2　传统动态面虚拟控制量仅考虑了前一个子系统跟踪误差，而没有兼顾所有之前子系统的跟踪误差。因此本节通过定义递归滑模面（5.2.13）有效综合反推中艏摇角速度误差变量 z_2 和航向误差变量 s_1 之间相互影响和制约的关系。该方法可克服传统动态面方法对其低通滤波器时间常数和神经网络自适应参数摄动脆弱的缺点。

注 5.2.3　本节引入饱和函数并利用具有光滑特性的双曲正切函数对其进行处理，可消除因输入饱和导致的执行器失控现象，同时为了降低饱和效应，减小输入受限对系统状态航向误差的影响，引入 Nussbaum 函数补偿由饱和函数引起的非线性项。

2. 稳定性分析

为便于分析无人帆船运动控制闭环系统的稳定性，本节提出如下定理。

定理 5.2.1　针对输入受限的无人帆船航向运动数学模型（5.2.5），考虑存在

模型不确定、控制增益和外界扰动均未知及控制输入受限的情况，在假设 5.1.1 和假设 5.1.2 成立的情况下，利用神经网络逼近模型不确定项，将双曲正切函数和 Nussbaum 函数有机结合，采用理想虚拟控制量（5.2.15）、参数ξ的自适应律（5.2.21）及修正泄露项的自适应律（5.2.23），设计式（5.2.20）所示的神经网络自适应递归滑模动态面控制器，通过选取适当的参数c_1、k_1、k_2、k_3、c、γ、σ、χ、Q、Λ及γ_χ和滤波器时间常数T_1、T_2，可保证无人帆船航向控制系统所有信号的一致最终有界性。

证明　选择如下 Lyapunov 函数：

$$V=\frac{1}{2}\sum_{j=1}^{2}s_j^2+\frac{1}{2}z_3^2+\frac{1}{2}\sum_{i=1}^{2}y_i^2+\frac{1}{2\gamma}\tilde{\boldsymbol{W}}^{\mathrm{T}}\tilde{\boldsymbol{W}}+\frac{1}{2Q}\tilde{D}^2 \tag{5.2.24}$$

式中，$\tilde{\boldsymbol{W}}=\hat{\boldsymbol{W}}-\boldsymbol{W}^*$为神经网络权值估计误差变量；$\tilde{D}=\hat{D}-D$为神经网络逼近误差和复合干扰变量组成的界估计误差变量。

对式（5.2.16）关于时间求导得

$$\begin{aligned}\dot{z}_3&=\frac{\partial h(\delta_{\mathrm{r}})}{\partial\delta_{\mathrm{r}}}\dot{\delta}_{\mathrm{r}}-\dot{\theta}_2\\&=-\zeta c\delta_{\mathrm{r}}+\left[\zeta N(\xi)+1\right]\bar{w}-\dot{\theta}_2-\bar{w}\\&=-k_3z_3-s_2+\left[\zeta N(\xi)+1\right]\bar{w}\end{aligned}\tag{5.2.25}$$

综合式（5.2.9）、式（5.2.19）、式（5.2.22）、式（5.2.23）及式（5.2.25），对式（5.2.24）关于时间求导得

$$\begin{aligned}\dot{V}&=\sum_{j=1}^{2}s_j\dot{s}_j+z_3\dot{z}_3+\sum_{i=1}^{2}y_i\dot{y}_i+\frac{1}{\gamma}\tilde{\boldsymbol{W}}^{\mathrm{T}}\dot{\hat{\boldsymbol{W}}}+\frac{1}{Q}\tilde{D}\dot{\hat{D}}\\&=s_1\left[(s_2-c_1s_1+\alpha_1+y_1)\cos\phi-\dot{\psi}_{\mathrm{d}}\right]+s_2\left[c_1\dot{s}_1+\hat{\boldsymbol{W}}^{\mathrm{T}}\boldsymbol{H}(\boldsymbol{x})-\tilde{\boldsymbol{W}}^{\mathrm{T}}\boldsymbol{H}(\boldsymbol{x})+z_3+y_2+\alpha_2-\dot{\theta}_1\right.\\&\quad\left.+\bar{\Delta}+\varepsilon+d_{f_2}\right]+z_3\left\{-k_3z_3-s_2+\left[\zeta N(\xi)+1\right]\bar{w}\right\}+y_1\dot{y}_1+y_2\dot{y}_2+\tilde{\boldsymbol{W}}^{\mathrm{T}}\left[\boldsymbol{H}(\boldsymbol{x})s_2-\sigma\hat{\boldsymbol{W}}\right]\\&\quad+\Xi\tilde{D}s_2-\Lambda\tilde{D}\left(\hat{D}-D^0\right)\\&\leqslant-(c_1+k_1)\cos\phi s_1^2+\cos s_1y_1-k_2s_2^2+s_2y_2+s_2d_{f_2}-k_3z_3^2-\sigma\tilde{\boldsymbol{W}}^{\mathrm{T}}\hat{\boldsymbol{W}}+\frac{1}{\gamma_\chi}\left[\zeta N(\xi)+1\right]\dot{\xi}\\&\quad+y_1\dot{y}_1+y_2\dot{y}_2+s_2D-\Xi Ds_2-\Lambda\left(\hat{D}-D\right)\left(\hat{D}-D^0\right)\end{aligned}\tag{5.2.26}$$

考虑到

$$\begin{aligned}-\left(\hat{D}-D\right)\left(\hat{D}-D^0\right)&=-\frac{1}{2}\left(\hat{D}-D\right)^2-\frac{1}{2}\left(\hat{D}-D^0\right)^2+\frac{1}{2}\left(D-D^0\right)^2\\&\leqslant-\frac{1}{2}\left(\hat{D}-D\right)^2+\frac{1}{2}\left(D-D^0\right)^2\end{aligned}$$

$$-\tilde{\boldsymbol{W}}^{\mathrm{T}}\hat{\boldsymbol{W}} \leqslant \frac{1}{2}\left\|\boldsymbol{W}^*\right\|^2 - \frac{1}{2}\tilde{\boldsymbol{W}}^{\mathrm{T}}\tilde{\boldsymbol{W}}$$

$$s_2 d_{f_2} \leqslant \frac{1}{2}s_2^2 + \frac{1}{2}m^2\left|h(\delta_{\mathrm{r}}) - h(\delta_{\mathrm{rf}})\right|^2 \leqslant \frac{1}{2}s_2^2 + \frac{1}{2}m^2\beta^2$$

并应用双曲正切函数的性质，对于 $\chi > 0$ ，$A \in \mathbf{R}$ ，有 $0 \leqslant |A| - A\tanh(A/\chi) \leqslant 0.2785\chi$，故式（5.2.26）变为

$$\begin{aligned}\dot{V} \leqslant & -\left[(c_1 + k_1)\cos\phi - \frac{1}{2}\right]s_1^2 - (k_2 - 1)s_2^2 - k_3 z_3^2 + y_1\dot{y}_1 + y_2\dot{y}_2 + \frac{\sigma}{2}\left\|\boldsymbol{W}^*\right\|^2 - \frac{\sigma}{2}\tilde{\boldsymbol{W}}^{\mathrm{T}}\tilde{\boldsymbol{W}} \\ & + 0.2785\chi D + \frac{\varLambda}{2}(D - D^0)^2 - \frac{\varLambda}{2}(\hat{D} - D)^2 + \frac{1}{\gamma_\chi}\left[\zeta N(\xi) + 1\right]\dot{\xi} + \frac{1}{2}y_1^2 + \frac{1}{2}y_2^2 + \frac{1}{2}m^2\beta^2\end{aligned} \tag{5.2.27}$$

对于式（5.2.27）中 $y_i\dot{y}_i$ 项，由式（5.2.15）、式（5.2.21）可得

$$\dot{y}_i = \dot{\theta}_i - \dot{\alpha}_i = \frac{-y_i}{T_i} - \dot{\alpha}_i \tag{5.2.28}$$

式中，$i = 1,2$ 。

考虑如下紧集：

$$\varPi_{\mathrm{d}} = \left\{(\psi_{\mathrm{d}}, \dot{\psi}_{\mathrm{d}}, \ddot{\psi}_{\mathrm{d}}) : |\psi_{\mathrm{d}}|^2 + |\dot{\psi}_{\mathrm{d}}|^2 + |\ddot{\psi}_{\mathrm{d}}|^2 \leqslant I\right\}$$

$$\varPi_1 = \left\{\sum_{j=1}^{2}s_j^2 + z_3^2 + \sum_{i=1}^{2}y_i^2 + \frac{1}{\gamma}\tilde{\boldsymbol{W}}^{\mathrm{T}}\tilde{\boldsymbol{W}} + \frac{1}{Q}\tilde{D}^2 < 2\varGamma\right\}$$

式中，I 、$\varGamma$ 为任意正常数。考虑紧集 $\varPi_{\mathrm{d}} \in \mathbf{R}$ 和紧集 $\varPi_1 \in \mathbf{R}$，则 $\varPi_{\mathrm{d}} \times \varPi_1 \in \mathbf{R}$ 也是紧集，即存在非负的连续函数 $\beta(\cdot)$，使得

$$\left|\dot{y}_i + \frac{y_i}{T_i}\right| \leqslant \beta\left(s_1, s_2, c, k_1, k_2, k_3, \hat{W}, \psi_{\mathrm{d}}, \dot{\psi}_{\mathrm{d}}, \ddot{\psi}_{\mathrm{d}}\right)$$

且 $\beta(\cdot)$ 在空间 $\varPi_{\mathrm{d}} \times \varPi_1$ 上有最大值 N_i 。故

$$y_i\dot{y}_i = -\frac{y_i^2}{T_i} + y_i\left(\dot{y}_i + \frac{y_i}{T_i}\right) \leqslant -\frac{y_i^2}{T_i} + \eta_i y_i^2 + \frac{N_i^2}{4\eta_i} \tag{5.2.29}$$

式中，$i = 1,2$ ；$\eta_i > 0$ ；T_i 为滤波器时间常数。

结合式（5.2.29），对式（5.2.27）进行变换得

$$
\begin{aligned}
\dot{V} \leqslant & -\left[\left(c_1+k_1\right)\cos\phi-\frac{1}{2}\right]s_1^2-\left(k_2-1\right)s_2^2-k_3z_3^2-\left(\frac{1}{T_1}-\eta_1-\frac{1}{2}\right)y_1^2 \\
& -\left(\frac{1}{T_2}-\eta_2-\frac{1}{2}\right)y_2^2-\frac{\sigma}{2}\tilde{\boldsymbol{W}}^{\mathrm{T}}\tilde{\boldsymbol{W}}-\frac{\Lambda}{2}\tilde{D}^2+\frac{1}{\gamma_\chi}\left[\zeta N(\xi)+1\right]\dot{\xi}+\frac{\sigma}{2}\left\|\boldsymbol{W}^*\right\|^2 \\
& +0.2785\chi D+\frac{\Lambda}{2}\left(D-D^0\right)^2+\frac{N_1^2}{4\eta_1}+\frac{N_2^2}{4\eta_2}+\frac{1}{2}m^2\beta^2 \\
\leqslant & -\mu_0 V+\frac{1}{\gamma_\chi}\left[\zeta N(\xi)+1\right]\dot{\xi}+\partial
\end{aligned}
\tag{5.2.30}
$$

式中，

$$
\begin{cases}
\mu_0=\min\left[2\left[\left(c_1+k_1\right)\cos\phi-\frac{1}{2}\right],2\left(k_2-\frac{1}{2}\right),2k_3,2\left(\frac{1}{T_1}-\eta_1-\frac{1}{2}\right),2\left(\frac{1}{T_2}-\eta_2-\frac{1}{2}\right),\sigma\gamma,Q\Lambda\right] \\
\partial=\frac{\sigma}{2}\left\|\boldsymbol{W}^*\right\|^2+0.2785\chi D+\frac{\Lambda}{2}\left(D-D^0\right)^2+\frac{N_1^2}{4\eta_1}+\frac{N_2^2}{4\eta_2}+\frac{1}{2}m^2\beta^2
\end{cases}
\tag{5.2.31}
$$

其中，$c_1+k_1>\frac{1}{2\cos\phi}$；$k_2>\frac{1}{2}$；$\frac{1}{T_i}-\eta_i-\frac{1}{2}>0\ (i=1,2)$。

对式（5.2.30）两端乘以 $\mathrm{e}^{\mu_0 t}$，则有

$$
\frac{\mathrm{d}}{\mathrm{d}t}\left[V(t)\mathrm{e}^{\mu_0 t}\right]\leqslant\frac{\mathrm{e}^{\mu_0 t}}{\gamma_\chi}\left[\zeta N(\xi)+1\right]\dot{\xi}+\partial\mathrm{e}^{\mu_0 t}
\tag{5.2.32}
$$

式中，μ_0 为正的设计常数。

设 $\ell=\partial/\mu_0$，对式（5.2.32）在 $[0,t]$ 上进行积分，得

$$
0\leqslant V(t)\leqslant\ell+V(0)\mathrm{e}^{-\mu_0 t}+\frac{\mathrm{e}^{-\mu_0 t}}{\gamma_\chi}\int_0^t\dot{\xi}\mathrm{e}^{\mu_0\tau}\mathrm{d}\tau+\frac{\mathrm{e}^{-\mu_0 t}}{\gamma_\chi}\int_0^t\zeta N(\xi)\dot{\xi}\mathrm{e}^{\mu_0\tau}\mathrm{d}\tau
\tag{5.2.33}
$$

根据式（5.2.33）和引理 5.2.1 得出结论：在有限时间 $\left[0,t_f\right)$ 内，$V(t)$、ξ、s_1、s_2、z_3、y_1、y_2、$\hat{\boldsymbol{W}}$ 及 $\hat{D}$ 都是有界的。因此对设计参数 c_1、k_1、k_2、k_3、c、γ、σ、χ、Q、Λ 及 γ_χ 和滤波器时间常数 T_1、T_2 进行适当调整选择，并且由注 5.1.1 可知，当 $t_f=\infty$ 时，得到闭环系统所有信号在定义的紧集内部都是一致最终有界的。

另外，由于 $|\psi(t)|\leqslant|s_1(t)|+|\psi_\mathrm{d}(t)|$，根据式（5.2.24）和式（5.2.30）得

$$
|\psi(t)|\leqslant\sqrt{2(\ell+C)+2V(0)\mathrm{e}^{-\mu_0 t}}+|\psi_\mathrm{d}(t)|
\tag{5.2.34}
$$

式中，$C=\sup\frac{1}{\gamma_\chi}\int_0^t\left\{\left[\zeta N(\xi)+1\right]\dot{\xi}\right\}\mathrm{e}^{-\mu_0(t-\tau)}\mathrm{d}\tau$。

由μ_0、∂及ℓ的定义可知，可以通过选取适当的设计参数c_1、k_1、k_2、k_3、c、γ、σ、χ、Q、Λ及γ_χ和滤波器时间常数T_1、T_2，使得ℓ尽可能小，从而使得$\varpi > \sqrt{2(\ell + C)}$尽可能小。因此，存在一个任意常数$\upsilon > 0$，使得对于所有的$t \geqslant \upsilon$，都有$s_1(t) \leqslant \varpi$，从而$\lim\limits_{t\to\infty}|s_1(t)| \leqslant \varpi$成立。即通过选取适当控制器参数而使得航向误差$s_1 = \psi - \psi_{\mathrm{d}}$尽量小，可以实现无人帆船高精度的航向控制。

5.2.3　仿真研究

为验证所设计航向控制器的有效性，本节继续以 2.2 节中所构建的 12m 型无人帆船运动数学模型为研究对象进行仿真验证，详细船舶参数参考表 2.2.1。

在仿真过程中，假设吃水$T = 2.15\mathrm{m}$，浪的波高$h = 1.15\mathrm{m}$，遭遇频率$\omega_{\mathrm{e}} = 0.65\mathrm{Hz}$。设定真实风向角$\alpha_{\mathrm{tw}} = 120°$，风速$v_{\mathrm{tw}} = 9\mathrm{m/s}$，初始船速$v_0 = 2\mathrm{m/s}$，初始航向$\psi(0) = 0°$，期望航向$\psi_{\mathrm{d}}$的变化范围为 10°～20°。为达到跟踪期望航向的良好效果，将ψ_{d}通过参考模型$G(s) = \dfrac{\omega_{\mathrm{n}}^2}{s^2 + 2\xi\omega_{\mathrm{n}}s + \omega_{\mathrm{n}}^2}$得到光滑的期望航向输入信号$\psi_{\mathrm{c}}$，其中$\omega_{\mathrm{n}} = 1, \xi = 0.8$。

控制器参数选取$c_1 = 0.5, k_1 = 5, \gamma = 12, \sigma = 1\times10^{-5}, \chi = 0.5, Q = 10, \Lambda = 1\times10^{-4}$，$D^0 = 0.1, T_1 = 0.05, T_2 = 0.02$。

饱和限制系统参数选取$k_2 = 30, k_3 = 0.01, c = 5, \gamma_\chi = 0.01$。设定无人帆船舵角偏转的幅度范围为±35°。RBF 神经网络的隐含层数量选择为 41 个，取c_{j1}在$[-2,2]$平均分布，c_{j2}在$[-0.4,0.4]$平均分布，c_{j3}在$[-1,1]$平均分布，高斯基函数的宽度b_j取为 1。

为检验本节方法对饱和受限舵角控制的补偿效果，将本节方法［记为方法 1，其中ψ为控制输出航向，ψ_{e}为航向误差，$h(\delta_{\mathrm{r}})$为控制舵角输出］与直接采用饱和函数限制但未采取任何补偿策略的方法［记为方法 2，其中ψ_{s}为控制输出航向，ψ_{es}为航向误差，$S(\delta_{\mathrm{r}})$为控制舵角输出］进行比较。在进行帆船航向控制的同时，帆角的操作采用文献[10]的操帆规则进行控制。仿真结果如图 5.2.1～图 5.2.8 所示。

图 5.2.1 和图 5.2.2 分别表示在风浪扰动的作用下，对给定期望航向的无人帆船航向控制输出曲线和航向误差曲线。由两图可知，相较于方法 2，本节设计的神经网络自适应递归滑模动态面控制算法中，自适应技术可实时估计扰动的界值，对扰动具有较强的鲁棒性，当闭环控制系统趋于稳定后，帆船实际航向能够自适应地跟踪在期望航向上，航向误差小，具有较高的控制精度，符合航向保持的要求。图 5.2.3 为控制器输出曲线图，$h(\delta_{\mathrm{r}})$为本节采用双曲正切函数并引入辅助系

统补偿后的执行器输出曲线，$S(\delta_r)$为采用饱和函数但未采取任何补偿策略的执行器输出曲线，δ_r为不考虑输入饱和的实际控制输入量曲线。由仿真结果可以看出，当控制量δ_r输出超出饱和界限时，对其进行饱和限制能够使控制输入退出到执行机构所允许的安全控制范围内，进行有效控制。当控制输入饱和愈严重时，本节算法的辅助系统作用愈明显。本节方法 1 中控制器输出在 5s 左右恢复到稳定状态，而方法 2 受饱和效应影响持续震荡到 10s 左右，且震荡幅值较大，说明本节设计的带有限制函数和补偿策略的执行器输入能有效处理控制输入饱和问题，并且有助于饱和出现后轨迹跟踪误差的收敛。

图 5.2.4 为本节所用算法的 RBF 神经网络逼近曲线图，由于变航向控制有一定的调节过程，在大约 15s 后神经网络基本跟踪上所要逼近的不确定项f_2。从图 5.2.4 神经网络逼近效果可知，逼近过程存在一定的逼近误差，设计带有σ修正泄露项的自适应律对神经网络逼近误差、外界扰动及引入饱和函数产生误差的总和的界进行估计。图 5.2.5 表示对外界扰动、逼近误差及界限误差总和的界进行良好的估计，保证帆船的高精度航行。图 5.2.6 为 Nussbaum 函数$N(\xi)$及其参数ξ曲线图，可以看出 Nussbaum 变量最终趋于稳定，说明系统误差及状态信号有界，能够解决未知控制增益的问题。图 5.2.7 为相对风向角α_{aw}、帆攻角α_s和帆角δ_s三者关系曲线图，不断调整帆角使风帆处于最佳帆攻角位置，大约为 30°，此时帆船受到风的有效推力最大，最佳帆攻角对航向控制有一定的辅助作用。图 5.2.8 为相对风速和船速曲线图，由于航向改变，相对风速和船速相应发生了改变，船速v_s稳定在 4.4m/s 左右波动，相对风速v_{aw}在航向改变时也逐渐增大。以上仿真结果表明所设计航向控制器实现了良好的航向控制性能，对外界干扰具有较强的鲁棒性。

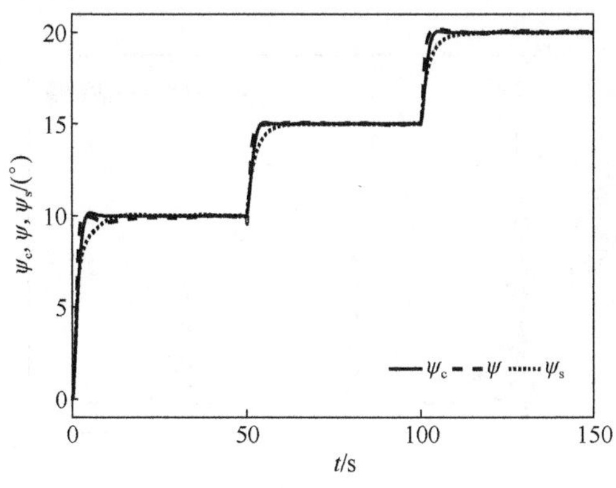

图 5.2.1　航向控制输出曲线图

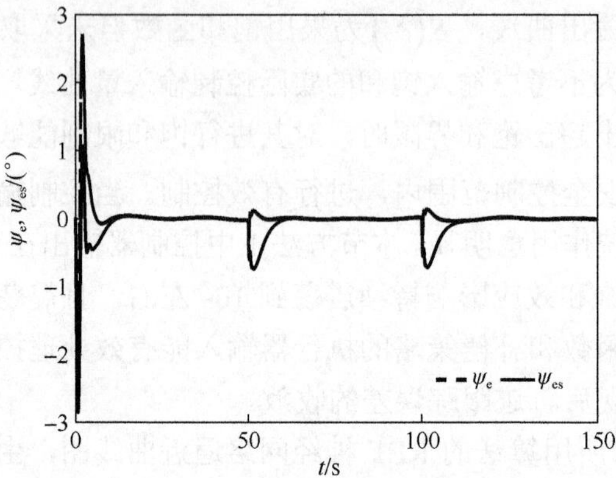

图 5.2.2　航向误差曲线图

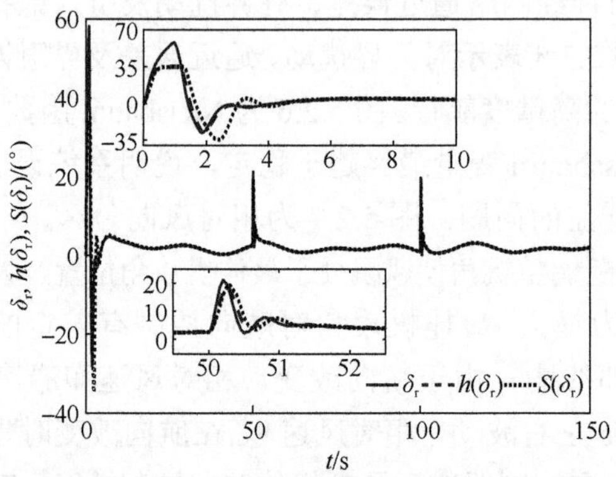

图 5.2.3　控制器输出曲线图

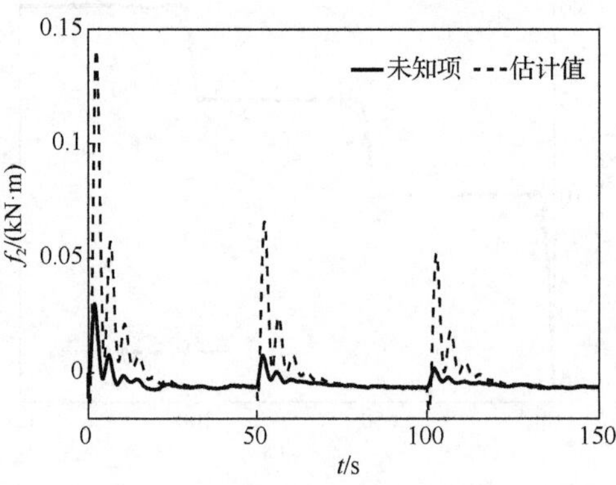

图 5.2.4　RBF 神经网络逼近曲线图

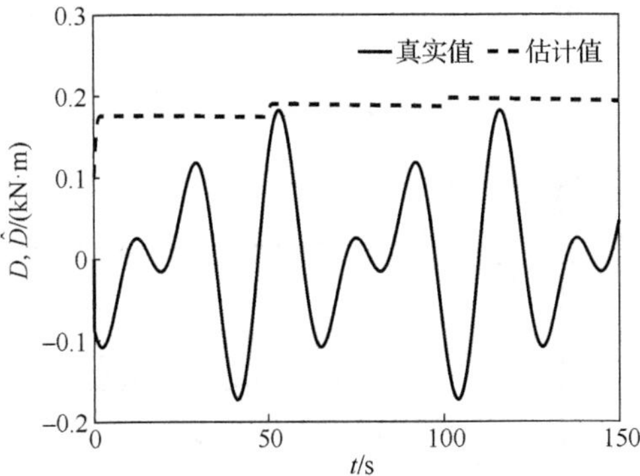

图 5.2.5　扰动的界 D 及估计值 $\hat{D}$ 曲线图

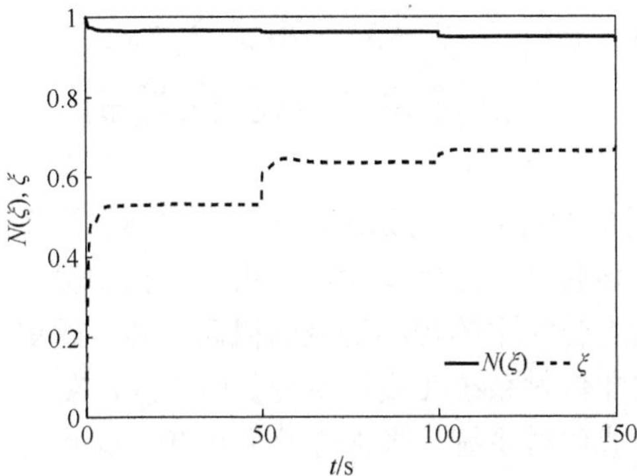

图 5.2.6　Nussbaum 函数 $N(\xi)$ 及其参数 ξ 曲线图

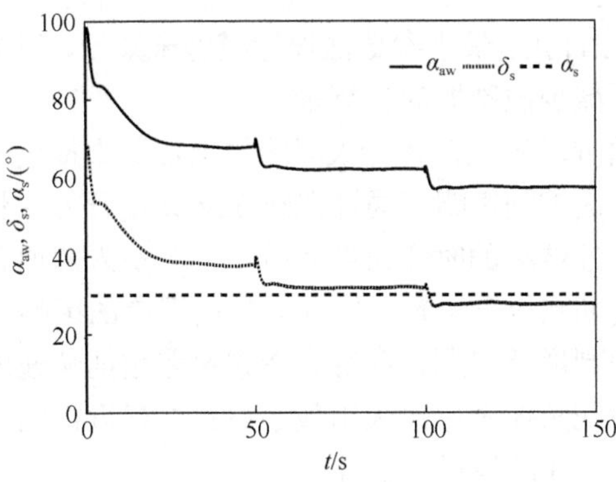

图 5.2.7　相对风向角、帆攻角和帆角曲线图

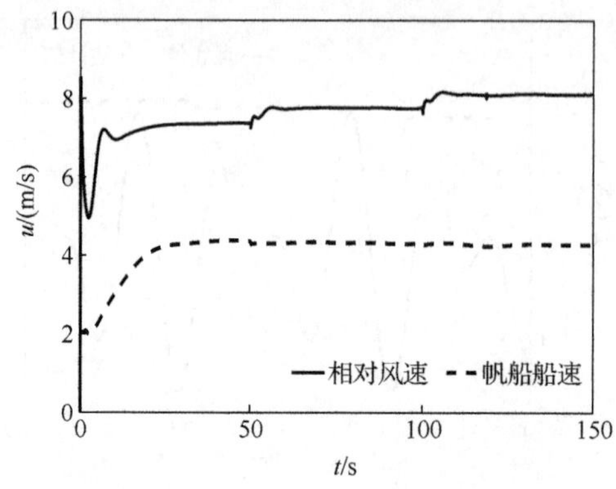

图 5.2.8　相对风速和船速曲线图

5.3　基于非仿射模型的输入受限无人帆船自适应动态面航向控制

5.1 节和 5.2 节考虑的均是仿射系统，但许多实际工程系统本质上是非仿射形式的。基于模型的非仿射系统控制器设计，由于其控制输入以非线性隐含的方式对系统产生作用，没有仿射中的控制增益的概念，其问题更复杂和具有挑战性。为了将基于各模型的非仿射系统在线转换为仿射形式，文献[16]、[17]利用中值定理将非仿射系统转换成仿射系统。张强等[18]利用 Taylor 展开，给出一种适用于全局的非仿射系统近似方法，实现了对系统的良好跟踪。

另外，5.1 节和 5.2 节采用的神经网络控制算法需要对所有权值进行实时在线学习，大大增加了计算量，且会出现“维数灾难”等问题。为了避免“维数灾难”等问题，文献[19]～[21]引用最小参数法逼近模型未知项，以单参数在线学习代替所有权值在线学习，减少控制器的计算量。

本节在 5.2 节研究基础上，在无人帆船航向控制中提出一种最小参数学习法自适应递归滑模动态面控制策略。通过在线 Taylor 展开方法将非仿射航向运动数学模型转化为具有线性结构的时变仿射系统，同时引入双曲正切函数处理控制输入饱和现象，构造辅助系统分析输入饱和对航向误差的影响，利用 Nussbaum 函数处理系统中未知控制增益问题，并综合考虑帆船艏摇角速度和航向误差间关系设计递归滑模动态面舵角控制律，采用最小参数法逼近模型不确定部分，并设计参数自适应律对干扰总和的界进行估计。

5.3.1　问题描述

本节所采用无人帆船模型与 5.1 节一致，不再赘述。

考虑实际控制输入舵角的有界性，由四自由度帆船运动数学模型（5.1.1），可得帆船非仿射航向运动数学模型如下：

$$\begin{cases}\dot{\psi}=r\cos\phi \\ \dot{r}=F\left[\psi,r,\delta_{\mathrm{s}},\tau\left(\delta_{\mathrm{r}}\right),u,v,p,\phi\right]+\Delta\end{cases} \tag{5.3.1}$$

式中，$F=\left(I_{zz}-N_{\dot{r}}\right)^{-1}[(-X_{\dot{u}}+Y_{\dot{v}})uv-N_{\psi d}(\dot{\psi})\cos\phi-N_{\mathrm{k}}-N_{\mathrm{h}}+N_{\mathrm{s}}+N_{\mathrm{r}}]$；$\psi$、$r$ 为系统状态变量；δ_{s} 为帆角；δ_{r} 为舵角，即系统实际控制输入量；$\tau\left(\delta_{\mathrm{r}}\right)$ 为受执行器饱和约束特性的输出控制量；$\Delta=\dfrac{N_{\mathrm{wind}}+N_{\mathrm{wave}}}{I_{zz}-N_{\dot{r}}}$ 为风浪干扰，其值未知但有界。为了书写方便，在不引起歧义的情况下，省略相关变量的自变量，如 $F\left[\psi,r,\delta_{\mathrm{s}},\tau\left(\delta_{\mathrm{r}}\right),u,v,p,\phi\right]$ 简写为 $F\left[\tau\left(\delta_{\mathrm{r}}\right)\right]$。

饱和受限函数 $\tau\left(\delta_{\mathrm{r}}\right)$ 的具体描述如下：

$$\tau\left(\delta_{\mathrm{r}}\right)=\mathrm{sat}\left(\delta_{\mathrm{r}}\right)=\begin{cases}\mathrm{sgn}\left(\delta_{\mathrm{r}}\right)\tau_{\mathrm{M}}, & \left|\delta_{\mathrm{r}}\right|\geqslant\tau_{\mathrm{M}} \\ \delta_{\mathrm{r}}, & \left|\delta_{\mathrm{r}}\right|<\tau_{\mathrm{M}}\end{cases} \tag{5.3.2}$$

式中，τ_{M} 为系统中控制器的输出上界值。

为便于帆船航向控制器设计，将式（5.3.1）中的 $F\left[\tau\left(\delta_{\mathrm{r}}\right)\right]$ 在 $\tau\left(\delta_{\mathrm{r}}\right)=\tau_{\xi}\left(\delta_{\mathrm{r}\xi}\right)$ 处进行 Taylor 展开，则有

$$\begin{cases}\dot{\psi}=r\cos\phi \\ \dot{r}=f\left[\tau_{\xi}\left(\delta_{\mathrm{r}\xi}\right)\right]+g_{\mathrm{r}}\left[\tau_{\xi}\left(\delta_{\mathrm{r}\xi}\right)\right]\tau\left(\delta_{\mathrm{r}}\right)+d_{f}+\Delta\end{cases} \tag{5.3.3}$$

式中，$f\left[\tau_{\xi}\left(\delta_{\mathrm{r}\xi}\right)\right]=F\left[\tau_{\xi}\left(\delta_{\mathrm{r}\xi}\right)\right]-g_{\mathrm{r}}\left[\tau_{\xi}\left(\delta_{\mathrm{r}\xi}\right)\right]\tau_{\xi}\left(\delta_{\mathrm{r}\xi}\right)$；$g_{\mathrm{r}}\left[\tau_{\xi}\left(\delta_{\mathrm{r}\xi}\right)\right]=\left.\dfrac{\partial F}{\partial\tau}\right|_{\tau=\tau_{\xi}}$ 在域 $\Omega_{\tau(\delta_{\mathrm{r}})}$ 内为已知且不为零的控制增益；d_{f} 为 Taylor 展开的高阶项；$\tau_{\xi}\left(\delta_{\mathrm{r}\xi}\right)$ 为鲁棒滑模滤波器的状态，即

$$\dot{\tau}_{\xi}\left(\delta_{\mathrm{r}\xi}\right)=-\frac{\tau_{\xi}\left(\delta_{\mathrm{r}\xi}\right)-\tau\left(\delta_{\mathrm{r}}\right)}{T_{\xi}}-\frac{\zeta_{1}\left[\tau_{\xi}\left(\delta_{\mathrm{r}\xi}\right)-\tau\left(\delta_{\mathrm{r}}\right)\right]}{\left\|\tau_{\xi}\left(\delta_{\mathrm{r}\xi}\right)-\tau\left(\delta_{\mathrm{r}}\right)\right\|+\zeta_{2}} \tag{5.3.4}$$

式中，T_{ξ} 为滤波器时间常数；$\zeta_{1}>0$ 和 $\zeta_{2}>0$ 分别为设计的切换增益和调节滑模的切换率；$\tau_{\xi}\left(\delta_{\mathrm{r}\xi}\right)$ 为 $\tau\left(\delta_{\mathrm{r}}\right)$ 的滤波值。

假设 5.3.1　无人帆船的期望航向 ψ_{d} 光滑可导且有界，其一阶导数 $\dot{\psi}_{\mathrm{d}}$ 和二阶导数 $\ddot{\psi}_{\mathrm{d}}$ 亦是有界的。

假设 5.3.2　存在一个正常数 G_{r}，使得函数 $g_{\mathrm{r}}=\dfrac{\partial F\left[\tau\left(\delta_{\mathrm{r}}\right)\right]}{\partial\tau}$ 满足条件 $0<g_{\mathrm{r}}\leqslant G_{\mathrm{r}}$，$g_{\mathrm{r}}$ 为严格正或严格负，但正负未知。

一般情况下，假设 5.3.1 和假设 5.3.2 在实际情况中均易满足。

注 5.3.1 本节所提出的 Taylor 展开在线近似方法（5.3.3）是将非仿射形式转化为时变仿射系统。当式(5.3.1)进行 Taylor 展开时，需利用系统执行器输出 $\tau(\delta_{\mathrm{r}})$ 的信息，后续 δ_{r} 的设计又需要以式（5.3.3）的获得为前提，即存在“代数环”问题。为避免此问题，本节利用鲁棒滑模滤波器（5.3.4）获取 $\tau(\delta_{\mathrm{r}})$ 预测值 $\tau_{\xi}(\delta_{\mathrm{r}\xi})$。因此，由中值定理导出的有限增量定理可知，当 $\lim\left\|\tau_{\xi}(\delta_{\mathrm{r}\xi})-\tau(\delta_{\mathrm{r}})\right\|=0$ 时，$\|d_f\|$ 才趋向于 0。为了保证式（5.3.3）在线全局近似式（5.3.1）的准确性，即 $\|d_f\|$ 足够小，需使式（5.3.4）中的 T_{ξ} 足够小。

本节控制目标 针对无人帆船非仿射航向运动数学模型（5.3.1），在满足假设 5.3.1 和假设 5.3.2 的前提下，利用 Taylor 展开方法将非仿射系统转化为具有线性结构的时变仿射系统（5.3.3），考虑系统存在模型不确定、控制增益和外界扰动均未知且输入受限的情况，设计一种神经网络最小参数自适应递归滑模动态面航向控制器，使帆船航向 ψ 保持在期望航向 ψ_{d} 上，并保证闭环系统所有信号一致最终有界，实现无人帆船的航向控制目标。

5.3.2 最小参数自适应递归滑模动态面航向控制器设计

考虑帆船控制舵角输入受限，且存在模型不确定、控制增益和外界扰动均未知的情况，将双曲正切函数和 Nussbaum 函数有机结合，基于神经网络最小参数学习法和递归滑模动态面技术，设计带输入受限和控制增益未知的无人帆船自适应航向控制器。

Nussbaum 函数定义及相应引理与 5.1 节一致，饱和函数相应定义与 5.1 节一致，故本节不再赘述。

结合式（5.2.4），将式（5.3.3）变换为

$$\begin{cases}\dot{\psi}=r\cos\phi\\ \dot{r}=f\left[\tau_{\xi}\left(\delta_{\mathrm{r}\xi}\right)\right]+g_{\mathrm{r}}\left[\tau_{\xi}\left(\delta_{\mathrm{r}\xi}\right)\right]h\left(\delta_{\mathrm{r}}\right)+\bar{\Delta}\end{cases} \tag{5.3.5}$$

式中，$\bar{\Delta}=\Delta+g_{\mathrm{r}}\left[\tau_{\xi}\left(\delta_{\mathrm{r}\xi}\right)\right]\rho\left(\delta_{\mathrm{r}}\right)+d_f$ 为系统风浪干扰、界限误差及 Taylor 展开的高阶项构成的复合干扰变量。

考虑式（5.3.5）中存在未知非线性函数 $f\left[\tau_{\xi}\left(\delta_{\mathrm{r}\xi}\right)\right]$，故引进 RBF 神经网络对其进行在线逼近。对光滑的非线性函数 $f\left[\tau_{\xi}\left(\delta_{\mathrm{r}\xi}\right)\right]:\Omega\rightarrow\mathbf{R}$，存在一个径向基函数向量 $\boldsymbol{H}(\boldsymbol{x}):\mathbf{R}^m\rightarrow\mathbf{R}^l$，以及理想的神经网络权值矩阵 $\boldsymbol{W}^*\in\mathbf{R}^l$，使得

$$f\left[\tau_{\xi}\left(\delta_{\mathrm{r}\xi}\right)\right]=\boldsymbol{W}^{*\mathrm{T}}\boldsymbol{H}(\boldsymbol{x})+\varepsilon \tag{5.3.6}$$

式中，$\boldsymbol{x}=[\psi,r,\phi]^{\mathrm{T}}\in\Omega$ 为神经网络的输入，Ω 为 $\mathbf{R}^{m}$ 上的紧集；$\boldsymbol{H}(\boldsymbol{x})=\left[h_1(\boldsymbol{x}),h_2(\boldsymbol{x}),\cdots,h_l(\boldsymbol{x})\right]^{\mathrm{T}}\in\mathbf{R}^{l}$ 为神经网络径向基函数向量，$h_l(\boldsymbol{x})$ 为神经网络的高斯基函数输出，其表达式为 $h_l(\boldsymbol{x})=\exp\left[-\dfrac{(\boldsymbol{x}-\boldsymbol{c}_j)^{\mathrm{T}}(\boldsymbol{x}-\boldsymbol{c}_j)}{2b_j^2}\right]$，$b_j>0$ 为高斯基函数的宽度，j 为神经网络隐含层的第 j 个节点，$j=1,2,\cdots,l$，$\boldsymbol{c}_j=\left[c_{j1},c_{j2},c_{j3}\right]^{\mathrm{T}}$ 为第 j 个隐含层神经元的中心点向量值；$\varepsilon\in\mathbf{R}$ 为神经网络的逼近误差，理想的权值矩阵 $\boldsymbol{W}^*$ 取在紧集 Ω 内使得 $|\varepsilon|$ 小的估计值 $\hat{\boldsymbol{W}}^{\mathrm{T}}$，定义为

$$\boldsymbol{W}^*=\arg\min_{\hat{w}\in\mathbf{R}^l}\left\{\sup_{x\in\Omega}\left|f\left[\tau_{\xi}\left(\delta_{\mathrm{r}\xi}\right)\right]-\hat{\boldsymbol{W}}^{\mathrm{T}}\boldsymbol{H}(\boldsymbol{x})\right|\right\} \tag{5.3.7}$$

理想权重 $\boldsymbol{W}^*$ 在实际中无法得到，故用 $\hat{\boldsymbol{W}}$ 表示其估计值，$\tilde{\boldsymbol{W}}$ 表示其估计误差，即 $\tilde{\boldsymbol{W}}=\hat{\boldsymbol{W}}-\boldsymbol{W}^*$。但直接采用 RBF 神经网络在线逼近未知不确定项，所有的权值向量需要实时在线学习，这样会使得计算量过大，不易于在船舶控制工程中实践。为解决神经网络计算量过大的问题，本节采用最小参数学习法代替神经网络学习算法，即将神经网络权值 $\hat{\boldsymbol{W}}^*$ 转化为单参数来调整，令 $\vartheta=\left\|\boldsymbol{W}^*\right\|^2$，$\vartheta$ 为正实数，取 $\hat{\vartheta}$ 为 ϑ 的估计值，则估计偏差 $\tilde{\vartheta}=\hat{\vartheta}-\vartheta$。

假设 5.3.3　对于所有的 $\boldsymbol{x}\in\Omega$，理想权值 $\boldsymbol{W}^*$ 和逼近误差 ε 有界，即存在正常数 $\boldsymbol{W}_{\mathrm{M}}$ 和 ε_{H}，满足 $\left\|\boldsymbol{W}^*\right\|\leqslant\boldsymbol{W}_{\mathrm{M}},|\varepsilon|\leqslant\varepsilon_{\mathrm{H}}$。

假设 5.3.4　对于无人帆船神经网络最小参数法逼近误差 ε、复合干扰变量 $\bar{\Delta}$，存在未知且有界函数 $D>0$，使 $|\varepsilon|+|\bar{\Delta}|<D$。

1. 控制律设计

第 1 步　考虑帆船航向误差变量，定义第一个滑模面变量 s_1 为

$$\begin{cases}s_1=z_1\\ z_1=\psi-\psi_{\mathrm{d}}\end{cases} \tag{5.3.8}$$

式中，ψ_{d} 表示期望航向。

对式（5.3.8）两边关于时间求导得

$$\dot{s}_1=\dot{z}_1=r\cos\phi-\dot{\psi}_{\mathrm{d}} \tag{5.3.9}$$

式中，横摇角 $\phi\in(-\pi/2,\pi/2)$，则 $\cos\phi>0$。

第 2 步　定义帆船艏摇角速度误差变量 z_2，并对 z_2 子系统进行设计：

$$z_2=r-\theta_1-e \tag{5.3.10}$$

式中，e 为减小输入受限对系统状态跟踪误差的影响，帮助控制输入退出饱和而

引入的辅助系统状态变量，设计辅助系统如下：

$$\dot{e}=-k_1e+\hat{g}_{\mathrm{r}}\rho\left(\delta_{\mathrm{r}}\right) \tag{5.3.11}$$

式中，$k_1>0$ 为设计参数；$\hat{g}_{\mathrm{r}}$ 为未知控制增益 $g_{\mathrm{r}}\left[\tau_{\xi}\left(\delta_{\mathrm{r}\xi}\right)\right]$ 的估计。

为避免对虚拟控制量直接求导产生“微分爆炸”问题，根据 Swaroop 等[22]提出的动态面方法，式（5.3.10）引入新的状态变量 θ_1 作为艏摇角速度 r 的虚拟控制量 $\alpha_1=-k_2s_1+\dfrac{\dot{\psi}_{\mathrm{d}}}{\cos\phi}-e\,(k_2>0)$的一阶低通滤波器输出，其表达式为

$$\begin{cases}T\dot{\theta}_1+\theta_1=\alpha_1\\ \theta_1(0)=\alpha_1(0)\end{cases} \tag{5.3.12}$$

式中，T 为滤波器时间常数。用滤波器的 $\dot{\theta}_1$ 代替 $\dot{\alpha}_1$ 项，避免传统反演方法中对虚拟控制量直接求导产生的计算复杂问题，易于工程实现。

定义闭环系统滤波器中 α_1 的跟踪误差为

$$y_1=\theta_1-\alpha_1 \tag{5.3.13}$$

根据定义后的帆船艏摇角速度误差变量 z_2 和第 1 步得到的航向误差变量 s_1，综合考虑两者误差间的相互关系，定义第二个递归滑模面变量 s_2 为

$$s_2=c_1s_1+z_2 \tag{5.3.14}$$

式中，c_1 为正的设计参数。

设计无人帆船航向保持舵角控制律为

$$h(\delta_{\mathrm{r}})=N(\xi)\left[c_1\dot{s}_1+k_1e+\frac{1}{2}s_2\hat{\vartheta}\boldsymbol{H}^{\mathrm{T}}(\boldsymbol{x})\boldsymbol{H}(\boldsymbol{x})+k_3s_2+s_1\cos\phi+\varXi\hat{D}-\dot{\theta}_1\right] \tag{5.3.15}$$

式中，c_1 及 k_3 均为正的设计参数；选取 $N(\xi)=\mathrm{e}^{\xi^2}\cos\left[(\pi/2)\xi\right]$，$\xi$ 为 Nussbaum 函数变量；$\varXi=\tanh\left(\dfrac{s_2}{\chi}\right)$，$\chi$ 为正的设计常数；$\hat{D}$ 为 D 的估计值。

设计带有 σ 修正的单参数自适应律为

$$\dot{\hat{\vartheta}}=\gamma\left[\frac{1}{2}s_2^2\boldsymbol{H}^{\mathrm{T}}(\boldsymbol{x})\boldsymbol{H}(\boldsymbol{x})-\sigma\hat{\vartheta}\right] \tag{5.3.16}$$

式中，σ 和 γ 均为正的设计参数。

设计未知控制增益的自适应律为

$$\dot{\hat{g}}_{\mathrm{r}}=\eta\left[s_2\rho(\delta_{\mathrm{r}})-\partial\left(\hat{g}_{\mathrm{r}}-g_{\mathrm{r}}^0\right)\right] \tag{5.3.17}$$

式中，η 和 ∂ 均为正的设计参数；g_{r}^0 为 g_{r} 的先验估计。

设计 ξ 的参数自适应律为

$$\dot{\xi}=s_2\left[c_1\dot{s}_1+k_1e+\frac{1}{2}s_2\hat{\vartheta}\boldsymbol{H}^{\mathrm{T}}\left(\boldsymbol{x}\right)\boldsymbol{H}\left(\boldsymbol{x}\right)+k_3s_2+s_1\cos\phi+\varXi\hat{D}-\dot{\theta}_1\right] \tag{5.3.18}$$

对神经网络最小参数法逼近误差和复合干扰组成的界变量 D，设计带 $\varLambda$ 修正泄露项的自适应律对其进行估计：

$$\dot{\hat{D}}=Q\left[\varXi s_2-\varLambda\left(\hat{D}-D^0\right)\right] \tag{5.3.19}$$

式中，Q 为正的设计参数；$\varLambda>0$，且选取值较小，以保证 $\hat{D}$ 不会增长到无界；D^0 为 D 的先验估计。

注 5.3.2　传统动态面的虚拟控制量仅考虑了前一个子系统跟踪误差，而没有兼顾所有之前子系统的跟踪误差。因此本节通过定义递归滑模面（5.3.14）有效综合反推中艏摇角速度误差变量 z_2 和航向误差变量 s_1 之间相互影响和制约的关系。该方法可克服传统动态面方法对其低通滤波器时间常数和神经网络自适应参数摄动脆弱的缺点。

注 5.3.3　本节引入饱和函数并利用具有光滑特性的双曲正切函数对其进行处理，可消除因输入饱和导致的执行器失控现象。为了降低饱和效应，引入辅助系统补偿由饱和函数引起的非线性项，减小输入受限对系统状态航向误差的影响。同时采用 Nussbaum 函数处理系统中控制增益未知的问题。

2. 稳定性分析

为便于分析无人帆船运动控制闭环系统的稳定性，本节提出如下定理。

定理 5.3.1　针对无人帆船非仿射航向运动数学模型（5.3.1），利用 Taylor 展开方法将非仿射系统转化为具有线性结构的时变仿射系统（5.3.3），在假设 5.1.1 和假设 5.1.2 成立的情况下，考虑帆船存在模型不确定、控制增益和外界扰动均未知及控制输入受限的情况，利用最小参数学习法（5.3.16）在线逼近模型不确定项，设计未知控制增益 g_{r} 的自适应律（5.3.17）、参数 $\dot{\xi}$ 的自适应律（5.3.18）和估计外界环境干扰界值的自适应律（5.3.19），在控制律（5.3.15）的作用下，通过设计适当的参数 c_1、k_1、k_2、k_3、γ、η、∂、σ、χ、Q、$\varLambda$、ζ_1 及 ζ_2 和滤波器时间常数 ρ、T，可保证无人帆船航向控制系统所有信号的一致最终有界性。

证明　选择如下 Lyapunov 函数：

$$V=\frac{1}{2}\sum_{j=1}^{2}s_j^2+\frac{1}{2Q}\tilde{D}^2+\frac{1}{2\eta}\tilde{g}_{\mathrm{r}}^2+\frac{1}{2\gamma}\tilde{\vartheta}^2+\frac{1}{2}y_1^2 \tag{5.3.20}$$

式中，$\tilde{\vartheta}=\hat{\vartheta}-\vartheta$ 为最小参数学习法估计误差变量；$\tilde{D}=\hat{D}-D$ 为神经网络逼近误差和复合干扰变量组成的界估计误差变量。

结合式（5.3.6）、式（5.3.13）、式（5.3.15），对式（5.3.14）关于时间求导得

$$
\begin{aligned}
\dot{s}_2 &= c_1\dot{s}_1 + \dot{z}_2 \\
&= c_1\dot{s}_1 + \boldsymbol{W}^{*\mathrm{T}}\boldsymbol{H}(\boldsymbol{x}) + \varepsilon + g_{\mathrm{r}}\left[\tau_{\xi}\left(\delta_{\mathrm{r}\xi}\right)\right]h\left(\delta_{\mathrm{r}}\right) + \bar{\Delta} - \dot{\theta}_1 + k_1 e - \hat{g}_{\mathrm{r}}\rho\left(\delta_{\mathrm{r}}\right)
\end{aligned} \tag{5.3.21}
$$

综合式（5.3.9）～式（5.3.11）、式（5.3.14）～式（5.3.19）及式（5.3.21）对式（5.3.20）关于时间求导，可得

$$
\begin{aligned}
\dot{V} &= \sum_{j=1}^{2} s_j\dot{s}_j + \frac{1}{Q}\tilde{D}\dot{\hat{D}} + \frac{1}{\eta}\tilde{g}_{\mathrm{r}}\dot{\hat{g}}_{\mathrm{r}} + \frac{1}{\gamma}\tilde{\vartheta}\dot{\hat{\vartheta}} + y_1\dot{y}_1 \\
&\leqslant -\left(c_1 + k_2\right)\cos\phi s_1^2 + \cos s_1 y_1 - k_3 s_2^2 + s_2 D - \varXi D s_2 - \varLambda\left(\hat{D} - D\right)\left(\hat{D} - D^0\right) \\
&\quad + \tilde{g}_{\mathrm{r}}\partial\left(\hat{g}_{\mathrm{r}} - g_{\mathrm{r}}^0\right) - \frac{1}{2}s_2^2\hat{\vartheta}\boldsymbol{H}^{\mathrm{T}}(\boldsymbol{x})\boldsymbol{H}(\boldsymbol{x}) + s_2\boldsymbol{W}^{*\mathrm{T}}\boldsymbol{H}(\boldsymbol{x}) + \frac{1}{2}s_2^2\tilde{\vartheta}\boldsymbol{H}^{\mathrm{T}}(\boldsymbol{x})\boldsymbol{H}(\boldsymbol{x}) \\
&\quad - \sigma\tilde{\vartheta}\hat{\vartheta} + y_1\dot{y}_1 + \left\{g_{\mathrm{r}}\left[\tau_{\xi}\left(\delta_{\mathrm{r}\xi}\right)\right]N(\xi) + 1\right\}\dot{\xi}
\end{aligned} \tag{5.3.22}
$$

对于式（5.3.22）中 $y_1\dot{y}_1$ 项，由式（5.3.13）可得

$$
\dot{y}_1 = \dot{\theta}_1 - \dot{\alpha}_1 = \frac{-y_1}{T} - \dot{\alpha}_1 \tag{5.3.23}
$$

考虑如下紧集：

$$
\varPi_{\mathrm{d}} = \left\{\left(\psi_{\mathrm{d}}, \dot{\psi}_{\mathrm{d}}, \ddot{\psi}_{\mathrm{d}}\right) : \left|\psi_{\mathrm{d}}\right|^2 + \left|\dot{\psi}_{\mathrm{d}}\right|^2 + \left|\ddot{\psi}_{\mathrm{d}}\right|^2 \leqslant I\right\}
$$

$$
\varPi_1 = \left\{\sum_{j=1}^{2} s_j^2 + \frac{1}{Q}\tilde{D}^2 + \frac{1}{\eta}\tilde{g}_{\mathrm{r}}^2 + \frac{1}{\gamma}\tilde{\vartheta}^2 + y_1^2 < 2\varGamma\right\}
$$

式中，I、$\varGamma$ 为任意正常数。考虑紧集 $\varPi_{\mathrm{d}} \in \mathbf{R}$ 和紧集 $\varPi_1 \in \mathbf{R}$，则 $\varPi_{\mathrm{d}} \times \varPi_1 \in \mathbf{R}$ 也是紧集，即存在非负的连续函数 $\beta(\cdot)$，使得

$$
\left|\dot{y}_1 + \frac{y_1}{T}\right| \leqslant \beta\left(s_1, s_2, c_1, k_1, k_2, k_3, \hat{\vartheta}, \psi_{\mathrm{d}}, \dot{\psi}_{\mathrm{d}}, \ddot{\psi}_{\mathrm{d}}\right)
$$

且 $\beta(\cdot)$ 在空间 $\varPi_{\mathrm{d}} \times \varPi_1$ 上有最大值 N。故

$$
y_1\dot{y}_1 = -\frac{y_1^2}{T} + y_1\left(\dot{y}_1 + \frac{y_1}{T}\right) \leqslant -\frac{y_1^2}{T} + \lambda y_1^2 + \frac{N^2}{4\eta} \tag{5.3.24}
$$

式中，$\lambda > 0$ 为设定参数；T 为滤波器时间常数。

考虑到

$$
s_2^2\vartheta\boldsymbol{H}^{\mathrm{T}}(\boldsymbol{x})\boldsymbol{H}(\boldsymbol{x}) + 1 \geqslant 2s_2\boldsymbol{W}^{*\mathrm{T}}\boldsymbol{H}(\boldsymbol{x}) \tag{5.3.25}
$$

$$
-\left(\hat{D} - D\right)\left(\hat{D} - D^0\right) \leqslant -\frac{1}{2}\left(\hat{D} - D\right)^2 + \frac{1}{2}\left(D - D^0\right)^2 \tag{5.3.26}
$$

$$
-\tilde{\vartheta}\hat{\vartheta} \leqslant \frac{1}{2}\vartheta^2 - \frac{1}{2}\tilde{\vartheta}^2 \tag{5.3.27}
$$

应用双曲正切函数的性质，对于 $\chi > 0$，$A \in \mathbf{R}$，有 $0 \leqslant |A| - A\tanh(A/\chi) \leqslant$

0.2785χ，并结合式（5.3.23）～式（5.3.27）将式（5.3.22）变换为

$$\dot{V} \leqslant -\left[(c_1+k_2)\cos\phi-\frac{1}{2}\right]s_1^2-k_3s_2^2-\frac{\Lambda}{2}\tilde{D}^2-\frac{\partial}{2}\tilde{g}_{\mathrm{r}}^2-\frac{\sigma}{2}\tilde{\vartheta}^2-\left(\frac{1}{T}-\lambda-\frac{1}{2}\right)y_1^2$$
$$+0.2785\chi D+\frac{\Lambda}{2}\left(D-D^0\right)^2+\frac{\partial}{2}\left(\hat{g}_{\mathrm{r}}-g_{\mathrm{r}}^0\right)^2+\frac{\sigma}{2}\vartheta^2+\frac{1}{2}+\frac{N^2}{4\lambda}$$
$$+\left\{g_{\mathrm{r}}\left[\tau_\xi\left(\delta_{\mathrm{r}\xi}\right)\right]N(\xi)+1\right\}\dot{\xi}$$
$$\leqslant -\mu_0V+\left\{g_{\mathrm{r}}\left[\tau_\xi\left(\delta_{\mathrm{r}\xi}\right)\right]N(\xi)+1\right\}\dot{\xi}+\hbar \tag{5.3.28}$$

式中，

$$\begin{cases}\mu_0=\min\left\{2\left[(c_1+k_2)\cos\phi-\frac{1}{2}\right],2k_3,Q\Lambda,\eta\partial,\sigma\gamma,2\left(\frac{1}{T}-\lambda-\frac{1}{2}\right)\right\}\\ \hbar=\frac{\Lambda}{2}\left(D-D^0\right)^2+0.2785\chi D+\frac{\partial}{2}\left(\hat{g}_{\mathrm{r}}-g_{\mathrm{r}}^0\right)^2+\frac{\sigma}{2}\vartheta^2+\frac{1}{2}+\frac{N^2}{4\lambda}\end{cases} \tag{5.3.29}$$

其中，$c_1+k_1>\dfrac{1}{2\cos\phi}$，$\dfrac{1}{T}-\lambda-\dfrac{1}{2}>0$。

对式（5.3.28）两端乘以$\mathrm{e}^{\mu_0 t}$，则有

$$\frac{\mathrm{d}}{\mathrm{d}t}\left[V(t)\mathrm{e}^{\mu_0 t}\right]\leqslant \mathrm{e}^{\mu_0 t}\left\{g_{\mathrm{r}}\left[\tau_\xi\left(\delta_{\mathrm{r}\xi}\right)\right]N(\xi)+1\right\}\dot{\xi}+\hbar\mathrm{e}^{\mu_0 t} \tag{5.3.30}$$

式中，μ_0为正的设计常数。

设$\ell=\dfrac{\hbar}{\mu_0}$，对式（5.3.30）在$[0,t]$上进行积分，得

$$0\leqslant V(t)\leqslant \ell+V(0)\mathrm{e}^{-\mu_0 t}+\mathrm{e}^{-\mu_0 t}\int_0^t\dot{\xi}\mathrm{e}^{\mu_0\tau}\mathrm{d}\tau+\mathrm{e}^{-\mu_0 t}\int_0^t g_{\mathrm{r}}\left[\tau_\xi\left(\delta_{\mathrm{r}\xi}\right)\right]N(\xi)\dot{\xi}\mathrm{e}^{\mu_0\tau}\mathrm{d}\tau \tag{5.3.31}$$

根据式（5.3.31）和引理 5.1.1 得出结论：在有限时间$\left[0,t_f\right)$内，$V(t)$、ξ、s_1、s_2、y_1、$\hat{g}_{\mathrm{r}}$、$\hat{\vartheta}$及$\hat{D}$都是有界的。因此对设计参数c_1、k_1、k_2、k_3、γ、η、∂、σ、χ、Q、Λ、ζ_1及ζ_2和滤波器时间常数ρ、T进行适当调整选择，并且由注 5.1.2 可知，当$t_f=\infty$时，得到闭环系统所有信号在定义的紧集内部都是一致最终有界的。

另外，由于$|\psi(t)|\leqslant|s_1(t)|+|\psi_{\mathrm{d}}(t)|$，根据式（5.3.20）和式（5.3.29）得

$$|\psi(t)|\leqslant\sqrt{2(\ell+C)+2V(0)\mathrm{e}^{-\mu_0 t}}+|\psi_{\mathrm{d}}(t)| \tag{5.3.32}$$

式中，$C=\sup\int_0^t\left\{g_{\mathrm{r}}\left[\tau_\xi\left(\delta_{\mathrm{r}\xi}\right)\right]N(\xi)+1\right\}\dot{\xi}\mathrm{e}^{-\mu_0(t-\tau)}\mathrm{d}\tau$。

由μ_0、$\hbar$及ℓ的定义可知，可以通过选取适当的设计参数c_1、k_1、k_2、k_3、γ、η、∂、σ、χ、Q、Λ、ζ_1及ζ_2和滤波器时间常数ρ、T，使得ℓ尽可能小，

从而使得$\varpi > \sqrt{2(\ell + C)}$尽可能小。因此，存在一个任意常数$\upsilon > 0$，使得对于所有的$t \geqslant \upsilon$，都有$s_1(t) \leqslant \varpi$，从而$\lim\limits_{t\to\infty} |s_1(t)| \leqslant \varpi$成立。即选取适当控制器参数使航向误差$s_1 = \psi - \psi_d$尽量小，可以实现无人帆船高精度的航向控制。

5.3.3　仿真研究

为验证所设计航向控制器的有效性，本节仍以 2.2 节中所构建的帆船模型为对象进行仿真试验，详细船舶参数参考表 2.2.1。

在仿真过程中，假设吃水$T = 2.15\text{m}$，浪的有义波高$h = 2.75\text{m}$，遭遇频率$\omega_e = 0.65\text{Hz}$。设定真实风向角$\alpha_{tw} = 110°$，风速$v_{tw} = 9\text{m/s}$，初始船速$v_0 = 2\text{m/s}$，初始航向$\psi(0) = 0°$，期望航向ψ_d的变化范围为-20°～45°。

为达到跟踪期望航向的良好效果，将ψ_d通过参考模型$G(s) = \dfrac{\omega_n^2}{s^2 + 2\xi\omega_n s + \omega_n^2}$得到光滑的期望航向输入信号$\psi_c$，其中$\omega_n = 1, \xi = 0.8$。

控制器参数选取$c_1 = 0.8, k_1 = 20, k_2 = 8, k_3 = 1, \gamma = 8, \sigma = 1\times 10^{-5}, \eta = 1, \chi = 2$，$Q = 8$，$\partial = 0.1$，$\varLambda = 1\times 10^{-4}$，$g_r^0 = 0.01$，$D^0 = 0.01$，$T = 0.045$，$T_\xi = 0.008$，$\zeta_1$=15，$\zeta_2$=0.15。设定无人帆船舵角偏转的幅度范围为±30°。

为了验证本节算法的有效性，将本节算法［记为方法 1，其中ψ代表实际航向，ψ_e代表实际航向误差，$h(\delta_r)$代表控制器输出］与采用饱和函数但未采取任何补偿策略的方法［记为方法 2，其中ψ_s代表实际航向，ψ_{es}代表实际航向误差，$S(\delta_r)$代表控制器输出］进行比较。在进行帆船航向控制的同时，帆角的操作采用文献[10]的操帆规则进行控制。仿真结果如图 5.3.1～图 5.3.8 所示。

图 5.3.1 表示在真实风浪扰动作用下的航向控制输出曲线，图 5.3.2 表示航向误差曲线，由两图可以得出，相较于方法 2，本节所提方法的航向误差较小，波动较平缓，在航向改变较大的情况下具有较高的控制精度。图 5.3.3 为控制器输出，即舵角的曲线图，$h(\delta_r)$表示本节采用双曲正切函数并引入辅助系统补偿后的执行器输出曲线，方法 2 表示采用饱和函数但未采取任何补偿策略的执行器输出曲线。由图 5.3.3 仿真效果可以看出，方法 2 受饱和效应影响持续震荡到 12s 左右，相较于方法 1 中 6s 左右恢复理想状态的波动时间较长，振荡幅值较大。说明本节设计的带有限制函数和补偿策略的执行器输入能有效处理控制输入饱和问题，并且有助于饱和出现后轨迹跟踪误差的收敛。图 5.3.4 为采用最小参数法的神经网络逼近曲线，由于变航向控制有一定的调节过程，在大约 15s 后神经网络基本跟踪上所要逼近的不确定项f，从图 5.3.4 神经网络逼近效果可知，逼近过程存在一定的逼

近误差，设计带有 Λ 修正泄露项的自适应律对神经网络逼近误差及复合干扰的总和的界进行估计。图 5.3.5 表示对干扰总和的界进行良好的估计，保证帆船的高精度航行。图 5.3.6 为 Nussbaum 函数 $N(\xi)$ 及其参数 ξ 曲线图，可以看出 Nussbaum 变量最终趋于稳定，说明系统误差及状态信号有界，能够解决未知控制增益的问题。图 5.3.7 为相对风向角 α_{aw}、帆攻角 α_s 和帆角 δ_s 三者关系曲线图，不断调整帆角使风帆处于最佳帆攻角位置，大约为 30°，此时帆船受到风的有效推力最大，最佳帆攻角对航向控制有一定的辅助作用。图 5.3.8 为相对风速和船速曲线图，由于航向改变，相对风速和船速相应发生了改变，船速稳定在 4.4m/s 左右波动，相对风速在航向改变时也随之改变。以上仿真结果表明所设计航向控制器实现了良好的航向控制性能，对外界干扰具有较强的鲁棒性。

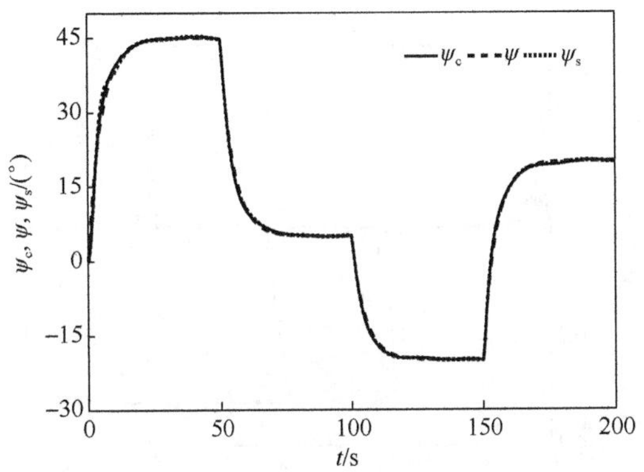

图 5.3.1　航向控制输出曲线图

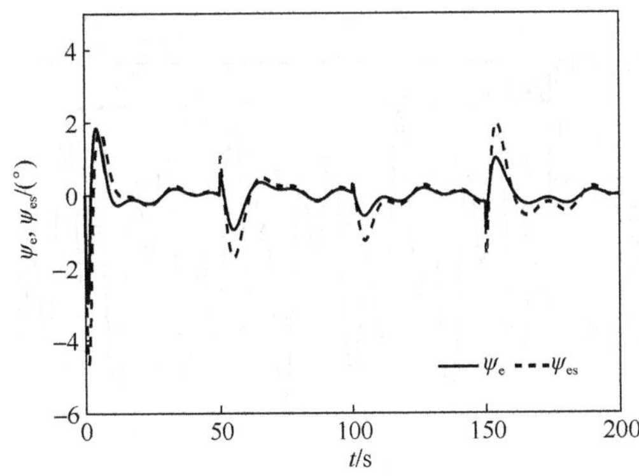

图 5.3.2　航向误差曲线图

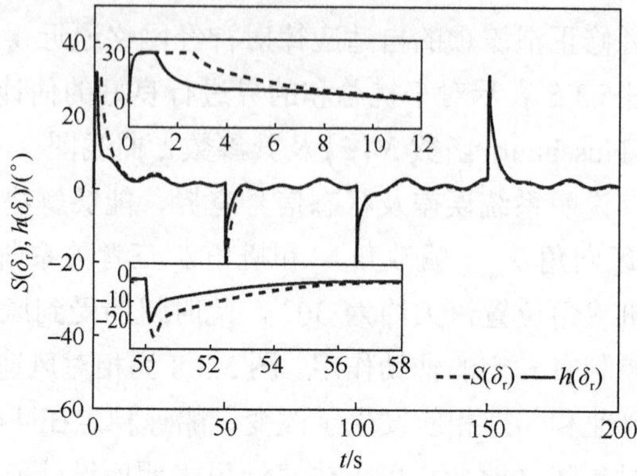

图 5.3.3　控制器输出曲线图

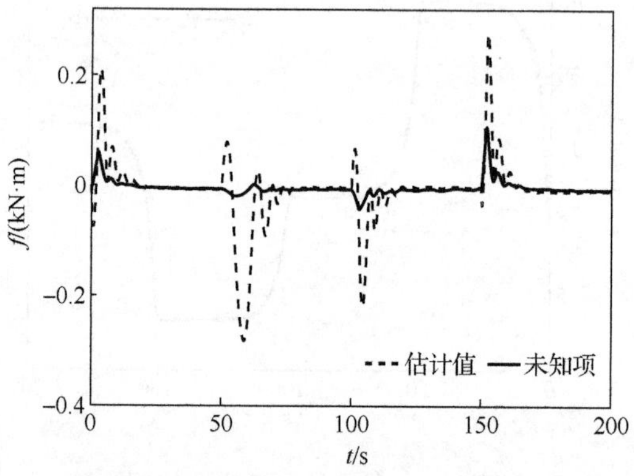

图 5.3.4　神经网络逼近曲线图

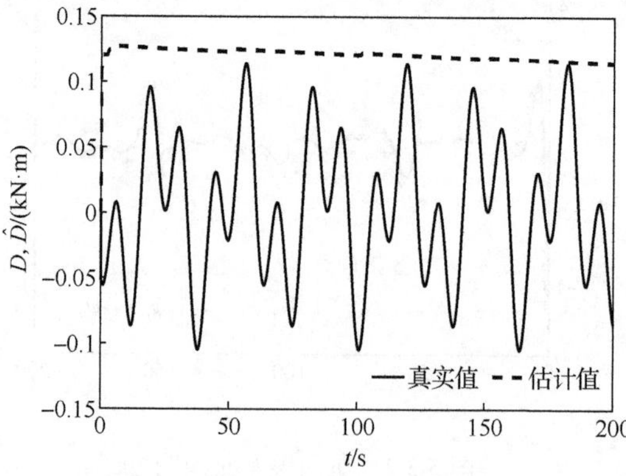

图 5.3.5　扰动的界 D 及估计值 $\hat{D}$ 曲线图

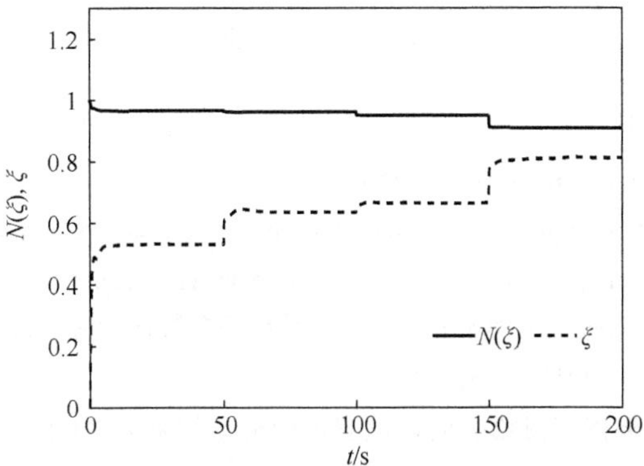

图 5.3.6　Nussbaum 函数 $N(\xi)$ 及其参数 ξ 曲线图

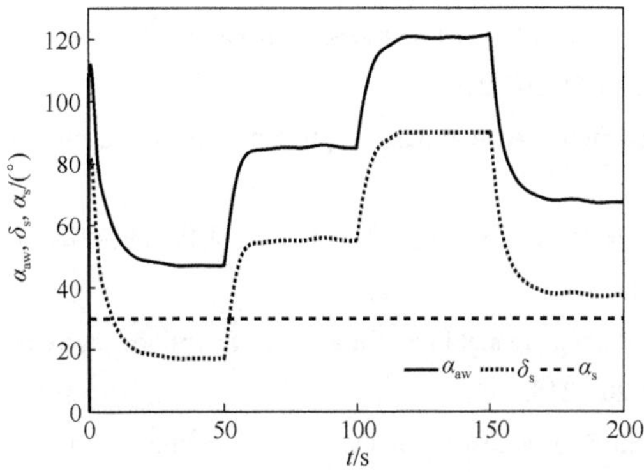

图 5.3.7　相对风向角、帆攻角和帆角曲线图

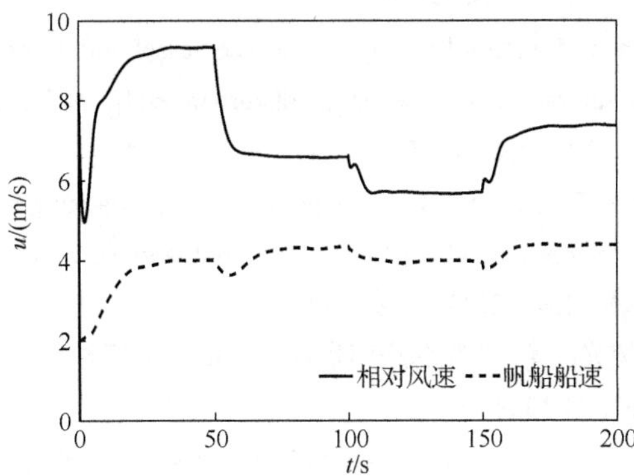

图 5.3.8　相对风速和船速曲线图

参 考 文 献

[1] Lin X, Jouffroy J. Modeling and nonlinear heading control of sailing yachts[J]. IEEE Journal of Oceanic Engineering, 2014, 39(2): 256-268.

[2] Wille K L, Hassani V, Sprenger F. Modeling and course control of sailboats[C]. 10th IFAC Conference on Control Applications in Marine Systems, Trondheim, Norway, 2016: 532-539.

[3] 张元涛, 石为人, 邱明伯. 一类不确定非线性系统的参数自适应滑模控制[J]. 华中科技大学学报（自然科学版）, 2011, 39(5): 79-82.

[4] 张伟, 毛剑琴. 基于模糊树模型的自适应模糊滑模控制方法[J]. 控制理论与应用, 2010, 27(2): 263-268.

[5] 李铁山, 邹早建, 罗伟林. 基于DSC后推法的非线性系统的鲁棒自适应NN控制[J]. 自动化学报, 2008, 34(11): 1424-1430.

[6] Nussbaum R D. Some remarks on a conjecture in parameter adaptive control[J]. Systems and Control Letters, 1983, 3(5): 201-210.

[7] Polycarpou M M, Ioannou P A. A robust adaptive nonlinear control design[J]. Automatic, 1993, 32(3): 1365-1369.

[8] 沈智鹏, 代昌盛. 欠驱动船舶路径跟踪的强化学习迭代滑模控制[J]. 哈尔滨工程大学学报, 2017, 38(5): 697-704.

[9] Ryan E P. A universal adaptive stabilizer for a class of nonlinear systems[J]. Systems and Control Letters, 1991, 16(3): 209-218.

[10] Corno M, Formentin S, Savaresi S M. Data-driven online speed optimization in autonomous sailboats[J]. IEEE Transactions on Intelligent Transportation Systems, 2016, 17(3): 762-771.

[11] 王国峰, 郑凯, 王兴成. 考虑执行器饱和约束的非光滑船舶航向控制器设计[J]. 中南大学学报（自然科学版）, 2013(12): 4903-4909.

[12] Zheng Z W, Feroskhan M. Path following of a surface vessel with prescribed performance in the presence of input saturation and external disturbances[J]. IEEE/ASME Transactions on Mechatronics, 2017, 22(6): 2564-2575.

[13] Zheng Z W, Huang Y T, Xie L H, et al. Adaptive trajectory tracking control of a fully actuated surface vessel with asymmetrically constrained input and output[J]. IEEE Transactions on Control Systems Technology, 2017, 25(8): 1-9.

[14] 刘希, 孙秀霞, 刘树光, 等. 非脆弱递归滑模动态面自适应神经网络控制[J]. 控制理论与应用, 2013, 30(10): 1323-1328.

[15] Zou A M, Hou Z G, Tan M. Adaptive control of a class of nonlinear pure-feedback systems using fuzzy backstepping approach[J]. IEEE Transactions on Fuzzy Systems, 2008, 16(4): 886-897.

[16] Chen M, Ge S S. Direct adaptive neural control for a class of uncertain nonaffine nonlinear systems based on disturbance observer[J]. IEEE Transactions on Cybernetics, 2013, 43(4): 1213-1225.

[17] Chen L S, Wang Q. Adaptive robust control for a class of uncertain MIMO non-affine nonlinear systems[J]. IEEE/CAA Journal of Automatica Sinica, 2016, 3(1): 105-112.

[18] 张强, 袁铸钢, 许德智. 一类输入受限的不确定非仿射非线性系统二阶动态 terminal 滑模控制[J]. 控制与决策, 2016, 31(9): 1537-1545.

[19] 刘程, 李铁山, 陈纳新. 带有舵机特性的船舶航向自动舵DSC-MLP设计[J]. 哈尔滨工程大学学报, 2012, 33(1): 9-14.

[20] Zhang G Q, Zhang X K. Concise robust adaptive path-following control of underactuated ships using DSC and MLP[J]. IEEE Journal of Oceanic Engineering, 2014, 39(4): 685-694.

[21] 沈智鹏, 王茹. 基于 DSC 和 MLP 的欠驱动船舶自适应滑模轨迹跟踪控制[J]. 系统工程与电子技术, 2018, 40(3): 643-651.

[22] Swaroop D, Hedrick J K, Yip P P, et al. Dynamic surface control for a class of nonlinear systems[J]. IEEE Transactions on Automatic Control, 2000, 45(10): 1893-1899.

第 6 章　无人帆船路径跟踪动态面控制

由于自然环境中的风能无法人为控制，这极大地增加了无人帆船控制器的设计与实现难度。实现期望路径的跟踪是无人帆船执行各类复杂任务的前提和基础，为此，本章以四自由度无人帆船为研究对象，基于 LOS 导引律和递归滑模动态面技术，考虑模型部分未知、输入饱和、外界复杂环境扰动、速度调节、密集路径点跟踪等问题，采用动态面控制、RBF 神经网络、扩张状态观测器、双虚拟小船法等方法对无人帆船路径跟踪控制问题进行研究。

6.1　基于积分 LOS 的无人帆船路径跟踪动态面控制

本节主要目的是通过控制器的设计使无人帆船结合当前环境因素按照期望路径进行航行，完成多种工程领域作业。纯风力驱动的无人帆船在路径跟踪过程中完全依靠外界环境中的风提供前进动力，对其路径跟踪控制的研究具有一定的挑战性。

文献[1]针对“Atlantis”号无人帆船设计了基于视线（line-of-sight，LOS）法的路径跟踪控制算法，LOS 导引律的基本原理是模拟舵手操船行为，将三阶路径跟踪问题转化成一阶航向跟踪问题，极大地降低了路径跟踪控制算法的复杂度。但是文献[1]将无人帆船看作普通无人船并没有考虑无人帆船自身特性。文献[2]考虑无人帆船航行过程中横漂现象较传统无人船更加明显，采用双降阶扩张状态观测器和饱和算子的方法来估计无人帆船航行过程的漂角，但是该方法没有考虑无人帆船因外界风场变化产生的航速波动对路径跟踪精度的影响。文献[3]、[4]将时变海流的扰动作为设计 LOS 导引律的重要因素，在传统 LOS 导引律中加入积分项补偿海流扰动对路径跟踪控制的影响。针对航速波动问题，文献[5]提出一种基于航速的积分 LOS（integral line-of-sight，ILOS）导引律，在导引律积分项中引入速度变量，降低航速波动对路径跟踪精度的影响。文献[6]针对船舶执行器饱和问题，采用辅助系统消解输入受限的不良影响。

针对存在航速波动的无人帆船路径跟踪控制问题，本节引入文献[5]基于航速的 ILOS 导引律，降低无人帆船航速波动对路径跟踪精度的影响。采用第 5 章中 RBF 神经网络结合递归滑模技术设计控制器，并根据文献[6]设计辅助系统降低输入受限对控制系统的影响，同时采用动态面技术解决递归滑模方法可能引起的微分爆炸问题。最后以一艘 12m 型帆船进行仿真实验，验证所设计的控制器的有效性。

6.1.1　问题描述

无人帆船依靠风帆结构捕获外界环境中的风力驱动前进，因此帆船的航行方向会受到来风方向的限制。如图 6.1.1 所示，当无人帆船在迎风区时，无法从外界环境中获得动力，因此无人帆船在迎风区无法直接航行；在侧风区航行时，无人帆船对风能的捕获效率最高；当无人帆船处于顺风区时，航行过程中阻力增加，风帆对风能捕获效率降低，航速无法达到最大值。

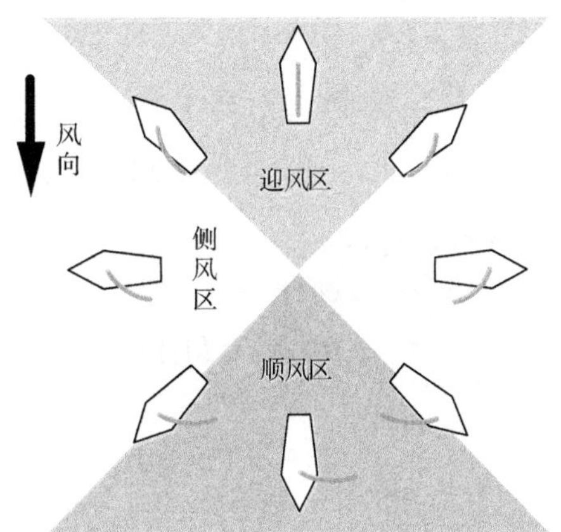

图 6.1.1　附体坐标系下的风区图

由于无人帆船在迎风区无法直接航行，而在侧风区帆船从外界获得风能效率最大，因此无人帆船可以执行迎风换舷策略通过迎风区。所谓的迎风换舷是指无人帆船在迎风区域航行过程中，船艏向需要在绝对风向±45° 边缘处来回切换，行驶 Z 形路径，将迎风转变为侧风。在 Z 形路径航行过程中，船的两侧船舷会依次直面来风，因此这种航行策略也被称为迎风换舷，如图 6.1.2 所示。

由式（2.2.1）与式（2.2.2）可得四自由度非线性无人帆船艏向运动学模型和动力学模型为

$$\begin{cases}\dot{\psi} = r\cos\phi \\ \dot{r}=\left(I_{zz} - N_{\dot{r}}\right)^{-1}[(-X_{\dot{u}} + Y_{\dot{v}})uv - N_{\psi d}(\dot{\psi})\cos\phi - N_{\mathrm{k}} - N_{\mathrm{h}} + N_{\mathrm{s}} + N_{\mathrm{r}} + N_{\mathrm{wind}} + N_{\mathrm{wave}}]\end{cases} \tag{6.1.1}$$

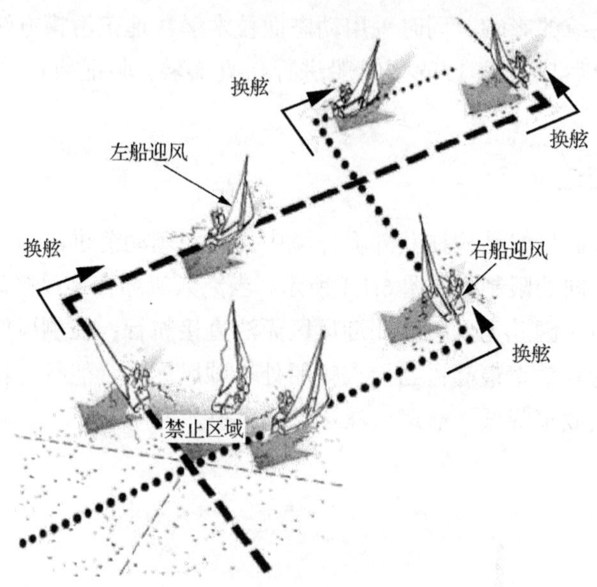

图 6.1.2　迎风换舷原理图

对式（6.1.1）进行简化处理可得

$$\begin{cases}\dot{\psi} = r\cos\phi \\ \dot{r} = g_{\mathrm{r}}k_{\mathrm{r}}\left(\delta_{\mathrm{r}}\right) + f\left(\cdot\right) + \varDelta\end{cases} \tag{6.1.2}$$

式中，

$$g_{\mathrm{r}}k_{\mathrm{r}}\left(\delta_{\mathrm{r}}\right) = \frac{N_{\mathrm{r}}}{\left(I_{zz} - N_{\dot{r}}\right)}$$

$$f\left(\cdot\right) = \left(I_{zz} - N_{\dot{r}}\right)^{-1}[(-X_{\dot{u}} + Y_{\dot{v}})uv - N_{\psi d}(\dot{\psi})\cos\phi - N_{\mathrm{k}} - N_{\mathrm{h}} + N_{\mathrm{s}}]$$

$$\varDelta = \left(I_{zz} - N_{\dot{r}}\right)^{-1}[N_{\mathrm{wind}} + N_{\mathrm{wave}}]$$

为了方便控制器的设计，我们进行如下假设。

假设 6.1.1　假设无人帆船为刚性存在，忽略纵摇和垂荡运动，忽略海流对船舵影响（$\alpha_{\mathrm{ar}} = 0$）。

因此结合式（2.2.11）与式（2.2.12）可得

$$\begin{aligned} g_{\mathrm{r}}k_{\mathrm{r}}\left(\delta_{\mathrm{r}}\right) &= \frac{-\left(L_{\mathrm{r}}\cos\alpha_{\mathrm{ar}} + D_{\mathrm{r}}\sin\alpha_{\mathrm{ar}}\right)\left|x_{\mathrm{r}}\right|}{\left(I_{zz} - N_{\dot{r}}\right)} \\ &= \frac{-\left|x_{\mathrm{r}}\right|\cdot\left(0.5\rho_{\mathrm{w}}A_{\mathrm{r}}v_{\mathrm{ar}}^{2}C_{\mathrm{Lr}}\left(\alpha_{\mathrm{r}}\right)\right)}{\left(I_{zz} - N_{\dot{r}}\right)} \end{aligned} \tag{6.1.3}$$

式中，L_{r}、D_{r} 分别为水动力对舵产生的升力和阻力；ρ_{w} 为流体密度；A_{r} 为舵叶面积；v_{ar} 为舵前有效来流速度；$C_{\mathrm{Lr}}(\alpha_{\mathrm{r}})$为船舵升力系数。

文献[7]对船舵升力系数进行近似拟合得到船舵升力系数与舵攻角之间的函数关系为

$$C_{\mathrm{Lr}}\left(\alpha_{\mathrm{r}}\right)=1.2\sin 2\alpha_{\mathrm{r}} \tag{6.1.4}$$

结合式（2.2.10）与式（6.1.4）可将式（6.1.3）改写为

$$g_{\mathrm{r}}k_{\mathrm{r}}\left(\delta_{\mathrm{r}}\right)=\frac{3\left|x_{\mathrm{r}}\right|\rho_{\mathrm{w}}A_{\mathrm{r}}v_{\mathrm{ar}}^{2}}{5\left(I_{zz}-N_{\dot{r}}\right)}\cdot\sin 2\delta_{\mathrm{r}} \tag{6.1.5}$$

与第 5 章不同的是，本章不考虑控制增益函数未知的问题，因此式（6.1.5）中，$k_{\mathrm{r}}\left(\delta_{\mathrm{r}}\right)=\sin 2\delta_{\mathrm{r}}$ 是准确的舵角增益函数。

由于无人帆船舵机结构限制，船舵的摆动角度是有界限的，所以系统的输入舵角为

$$\operatorname{sat}\left(\delta_{\mathrm{r}}\right)=\begin{cases}\delta_{\min}, & \delta_{\mathrm{r}}\leqslant\delta_{\min}\\ \delta_{\mathrm{r}}, & \delta_{\min}<\delta_{\mathrm{r}}<\delta_{\max}\\ \delta_{\max}, & \delta_{\mathrm{r}}\geqslant\delta_{\max}\end{cases}$$

为了保证控制器设计，本节提出以下假设。

假设 6.1.2　无人帆船在航行过程中会受到外界风浪扰动，这些扰动对于无人帆船的扰动力矩为 $\varDelta$，这些扰动力矩是有界的且存在上限，即 $\varDelta<\left|\bar{\varDelta}\right|$。

在船舶实际工程中，执行器会受到外界条件约束出现执行器饱和的现象。为了解决这个问题，引入如下自适应辅助系统：

$$\begin{cases}\dot{\boldsymbol{\lambda}}_{1}=-m_{1}\boldsymbol{\lambda}_{1}+\boldsymbol{\lambda}_{2}\\ \dot{\boldsymbol{\lambda}}_{2}=-m_{2}\boldsymbol{\lambda}_{2}+g_{\mathrm{r}}\Delta k_{\mathrm{r}}\left(\delta_{\mathrm{r}}\right)\end{cases} \tag{6.1.6}$$

式中，$\boldsymbol{\lambda}_1$ 和 $\boldsymbol{\lambda}_2$ 为辅助向量；m_1 和 m_2 为正参数，并且为了防止 $\Delta k_{\mathrm{r}}\left(\delta_{\mathrm{r}}\right)$ 过大造成系统不稳定，需要保证 m_1 和 m_2 足够大；$\Delta k_{\mathrm{r}}\left(\delta_{\mathrm{r}}\right)=k_{\mathrm{r}}\left(\delta_{\mathrm{ra}}\right)-k_{\mathrm{r}}\left(\delta_{\mathrm{rb}}\right)$，$\delta_{\mathrm{ra}}$ 为受限后的控制向量，δ_{rb} 为控制器的输出向量。

考虑帆船运动数学模型中存在未知非线性函数 $f(\cdot)$，故引进 RBF 神经网络对其进行在线逼近。对光滑的非线性函数 $f(\cdot):\varOmega\rightarrow\mathbf{R}$，存在一个径向基函数向量 $\boldsymbol{H}(\boldsymbol{x}):\mathbf{R}^{m}\rightarrow\mathbf{R}^{l}$，以及理想的神经网络权值矩阵 $\boldsymbol{W}^{*}\in\mathbf{R}^{l}$，使得

$$f(\cdot)=\boldsymbol{W}^{*\mathrm{T}}\boldsymbol{H}(\boldsymbol{x})+\varepsilon(\boldsymbol{x}) \tag{6.1.7}$$

式中，$\boldsymbol{x}=[r,\phi]^{\mathrm{T}}\in\varOmega$ 为神经网络的输入，$\varOmega$ 为 $\mathbf{R}^{m}$ 上的紧集；$\boldsymbol{H}(\boldsymbol{x})=\left[h_{1}(\boldsymbol{x}),h_{2}(\boldsymbol{x}),\cdots,h_{l}(\boldsymbol{x})\right]^{\mathrm{T}}\in\mathbf{R}^{l}$ 为神经网络径向基函数向量，$h_l(\boldsymbol{x})$ 为神经网络的高斯基函数输出，其表达式为 $h_{l}(\boldsymbol{x})=\exp\left[-\dfrac{\left(\boldsymbol{x}-\boldsymbol{c}_{j}\right)^{\mathrm{T}}\left(\boldsymbol{x}-\boldsymbol{c}_{j}\right)}{2b_{j}^{2}}\right]$，$b_j>0$ 为高

斯基函数的宽度，j 为神经网络隐含层的第 j 个节点，$j=1,2,\cdots,l$，$\boldsymbol{c}_j=\left[c_{j1},c_{j2}\right]^{\mathrm{T}}$ 为第 j 个隐含层神经元的中心点向量值；$\varepsilon\left(\boldsymbol{x}\right)\in\mathbf{R}$ 为神经网络的逼近误差。

系统控制目标 针对无人帆船运动模型(6.1.2)，在满足假设 6.1.1 与假设 6.1.2 的情况下，考虑无人帆船存在航速变化剧烈、模型不确定性、输入受限和外界扰动未知等问题，根据级联控制理论，将引入 ILOS 导引律，结合 RBF 神经网络、辅助系统、递归滑模动态面技术，设计无人帆船路径跟踪控制器。

6.1.2 路径跟踪控制器设计

1. 导引律设计

帆船在直线路径下的 LOS 导引律原理见图 6.1.3。图中右手坐标系 $X_{\mathrm{pp}}-Y_{\mathrm{pp}}$ 的 X_{pp} 轴与直线轨迹重合，并沿着直线路径方向前进，$\left(x_{\mathrm{p}},y_{\mathrm{p}}\right)$ 为坐标系 $X_{\mathrm{pp}}-Y_{\mathrm{pp}}$ 原点，$\left(x,y\right)$ 为附体坐标系原点，$\beta=\arctan\left(\dfrac{v}{u}\right)$ 为漂角，$\alpha=\arctan\left(\dot{y}_{\mathrm{p}},\dot{x}_{\mathrm{p}}\right)$ 为轨迹方位角。

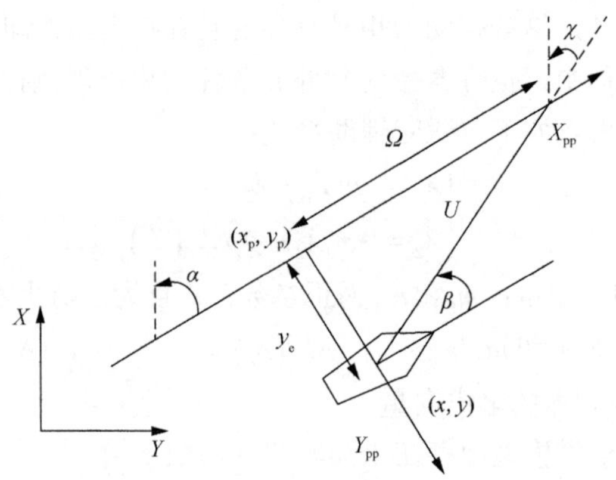

图 6.1.3 直线路径 LOS 导引律原理图

在坐标系 $X_{\mathrm{pp}}-Y_{\mathrm{pp}}$ 下，帆船的位置可以表示为

$$\begin{bmatrix}0\\ y_{\mathrm{e}}\end{bmatrix}=\begin{bmatrix}\cos\alpha & -\sin\alpha\\ \sin\alpha & \cos\alpha\end{bmatrix}^{\mathrm{T}}\begin{bmatrix}x-x_{\mathrm{p}}\\ y-y_{\mathrm{p}}\end{bmatrix} \tag{6.1.8}$$

将式（6.1.8）改写成如下一般形式：

$$0=\left(x-x_{\mathrm{p}}\right)\cos\alpha+\left(y-y_{\mathrm{p}}\right)\sin\alpha \tag{6.1.9}$$

$$y_{\mathrm{e}}=-\left(x-x_{\mathrm{p}}\right)\sin\alpha+\left(y-y_{\mathrm{p}}\right)\cos\alpha \tag{6.1.10}$$

对式（6.1.10）求导，将式（6.1.9）与帆船运动学方程代入式（6.1.8）可得

$$\begin{aligned}\dot{y}_e &= -\left(\dot{x}-\dot{x}_p\right)\sin\alpha+\left(\dot{y}-\dot{y}_p\right)\cos\alpha \\ &= -\dot{x}\sin\alpha+\dot{y}\cos\alpha \\ &= -\left(u\cos\psi-v\sin\psi\right)\sin\alpha+\left(u\sin\psi+v\cos\psi\right)\cos\alpha\end{aligned} \tag{6.1.11}$$

取$U=\sqrt{u^2+v^2}$，$\chi=\psi+\beta$，则式（6.1.11）可改写成

$$\dot{y}_e = U\sin\left(\chi-\alpha\right) \tag{6.1.12}$$

为了消除漂角影响，ILOS 导引律在航向角中加入积分操作。航向角可取为

$$\chi=\alpha-\arctan\left(K_p y_e + K_i y_{int}\right) \tag{6.1.13}$$

$$\dot{y}_{int} = y_e \tag{6.1.14}$$

式中，K_p 和 K_i 为参数，均要大于零。

普通 ILOS 制导对于参数 K_i 要求非常苛刻，防止过强的积分操作引起较大的超调量和较长的收敛时间。为了避免这个问题，引入航速的 ILOS 导引律，将普通 ILOS 导引律中 K_p 换成$\dfrac{1}{\Omega}$，K_i 变为$\dfrac{k}{\Omega}(k>0)$时航向角可取为

$$\chi=\alpha-\arctan\left(\frac{1}{\Omega}\left(y_e+ky_{int}\right)\right) \tag{6.1.15}$$

$$\dot{y}_{int}=\frac{Uy_e}{\sqrt{\Omega^2+\left(y_e+ky_{int}\right)^2}} \tag{6.1.16}$$

将式（6.1.15）代入式（6.1.12）可得

$$\dot{y}_e = U\sin\left(-\arctan\left(\frac{y_e+ky_{int}}{\Omega}\right)\right) \tag{6.1.17}$$

2. 导引律稳定性分析

为了分析上述基于航速的 ILOS 导引律的稳定性，本节提出如下定理。

定理 6.1.1　若系统的期望的航向角由式（6.1.15）给出，积分项的导数由式（6.1.16）描述，则系统在稳定点 $y_e=0$ 具有半全局一致渐近稳定性。

证明　因$\sin\left(\arctan\left(x\right)\right)=\dfrac{x}{\sqrt{x^2+1}}$，所以式（6.1.17）可变成

$$\dot{y}_e=-U\frac{y_e+ky_{int}}{\sqrt{\Omega^2+\left(y_e+ky_{int}\right)^2}} \tag{6.1.18}$$

选取如下 Lyapunov 函数：

$$V_{int}=\frac{1}{2}y_e^2+\frac{1}{2}ky_{int}^2 \tag{6.1.19}$$

对式（6.1.19）求导可得

$$\dot{V}_{\text{int}} = y_{\text{e}}\left(-U\frac{y_{\text{e}} + ky_{\text{int}}}{\sqrt{\Omega^2 + \left(y_{\text{e}} + ky_{\text{int}}\right)^2}}\right) + ky_{\text{int}}\dot{y}_{\text{int}}$$

$$= -U\frac{y_{\text{e}}^2}{\sqrt{\Omega^2 + \left(y_{\text{e}} + ky_{\text{int}}\right)^2}} + \frac{ky_{\text{int}}\left(\dot{y}_{\text{int}}\sqrt{\Omega^2 + \left(y_{\text{e}} + ky_{\text{int}}\right)^2} - Uy_{\text{e}}\right)}{\sqrt{\Omega^2 + \left(y_{\text{e}} + ky_{\text{int}}\right)^2}} \tag{6.1.20}$$

将式（6.1.15）代入式（6.1.20）可得

$$\dot{V}_{\text{int}} = -U\frac{y_{\text{e}}^2}{\sqrt{\Omega^2 + \left(y_{\text{e}} + ky_{\text{int}}\right)^2}} \leqslant 0 \tag{6.1.21}$$

由式（6.1.21）可得，在导引律（6.1.15）与导引律（6.1.16）下，系统在稳定点 $y_{\text{e}} = 0$ 具有半全局一致渐近稳定性。

3. 控制律设计

下面将结合递归滑模动态面技术，对控制器进行设计。

第 1 步 考虑帆船航向误差变量，定义第一个滑模面变量 s_1 为

$$\begin{cases} s_1 = z_1 \\ z_1 = \psi - \psi_{\text{d}} - \lambda_1 \end{cases} \tag{6.1.22}$$

式中，ψ_{d} 表示期望航向。

对式（6.1.22）两边关于时间求导得

$$\dot{s}_1 = \dot{z}_1 = r\cos\phi - \dot{\psi}_{\text{d}} - \dot{\lambda}_1 \tag{6.1.23}$$

式中，横摇角 $\phi \in (-\pi/2, \pi/2)$，则 $\cos\phi > 0$。

设计艏摇角速度 r 的虚拟控制量 α 为

$$\alpha = \frac{-\tanh\left(\dfrac{k_1}{s_1}\right) + \dot{\psi}_{\text{d}} + \dot{\lambda}_1}{\cos\phi} \tag{6.1.24}$$

为避免对虚拟控制量直接求导产生“微分爆炸”问题，引入新的状态变量 θ 作为 α 的一阶低通滤波器输出，其表达式为

$$\begin{cases} T\dot{\theta} + \theta = \alpha \\ \theta(0) = \alpha(0) \end{cases} \tag{6.1.25}$$

式中，T 为滤波器时间常数。用滤波器的 $\dot{\theta}$ 代替 $\dot{\alpha}$ 项，避免传统反演方法中对虚拟控制量直接求导产生的计算复杂问题，易于工程实现。

定义闭环系统滤波器中 α 的跟踪误差为

$$y = \theta - \alpha \tag{6.1.26}$$

第 2 步　根据帆船艏摇角速度误差变量 $z_2 = r - \theta - \dot{\lambda}_1$ 和第 1 步得到的航向误差变量 s_1，综合考虑两者误差间的相互关系，定义第二个递归滑模面变量 s_2 为

$$s_2 = c_1 s_1 + z_2 \tag{6.1.27}$$

式中，c_1 为正的设计参数。

对式（6.1.27）求导，并用神经网络系统（6.1.7）逼近模型未知部分 $f(\cdot)$，可得

$$\begin{aligned}\dot{s}_2 &= c_1\dot{s}_1 + \dot{z}_2 \\ &= c_1\dot{s}_1 + \left(\dot{r} - \dot{\theta} - \ddot{\lambda}_1\right) \\ &= c_1\dot{s}_1 + \boldsymbol{W}^{*\mathrm{T}}\boldsymbol{H}(x) + \varepsilon + g_{\mathrm{r}}k_{\mathrm{r}}(\delta_{\mathrm{r}}) + \varDelta - \dot{\theta} - \ddot{\lambda}_1\end{aligned} \tag{6.1.28}$$

假设 6.1.3　对于无人帆船风浪扰动 $\varDelta$ 和 RBF 神经网络逼近误差 ε，存在未知且有界函数 $D_{\mathrm{A}} > 0$，使 $|\varepsilon| + |\varDelta| < D_{\mathrm{A}}$。

设计无人帆船航向保持舵角控制律为

$$k_{\mathrm{r}}(\delta_{\mathrm{r}}) = \frac{1}{g_{\mathrm{r}}}\left[-\tanh\left(\frac{k_2}{s_2}\right) - c_1\dot{s}_1 - \hat{\boldsymbol{W}}^{\mathrm{T}}\boldsymbol{H}(\boldsymbol{x}) - \varXi\hat{D}_{\mathrm{A}} + \dot{\theta} + \ddot{\lambda}_1\right] \tag{6.1.29}$$

$$\delta_{\mathrm{r}} = \frac{\arcsin\left[k_{\mathrm{r}}(\delta_{\mathrm{r}})\right]}{2} \tag{6.1.30}$$

设计权值向量自适应律为

$$\dot{\hat{\boldsymbol{W}}} = \gamma\left[\boldsymbol{H}(\boldsymbol{x})z_2 - \sigma\hat{\boldsymbol{W}}\right] \tag{6.1.31}$$

式中，σ 和 γ 均为正的设计参数。

对神经网络逼近误差和外界扰动组成的界变量 D_{A}，设计带 $\varLambda$ 修正泄露项的自适应律对其进行估计：

$$\dot{\hat{D}}_{\mathrm{A}} = Q\left[\varXi z_2 - \varLambda\left(\hat{D}_{\mathrm{A}} - D_{\mathrm{A0}}\right)\right] \tag{6.1.32}$$

4. 控制律稳定性分析

为便于分析无人帆船航向控制闭环系统的稳定性，本节提出如下定理。

定理 6.1.2　针对无人帆船航向运动数学模型（6.1.2），考虑存在模型不确定、控制增益和外界扰动均未知的情况，在假设 6.1.1～假设 6.1.3 成立的情况下，采用神经网络逼近模型不确定项，设计估计外界环境干扰界值的自适应律（6.1.32），在控制律（6.1.29）的作用下，通过设计适当的参数 $k_1, k_2, \gamma, \sigma, Q$ 和滤波器时间常数 T，可保证无人帆船航向控制系统所有信号的一致最终有界性。

证明　选择如下 Lyapunov 函数：

$$V=\frac{1}{2}z_1^2+\frac{1}{2}s_2^2+\frac{1}{2\gamma}\tilde{\boldsymbol{W}}^{\mathrm{T}}\tilde{\boldsymbol{W}}+\frac{1}{2}y^2+\frac{1}{2Q}\tilde{D}_{\mathrm{A}}^2 \tag{6.1.33}$$

式中，$\tilde{\boldsymbol{W}}=\hat{\boldsymbol{W}}-\boldsymbol{W}^*$为神经网络权值估计误差变量。

对式（6.1.33）关于时间求导，可得

$$\dot{V}=z_1\dot{z}_1+s_2\dot{s}_2+\gamma^{-1}\tilde{\boldsymbol{W}}\dot{\hat{\boldsymbol{W}}}+y\dot{y}+Q^{-1}\tilde{D}_{\mathrm{A}}\dot{\hat{D}}_{\mathrm{A}} \tag{6.1.34}$$

式中，

$$\begin{aligned}z_1\dot{z}_1&=z_1\left(r\cos\phi-\dot{\psi}_{\mathrm{d}}-\dot{\lambda}_1\right)\\&=z_1\left[\left(s_2-c_1z_1+y+\dot{\lambda}_1\right)\cos\phi-k_1z_1\right]\end{aligned} \tag{6.1.35}$$

$$\begin{aligned}s_2\dot{s}_2&=s_2\left(c_1\dot{z}_1+\dot{r}-\dot{\theta}-\ddot{\lambda}_1\right)\\&=s_2\left(c_1\dot{z}_1+f\left(\cdot\right)+g_{\mathrm{r}}k_{\mathrm{r}}\left(\mathrm{sat}\left(\delta_{\mathrm{r}}\right)\right)+\varDelta-\dot{\theta}-\ddot{\lambda}_1\right)\end{aligned} \tag{6.1.36}$$

由自适应辅助系统（6.1.6）可得

$$\ddot{\lambda}_1=-M_1\dot{\lambda}_1+\dot{\lambda}_2=-M_1\dot{\lambda}_1-M_2\lambda_2+g_{\mathrm{r}}\cdot\Delta h\left(\delta_{\mathrm{r}}\right) \tag{6.1.37}$$

则将式（6.1.36）代入式（6.1.37）中得

$$\begin{aligned}s_2\dot{s}_2&=s_2\left(c_1\dot{z}_1+f\left(\cdot\right)+g_{\mathrm{r}}\cdot\mathrm{sat}\left(k_{\mathrm{r}}\left(\delta_{\mathrm{r}}\right)\right)+\varDelta-\dot{\theta}+M_1\dot{\lambda}_1+M_2\lambda_2-g_{\mathrm{r}}\cdot\Delta h\left(\delta_{\mathrm{r}}\right)\right)\\&=s_2\left(c_1\dot{z}_1+f\left(\cdot\right)+g_{\mathrm{r}}k_{\mathrm{r}}\left(\delta_{\mathrm{r}}\right)+\varDelta-\dot{\theta}+M_1\dot{\lambda}_1+M_2\lambda_2\right)\end{aligned} \tag{6.1.38}$$

式（6.1.34）中，

$$y\dot{y}=y\left(\dot{\theta}-\dot{\alpha}\right)=y\left(-\frac{y}{T}-\dot{\alpha}\right) \tag{6.1.39}$$

假设$\left|\dot{y}+\dfrac{y}{T}\right|\leqslant B$，$B$的最大值是$N$，因此

$$y\dot{y}=-\frac{y^2}{T}+\frac{y^2}{T}+y\dot{y}=-\frac{y^2}{T}+y\left(\frac{y}{T}+\dot{y}\right)\leqslant-\frac{y^2}{T}+a_1y^2+\frac{N^2}{4a_1} \tag{6.1.40}$$

式（6.1.34）中，

$$\gamma^{-1}\tilde{\boldsymbol{W}}^{\mathrm{T}}\tilde{\boldsymbol{W}}=\tilde{\boldsymbol{W}}^{\mathrm{T}}\left[\boldsymbol{H}\left(\boldsymbol{x}\right)z_2-\sigma\hat{\boldsymbol{W}}\right] \tag{6.1.41}$$

其中，

$$\tilde{\boldsymbol{W}}^{\mathrm{T}}\tilde{\boldsymbol{W}}=-\sigma\tilde{\boldsymbol{W}}\left(\tilde{\boldsymbol{W}}+\boldsymbol{W}^*\right)\leqslant-\frac{\sigma}{2}\tilde{\boldsymbol{W}}^2+\frac{\sigma}{2}\boldsymbol{W}^{*2} \tag{6.1.42}$$

同理可得

$$Q^{-1}\tilde{D}_{\mathrm{A}}\dot{\hat{D}}_{\mathrm{A}}=\tilde{D}_{\mathrm{A}}\left[\varXi z_2-\varLambda\left(\hat{D}_{\mathrm{A}}-D_{\mathrm{A}}^0\right)\right]$$

$$-\tilde{D}_{\mathrm{A}}\left(\hat{D}_{\mathrm{A}}-D_{\mathrm{A}}^0\right)=-\left(\hat{D}_{\mathrm{A}}-D_{\mathrm{A}}\right)\left(\hat{D}_{\mathrm{A}}-D_{\mathrm{A}}^0\right)\leqslant-\frac{1}{2}\tilde{D}_{\mathrm{A}}^2+\frac{1}{2}\left(\hat{D}_{\mathrm{A}}-D_{\mathrm{A}}^0\right)^2 \tag{6.1.43}$$

综合式（6.1.35）、式（6.1.38）、式（6.1.40）、式（6.1.42）、式（6.1.43）可得

$$\dot{V} \leqslant z_1\left[\left(-c_1z_1 + y + \dot{\lambda}_1\right)\cos\phi - k_1z_1\right] + s_2\left(-e(z) - \varXi D_{\mathrm{A}} - k_2s\right) - \tilde{\boldsymbol{W}}\sigma\hat{\boldsymbol{W}}$$

$$+\tilde{D}_{\mathrm{A}}\varXi D_{\mathrm{A}} - \varLambda\left(\hat{D}_{\mathrm{A}} - D_{\mathrm{A}}^0\right) - \frac{y^2}{T} + a_1y^2 + \frac{N^2}{4a_1} \tag{6.1.44}$$

因为

$$z_1\left(y + \dot{\lambda}_1\right)\cos\phi \leqslant z_1\left(y + \dot{\lambda}_1\right) \leqslant a_2z_1^2 + \frac{y^2}{4a_2} + a_3z_1^2 + \frac{\dot{\lambda}_1^2}{4a_3} \tag{6.1.45}$$

应用双曲正切函数的性质，对于 $\chi > 0$, $A \in \mathbf{R}$ ，有 $0 \leqslant |A| - A\tanh(A/\chi) \leqslant 0.2785\chi$ ，故将式（6.1.45）代入式（6.1.41）可得

$$\dot{V} \leqslant z_1^2\left(-c_1\cos\phi + a_2 + a_3 - k_1\right) - k_2s_2^2 + y^2\left(\frac{1}{4a_2} + a_1 - \frac{1}{T}\right) + 0.2785\varepsilon_1D_{\mathrm{A}}$$

$$-\frac{\sigma}{2}\tilde{\boldsymbol{W}}^2 + \frac{\sigma}{2}\boldsymbol{W}_M^2 - \frac{1}{2}\varLambda\tilde{D}_{\mathrm{A}}^2 + \frac{1}{2}\varLambda\left(\hat{D}_{\mathrm{A}} - D_{\mathrm{A}}^0\right)^2 + \frac{N^2}{4a_1} \tag{6.1.46}$$

由式（6.1.46）可得

$$\dot{V} \leqslant -\mu V + C \tag{6.1.47}$$

式中，

$$\mu = \min\left[2\left(c_1\cos\phi - a_2 - a_3 + k_1\right), 2k_2, \sigma\gamma, \frac{1}{4a_2} + a_1 - \frac{1}{T}, QT\right]$$

$$C = 0.2785\varepsilon_1D_{\mathrm{A}} + \frac{\sigma}{2}\boldsymbol{W}_M^2 + \frac{1}{2}\varLambda\left(\hat{D}_{\mathrm{A}} - D_{\mathrm{A}}^0\right)^2 + \frac{N^2}{4a_1}$$

解不等式（6.1.47）可得

$$0 \leqslant V(t) \leqslant \frac{C}{\mu} + \left[V(0) - \frac{C}{\mu}\right]\mathrm{e}^{-ut} \tag{6.1.48}$$

根据式（6.1.48）可以得出结论：$V(t)$、z_1、s_2、y、$\hat{\boldsymbol{W}}$、$\hat{D}_{\mathrm{A}}$ 都是有界的。因此对设计参数 k_1、k_2、γ、σ 及滤波器时间常数 T 进行适当调整选择，得到闭环系统所有信号在定义的紧集内部都是一致最终有界的。

6.1.3　仿真研究

为验证所设计路径跟踪控制器的有效性，以 2.2 节所构建的无人帆船模型进行仿真实验，具体参数如表 2.2.1 所示。

根据文献[8]、[9]，针对风场与海浪进行扰动建模，而风和浪对四自由度无人帆船模型产生的干扰力可以参考文献[10]、[11]。仿真中海洋环境设定为东风四级，海况三级，主风向为 $\alpha_{\mathrm{tw}} = 0°$ ，平均风速约为 $v_{\mathrm{tw}} = 8\mathrm{m/s}$ 。有义波高 $H_{\mathrm{s}} = 2\mathrm{m}$ ，波向角 $\chi = 60°$ 。

在仿真过程中，初始船速 $u(0) = 2\mathrm{m/s}$ ，初始航向 $\psi = 0°$ ，初始位置[0m,50m]。选取[0m,0m],[100m,500m],[700m,500m],[800m,0m]四个航迹点生成规划路径，其

中[100m,500m]到[700m,500m]的期望路径方向是迎风状态。

由图 2.3.9 可知，无人帆船在相对风向角[−30°,30°]范围内风帆无法提供升力，无人帆船动力不足，无法直接跟踪期望路径。因此本节以 45° 换向角额外设计了三个辅助路径点[200m,600m],[400m,400m],[600m,600m]进行迎风换舷操作，保证无人帆船可以有效通过迎风区。

仿真中的船帆操作策略，参考第 2 章中根据风帆空气动力特性归纳出的模糊逻辑操帆策略，最大化地捕获周围环境中的风力。

ILOS 导引律相关参数如下：

$$k = 0.3 , \quad \Omega = 23$$

控制系统相关参数设计如下：

$$k_1 = 2 , \quad k_2 = 0.5 , \quad c_1 = 8 , \quad m_1 = 1 , \; m_2 = 400 , \quad T = 0.3$$

RBF 神经网络的隐含层数量选择为 61 个，取 c_{j1} 在 $[-0.6, 0.6]$ 平均分布，c_{j2} 在 $[-1,1]$ 平均分布，高斯基函数的宽度 b_j 取为 2。

从图 6.1.4 中可以看出，在[0m,0m]到[100m,500m]，[700m,500m]到[800m,0m]两段路径中，帆船处于侧风航行状态。这个状态帆船可以准确地跟踪期望路径，跟踪误差较小，跟踪精度较高，符合路径跟踪要求。在[100m,500m]到[700m,500m]路径中，无人帆船可以有效跟踪人工辅助的迎风换舷路径，进行抢风航行，顺利通过了迎风区。

图 6.1.5 是帆船路径跟踪过程中的速度曲线，由图可知，在 50s 之前帆船速度呈不断增加，这是因为在这段时间内，帆船处于稳定的侧风航行状态。在 100～300s 的时间段内，帆船在逆风区域进行连续回转。在回转过程中帆船会有一段时间处于迎风状态，这会使帆船无法继续依靠风力前进，只能依靠惯性转向，速度减慢。而帆船回转完成后，与风向夹角大于 30° ，因此又能从风力中获取动力，从减速状态又回归加速状态。所以，帆船速度曲线会呈现大幅度震荡的情况。

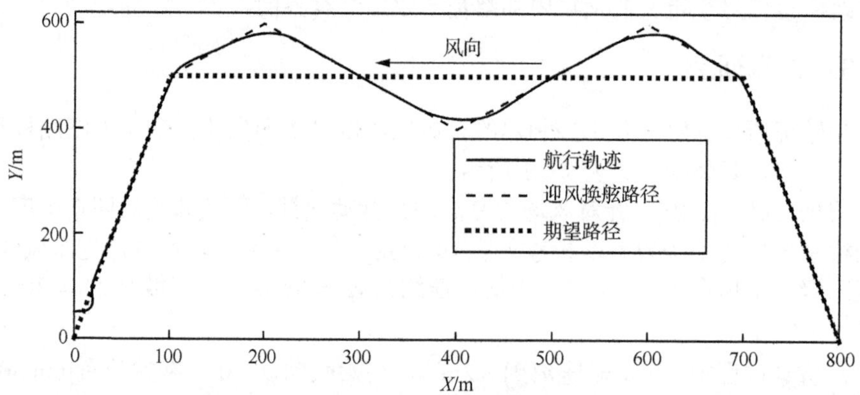

图 6.1.4 无人帆船运动轨迹

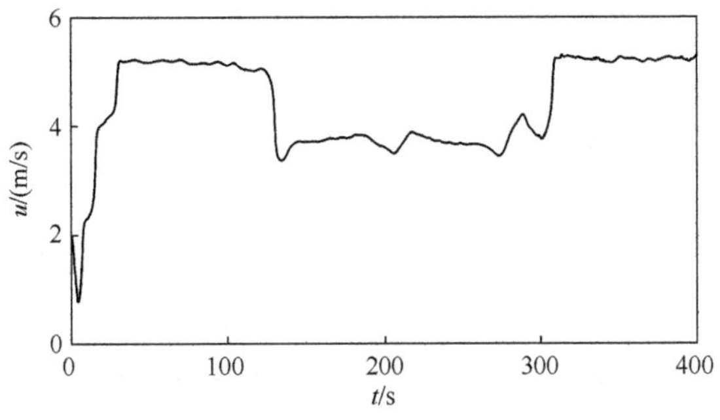

图 6.1.5　无人帆船速度曲线

图 6.1.6 是帆船航行过程中横向误差曲线，从图中可以看到无人帆船在跟踪期望路径的过程中的跟踪误差基本保持在 5m 误差之内，同时可以看出在 100～300s 的时间段内无人帆船进行迎风换舷操作，航速的剧烈变化对系统造成的影响较小，表明所设计的控制器可以有效抑制航速变化对跟踪精度的影响。

图 6.1.7 为舵角曲线，本节采用自适应辅助系统解决执行器饱和问题。帆船在逆风区域航行时需要进行一系列大角度回转动作保证对风力利用效率最大化。可以看出，帆船在进行大角度回转动作时，辅助系统仍可以保证执行器在大多数状态下仍处于未饱和状态，提高了系统的稳定性。帆船达到稳定状态时仍有约为 2° 的舵角，这是为了平衡风帆对船体的横向力，保证帆船可以稳定地航行在期望路径上。

图 6.1.8 为无人帆船路径跟踪过程中帆角变化曲线。图 6.1.9 为 RBF 神经网络逼近曲线图，从图中可以看出所设计的神经网络基本上可以逼近不确定项 $f(\cdot)$，神经网络逼近过程存在一定的逼近误差。图 6.1.10 是自适应律压制神经网络逼近误差和外界扰动力矩曲线图。

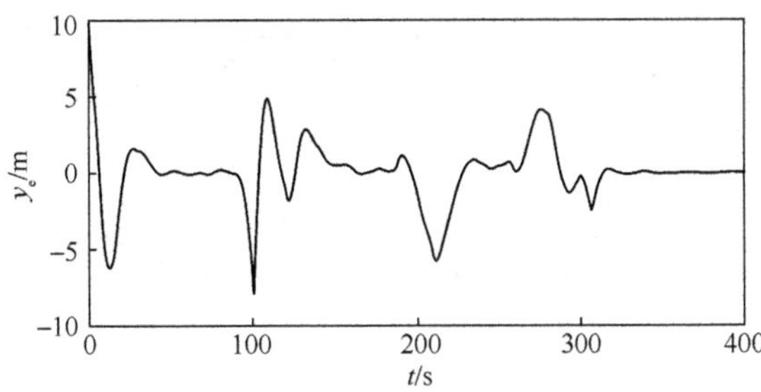

图 6.1.6　横向误差曲线图

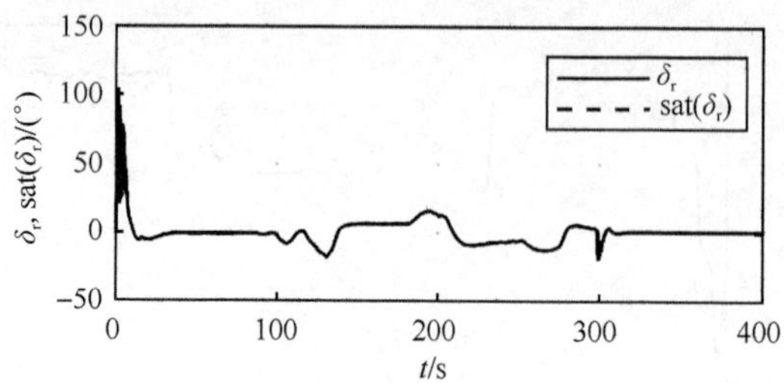

图 6.1.7　执行器饱和前后舵角对比图

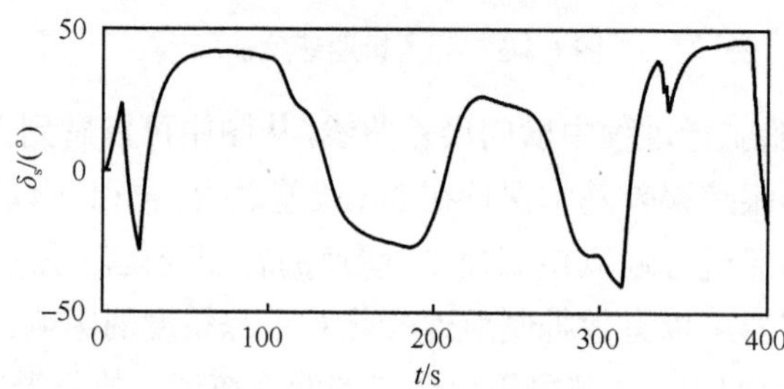

图 6.1.8　帆角曲线图

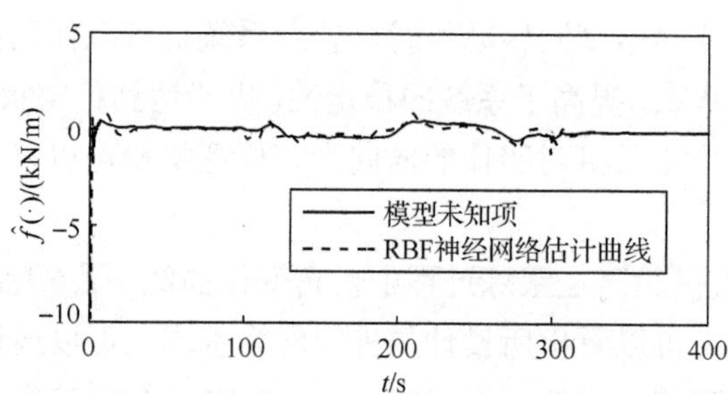

图 6.1.9　RBF 神经网络逼近未知项曲线图

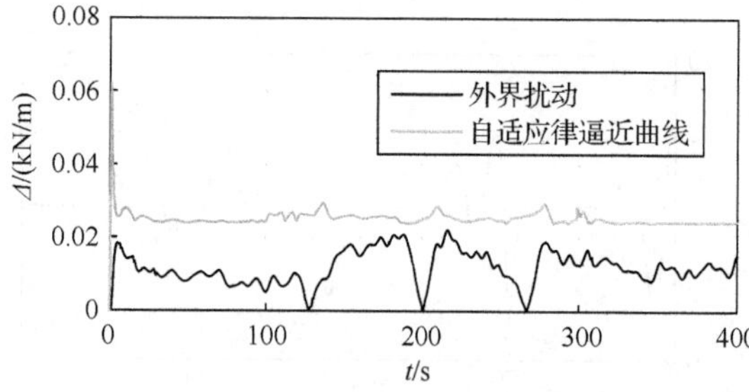

图 6.1.10　自适应律逼近效果图

图 6.1.11 为东风四级的风场中绝对风向与绝对风速的变化曲线。图 6.1.12 与图 6.1.13 分别是四级风与三级海况下浪对无人帆船的干扰力。

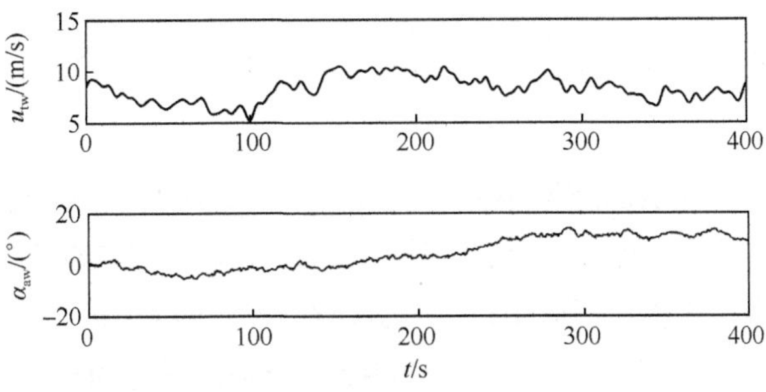

图 6.1.11　绝对风速与绝对风向

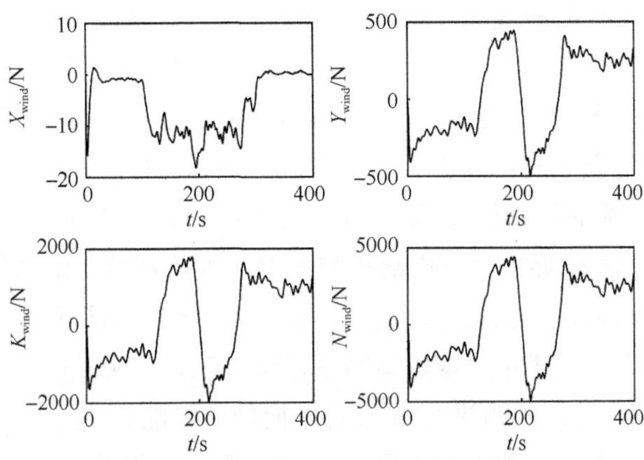

图 6.1.12　四级风对无人帆船的干扰力

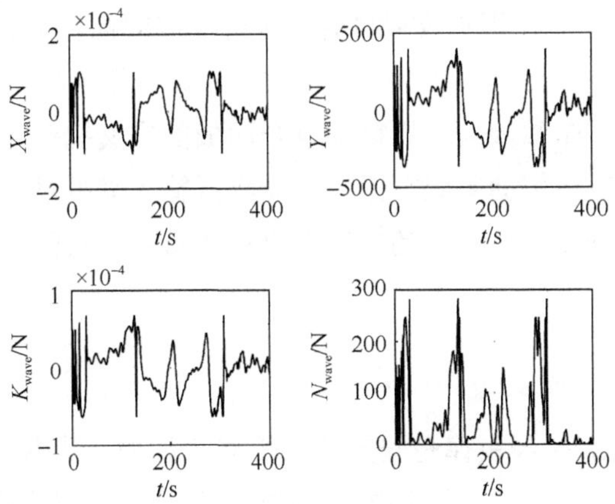

图 6.1.13　三级海况下浪对无人帆船的干扰力

6.2 带迎风换舷策略的无人帆船路径跟踪动态面控制

6.1 节考虑了无人帆船航速不稳定情况下的路径跟踪问题，设计了固定前向距离的路径跟踪控制器，可以有效跟踪期望路径。采用固定前向距离方式设计的 ILOS 导引律鲁棒性较差，同时 ILOS 导引律在使用过程中需要求解微分方程，对系统的计算性能有一定的要求。文献[12]提出一种改进导引律，并利用级联系统理论证明了当所有控制目标实现时，控制系统为全局 k-指数稳定的。文献[13]采用动态圆方式设计自适应视线（adaptive line-of-sight，ALOS）导引律，鲁棒性较强的同时对系统计算性能要求较低。前文中采用 RBF 神经网络与自适应律逼近模型未知项的同时，压制外部扰动对系统的影响，这种方式的控制器设计复杂，同时对系统计算性能要求较高，增大帆船能耗。文献[14]提出扩张状态观测器，这种观测器对系统模型精确性要求不高，设计简单，具有非常大的工程应用价值[15,16]。文献[17]将外界扰动与内部模型不确定性两部分归纳总结为一种广义上的复合扰动，然后通过扩张状态观测器对复合扰动进行估计和补偿。无人帆船在迎风区域航行时需要采用迎风换舷策略进行辅助航行，文献[18]提出一种根据相对风向角实时引导无人帆船进行自主迎风换舷的策略。

针对迎风区域的无人帆船路径跟踪控制问题，本节引入文献[18]中的自主迎风换舷策略，设计基于 LOS 带迎风换舷策略的无人帆船路径跟踪控制器。为了降低无人帆船控制器能耗，根据文献[13]设计自适应双曲正切视线（adaptive tanh line-of-sight，ATLOS）法，同时采用文献[17]中计算简单工程应用较多的扩张状态观测器，观测模型未知项与外界扰动复合而成的广义扰动。设计递归滑模动态面控制器并采用自适应辅助系统补偿执行器降低输入受限对系统的影响。最后以一艘 12m 型帆船与 6.1 节所设计的控制器进行仿真对比实验，验证所设计控制器的有效性。

6.2.1 问题描述

6.1 节使用的 ILOS 导引律是固定前向距离的算法。从图 6.2.1 中可以看出，固定前向距离时，无人帆船距离期望路径越远，导引律计算出的期望航向角越大，这种方式在远距离的情况下会增加无人帆船收敛于期望路径的速度，但是过大的收敛速度会影响无人帆船的整体稳定性。

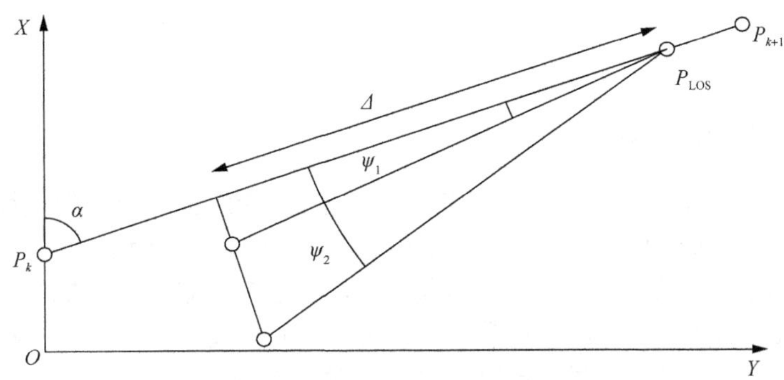

图 6.2.1　固定前向距离下不同横向误差的期望艏向角

当无人帆船距离期望路径较近时，固定的前向距离会使得无人帆船无法有效地收敛到期望路径上，对于扰动的抵抗能力弱，鲁棒性不强。因此本节选择前向距离动态变化的 ATLOS 导引律是十分必要的。

根据 6.1 节可得帆船运动数学模型为

$$\begin{cases}\dot{\psi} = r\cos\phi \\ \dot{r} = f(\cdot) + g_{\mathrm{r}}k_{\mathrm{r}}(\delta_{\mathrm{r}}) + \varDelta\end{cases} \tag{6.2.1}$$

考虑到实际海洋工程要求，为方便控制器设计，本节提出以下假设。

假设 6.2.1　假设无人帆船为刚性存在，忽略纵摇和垂荡运动，忽略海流对船舵影响。

假设 6.2.2　对于外界海洋环境扰动 $\varDelta$ 未知且有界，即存在常数 $\bar{\varDelta}>0$，使得 $|\varDelta| \leqslant \bar{\varDelta}$。

由于无人帆船舵机结构限制，船舵的摆动角度是有界限的，所以系统输入舵角为

$$\mathrm{sat}(\delta_{\mathrm{r}}) = \begin{cases}\delta_{\min}, & \delta_{\mathrm{r}} \leqslant \delta_{\min} \\ \delta_{\mathrm{r}}, & \delta_{\min} < \delta_{\mathrm{r}} < \delta_{\max} \\ \delta_{\max}, & \delta_{\mathrm{r}} \geqslant \delta_{\max}\end{cases} \tag{6.2.2}$$

针对帆船数学模型（6.2.1）设计扩张状态观测器如下：

$$\begin{cases}\dot{\hat{\psi}} = \hat{r}\cos(\varphi) + \gamma_1(\psi - \hat{\psi}) \\ \dot{\hat{r}} = \hat{D} + g_{\mathrm{r}}k_{\mathrm{r}}(\delta_{\mathrm{r}}) + \gamma_2(\psi - \hat{\psi}) \\ \dot{\hat{D}} = \gamma_3(\psi - \hat{\psi})\end{cases} \tag{6.2.3}$$

式中，$D = f(\cdot) + \varDelta$ 是模型内部不确定项与外界扰动复合而成的广义扰动；$\hat{\psi},\hat{r},\hat{D}$ 分别是 ψ,r,D 的估计值；$\gamma_1,\gamma_2,\gamma_3$ 均为正常数。

系统控制目标　针对无人帆船运动模型(6.2.1)，在满足假设 6.2.1 与假设 6.2.2 的情况下，考虑无人帆船航行过程中存在迎风状态无法直接航行的问题，设计自

主迎风换舷策略，将引入 ALOS 导引律，结合扩张状态观测器、动态面技术和辅助系统技术，设计递归滑模控制器。

6.2.2　迎风换舷策略设计

由图 2.3.9 可知，无人帆船处于相对风向角为[−30°,30°]范围的风场中无法获得有效的动力；而相对风向角[−30°,−150°]与[30°,150°]的风场中，无人帆船处于侧风区域，此时风帆对外界风能的捕获最优，可以最大限度地为帆船提供前进动力；相对风向角[150°,−150°]范围中，无人帆船处于顺风状态，由于顺风状态下船帆与风相对面积最大，虽然此时提供的绝对升力最大，但是风帆所受阻力也随之升高。

综上，本节将无人帆船路径跟踪过程划分成如下两种状态。

（1）正常路径跟踪状态。当无人帆船处于侧风区域或者顺风区域时，风帆可以有效地捕获风能，为无人帆船提供充足的动力，此时无人帆船与传统无人船相似，可以跟踪导引律计算出的期望路径。

（2）迎风换舷状态。当无人帆船处于迎风区域时，风帆无法捕获足够的风能，结合前文所讲述的迎风换舷策略，使无人帆船航行 Z 形轨迹通过迎风区，如图 6.2.2 所示。

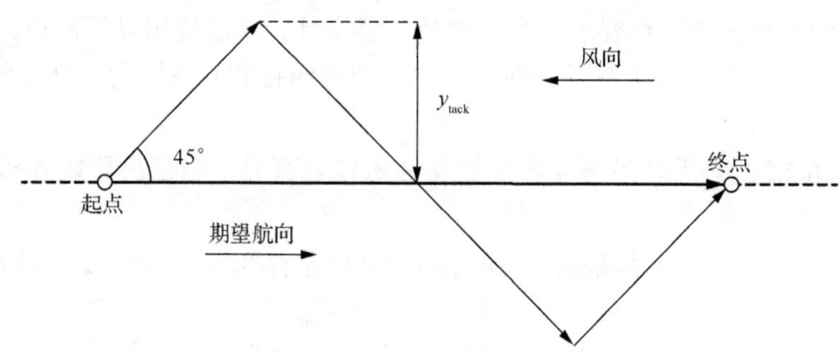

图 6.2.2　迎风换舷策略原理图

自主迎风换舷策略具体设计如下。

若无人帆船处于迎风区域，则满足如下条件：

$$|\psi_d - \alpha_{tw}| < \frac{\pi}{4} \tag{6.2.4}$$

式中，ψ_d 为导引律计算出的期望航向；α_{tw} 为绝对风向角。

$$\begin{cases} \psi_{dw} = \alpha_{tw} - \dfrac{\pi}{4}s - \beta \\ s = \mathrm{sgn}\left(y_e + y_{tack}\mathrm{sgn}(s)\right) \end{cases} \tag{6.2.5}$$

式中，y_e 为无人帆船与期望路径的横向误差；y_{tack} 为迎风换舷宽度参数，$y_{tack} > 0$；

s为符号变量，可以使无人帆船以绝对风向角为中轴线，以$\pm\frac{\pi}{4}$角度来回切换。

在迎风换舷模式下，无人帆船不会受到路径跟踪控制器的控制，无法收敛到期望路径上。

6.2.3　路径跟踪控制器设计

1. 导引律设计

LOS 导引律基本原理如图 6.2.3 所示，期望路径与视线圆的交点为 LOS 点，期望路径段起点为$P_k(x_k, y_k)$，终点为$P_{k+1}(x_{k+1}, y_{k+1})$，视线角为 LOS 点与船舶的连线与期望路径之间的夹角：

$$\psi_{\text{LOS}} = \arctan\left(\frac{y_{\text{e}}}{\sqrt{R^2 - y_{\text{e}}^2}}\right) \tag{6.2.6}$$

期望船舶艏向角为

$$\psi_{\text{d}} = \alpha - \psi_{\text{LOS}} - \beta \tag{6.2.7}$$

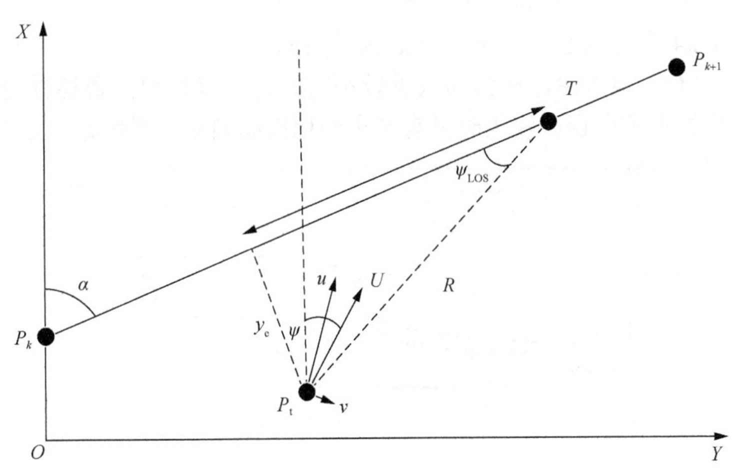

图 6.2.3　LOS 导引律基本原理图

由图 6.2.3 得

$$\psi_{\text{d}} = \text{atan2}\left(y_{k+1} - y_k, x_{k+1} - x_k\right) - \arctan\left(\frac{y_{\text{e}}}{\sqrt{R^2 - y_{\text{e}}^2}}\right) - \beta \tag{6.2.8}$$

式中，atan2 为四象限反正切函数；$\beta = \arctan\frac{v}{u}$是路径跟踪过程中产生的横漂角。

由图 6.2.3 与式（6.2.8）分析得，当$y_{\text{e}} \geqslant R$时，上述导引律失效。为避免失

效，传统方法如下：

$$\begin{cases} R = R, & R > y_e \\ R = wy_e, & R \leqslant y_e \end{cases} \tag{6.2.9}$$

式中，w 为正的控制参数，取 $w > 1$。

文献[19]提出一种动态调节视线圆半径的 ALOS 导引律：

$$R = \frac{\bar{R}}{|y_e| + 1} + w|y_e| \tag{6.2.10}$$

式中，$\bar{R}$、w 均为正的控制参数。

在实际工况下，无人帆船在路径跟踪过程中会一直处于变速状态。虽然式（6.2.10）导引律可以避免奇异值的出现，但是其鲁棒性不足，在无人帆船变速航行中会导致控制精度不高。同时该导引律收敛范围较小，容易引起震荡。

针对上述问题，引入 tanh 函数。该函数拥有较大的收敛范围，鲁棒性较好。由此可得如下 ATLOS 导引律：

$$R = \left(w_1 \tanh\left(y_e\right) + w_2\right)|y_e| + K \tag{6.2.11}$$

式中，w_1、w_2、K 均为正的控制参数。

由图 6.2.4 中可以看出，引入 tanh 函数后的 ATLOS 导引律相较于普通 LOS 导引律与 ALOS 导引律，在横向误差较小时收敛速度较快，鲁棒性更强。同时 ATLOS 导引律在横向误差较大时具有更小的期望艏向角，系统稳定性更强。

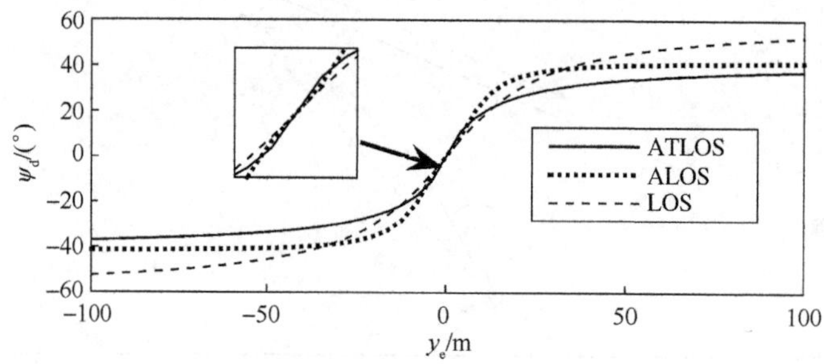

图 6.2.4　不同导引律效果对比图

2. 控制律设计

结合帆船模型（6.2.1）与所设计的扩张状态观测器（6.2.3），以及递归滑模动态面技术，对控制器进行如下设计。

第 1 步　考虑帆船航向误差变量，定义第一个滑模面变量 s_1 为

$$\begin{cases} s_1 = z_1 \\ z_1 = \hat{\psi} - \psi_d - \lambda_1 \end{cases} \tag{6.2.12}$$

式中，ψ_{d} 表示期望航向。

对式（6.2.12）两边关于时间求导得

$$\dot{s}_1 = \dot{z}_1 = \dot{\hat{\psi}} - \dot{\psi}_{\mathrm{d}} - \dot{\lambda}_1 \tag{6.2.13}$$

由前文扩张状态观测器设计过程可得

$$\dot{s}_1 = \hat{r}\cos\phi + \gamma_1(\psi - \hat{\psi}) - \dot{\psi}_{\mathrm{d}} - \dot{\lambda}_1 \tag{6.2.14}$$

因此设计艏摇角速度 $\hat{r}$ 的虚拟控制量 α 为

$$\alpha = \frac{-\tanh\left(\dfrac{k_1}{s_1}\right) - \gamma_1(\psi - \hat{\psi}) + \dot{\psi}_{\mathrm{d}} + \dot{\lambda}_1}{\cos\phi} \tag{6.2.15}$$

为避免对虚拟控制量直接求导产生“微分爆炸”问题，引入新的状态变量 θ 作为 α 的一阶低通滤波器输出，其表达式为

$$\begin{cases} T\dot{\theta} + \theta = \alpha \\ \theta(0) = \alpha(0) \end{cases} \tag{6.2.16}$$

式中，T 为滤波器时间常数。用滤波器的 $\dot{\theta}$ 代替 $\dot{\alpha}$ 项，避免传统反演方法中对虚拟控制量直接求导产生的计算复杂问题，易于工程实现。

定义闭环系统滤波器中 α 的跟踪误差为

$$y = \theta - \alpha \tag{6.2.17}$$

第 2 步　根据帆船艏摇角速度误差变量 $z_2 = \hat{r} - \theta - \dot{\lambda}_1$ 和第 1 步得到的航向误差变量 s_1，综合考虑两者误差间的相互关系，定义第二个递归滑模面变量 s_2 为

$$s_2 = c_1 s_1 + z_2 \tag{6.2.18}$$

式中，c_1 为正的设计参数。

对式（6.2.18）求导，并结合所设计的扩张状态观测器，可得

$$\begin{aligned} \dot{s}_2 &= c_1\dot{s}_1 + \dot{z}_2 \\ &= c_1\dot{s}_1 + \left(\dot{\hat{r}} - \dot{\theta} - \ddot{\lambda}_1\right) \\ &= c_1\dot{s}_1 + g_{\mathrm{r}}k_{\mathrm{r}}(\delta_{\mathrm{r}}) + \hat{D} + \gamma_2(\psi - \hat{\psi}) - \dot{\theta} - \ddot{\lambda}_1 \end{aligned} \tag{6.2.19}$$

设计无人帆船航向控制律如下：

$$k_{\mathrm{r}}(\delta_{\mathrm{r}}) = \frac{1}{g_{\mathrm{r}}}\left[-\tanh\left(\frac{k_2}{s_2}\right) - c_1\dot{s}_1 - \hat{D} - \gamma_2(\psi - \hat{\psi}) + \dot{\theta} + \ddot{\lambda}_1\right] \tag{6.2.20}$$

$$\delta_{\mathrm{r}} = \frac{\arcsin\left[k_{\mathrm{r}}(\delta_{\mathrm{r}})\right]}{2} \tag{6.2.21}$$

3. 稳定性分析

定理 6.2.1　针对无人帆船航向运动数学模型（6.1.2），考虑存在模型不确定、

控制增益和外界扰动均未知的情况，在假设 6.2.1 与假设 6.2.2 成立的情况下，设计扩张状态观测器（6.2.3）对复合扰动进行估计和补偿，在控制律（6.2.20）的作用下，通过设计适当的参数 k_1 、 k_2 、 γ 和滤波器时间常数 T ，可保证无人帆船航向控制系统所有信号的一致最终有界性。

证明　选择如下 Lyapunov 函数：

$$V_2 = \frac{1}{2}z_1^2 + \frac{1}{2}s_2^2 + \frac{1}{2}y^2 \tag{6.2.22}$$

对式（6.2.22）关于时间求导，可得

$$\dot{V} = z_1\dot{z}_1 + s_2\dot{s}_2 + y\dot{y} \tag{6.2.23}$$

式中，

$$\begin{aligned} z_1\dot{z}_1 &= z_1\left(\hat{r}\cos\phi - \dot{\psi}_{\mathrm{d}} - \dot{\lambda}_1\right) \\ &= z_1\left[\left(s_2 - c_1 z_1 + y + \dot{\lambda}_1\right)\cos\phi - k_1 z_1\right] \end{aligned} \tag{6.2.24}$$

$$\begin{aligned} s_2\dot{s}_2 &= s_2\left(c_1\dot{z}_1 + \dot{\hat{r}} - \dot{\theta} - \ddot{\lambda}_1\right) \\ &= s_2\left(c_1\dot{z}_1 + g_{\mathrm{r}}\cdot\mathrm{sat}\left(k_{\mathrm{r}}\left(\delta_{\mathrm{r}}\right)\right) + \hat{D} - \dot{\theta} - \ddot{\lambda}_1\right) \end{aligned} \tag{6.2.25}$$

由自适应辅助系统式（6.1.2）可得

$$\ddot{\lambda}_1 = -M_1\dot{\lambda}_1 + \dot{\lambda}_2 = -M_1\dot{\lambda}_1 - M_2\lambda_2 + g_{\mathrm{r}}\cdot\Delta k_{\mathrm{r}}\left(\delta_{\mathrm{r}}\right) \tag{6.2.26}$$

将式（6.2.26）代入式（6.2.25）中

$$\begin{aligned} s_2\dot{s}_2 &= s_2\left(c_1\dot{z}_1 + g_{\mathrm{r}}\cdot\mathrm{sat}\left(k_{\mathrm{r}}\left(\delta_{\mathrm{r}}\right)\right) + \hat{D} - \dot{\theta} + M_1\dot{\lambda}_1 + M_2\lambda_2 - g_{\mathrm{r}}\cdot\Delta k_{\mathrm{r}}\left(\delta_{\mathrm{r}}\right)\right) \\ &= s_2\left(c_1\dot{z}_1 + g_{\mathrm{r}}k_{\mathrm{r}}\left(\delta_{\mathrm{r}}\right) + \hat{D} - \dot{\theta} + M_1\dot{\lambda}_1 + M_2\lambda_2\right) \end{aligned} \tag{6.2.27}$$

式（6.2.23）中，

$$y\dot{y} = y\left(\dot{\theta} - \dot{\alpha}\right) = y\left(-\frac{y}{T} - \dot{\alpha}\right)$$

而由 $\dot{y} = -\dfrac{y}{T} - \dot{\alpha}_1 = -\dfrac{y}{T} + k_1\dot{z}_1 - \ddot{\psi}_{\mathrm{d}} - \ddot{\lambda}_1$，可知 $\dot{y} = -\dfrac{y}{T} - \dot{\alpha}_1 = -\dfrac{y}{T} + k_1\dot{z}_1 - \ddot{\psi}_{\mathrm{d}} - \ddot{\lambda}_1$ 有界，则存在 $\left|\dot{y} + \dfrac{y}{T}\right| \leqslant B$ ， B 的最大值是 N ，因此

$$y\dot{y} = -\frac{y^2}{T} + \frac{y^2}{T} + y\dot{y} = -\frac{y^2}{T} + y\left(\frac{y}{T} + \dot{y}\right) \leqslant -\frac{y^2}{T} + a_1 y^2 + \frac{N^2}{4a_1} \tag{6.2.28}$$

综合式（6.2.24）、式（6.2.27）、式（6.2.28）可得

$$\begin{aligned} \dot{V} \leqslant{} & z_1\left[\left(s_2 - c_1 z_1 + y + \dot{\lambda}_1\right)\cos\phi - k_1 z_1\right] + s_2(c_1\dot{z}_1 + g_{\mathrm{r}}k_{\mathrm{r}}\left(\delta_{\mathrm{r}}\right) \\ & + \hat{D} - \dot{\theta} + M_1\dot{\lambda}_1 + M_2\lambda_2) - \frac{y^2}{T} + a_1 y^2 + \frac{N^2}{4a_1} \end{aligned} \tag{6.2.29}$$

因为

$$z_1\left(y+\dot{\lambda}_1\right)\cos\phi \leqslant z_1\left(y+\dot{\lambda}_1\right) \leqslant a_2 z_1^2+\frac{y^2}{4a_2}+a_3 z_1^2+\frac{\dot{\lambda}_1^2}{4a_3} \tag{6.2.30}$$

所以将式（6.2.30）代入式（6.2.29）可得

$$\dot{V} \leqslant z_1^2\left(-c_1\cos\phi+a_2+a_3-k_1\right)-k_2 s_2^2+y^2\left(\frac{1}{4a_2}+a_1-\frac{1}{T}\right)+\frac{N^2}{4a_1} \tag{6.2.31}$$

由式（6.2.31）可得

$$\dot{V} \leqslant -\mu V+C \tag{6.2.32}$$

$$\mu=\min\left[2\left(c_1\cos\phi-a_2-a_3+k_1\right),2k_2,2\left(\frac{1}{4a_2}+a_1-\frac{1}{T}\right)\right]$$

$$C=\frac{\lambda_1^2}{4a_3}+\frac{N^2}{4a_1}$$

解不等式（6.2.32）可得

$$0 \leqslant V(t) \leqslant \frac{C}{\mu}+\left[V(0)-\frac{C}{\mu}\right]\mathrm{e}^{-ut} \tag{6.2.33}$$

根据式（6.2.33）可以得出结论：$V(t)$、z_1、s_2、y 都是有界的。因此对设计参数 k_1、k_2、γ 及滤波器时间常数 T 进行适当调整选择，得到闭环系统所有信号在定义的紧集内部都是一致最终有界的。

6.2.4　仿真研究

为验证所设计路径跟踪控制器的有效性，以 2.2 节所构建的无人帆船模型进行仿真实验，具体参数如表 2.2.1 所示。

仿真中海洋环境设定为北风五级，海况三级，主风向为 $\alpha_{\mathrm{tw}}=90^\circ$，平均风速为 $v_{\mathrm{tw}}=10\mathrm{m/s}$。有义波高 $H_{\mathrm{s}}=2\mathrm{m}$，波向角 $\chi=60^\circ$。

在仿真过程中，初始船速 $u(0)=2\mathrm{m/s}$，初始航向 $\psi=0^\circ$，初始位置[0m,−20m]。选取 [0m,0m],[300m,0m],[400m,500m],[700m,500m],[850m,−50m],[1000m,−50m] 六个航迹点生成规划路径，其中[300m,0m]到[400m,500m]的期望路径方向是迎风状态。

ATLOS 导引律相关参数如下：

$$w_1=0.01,\ w_2=1.5,\ K=25,\ y_{\mathrm{tack}}=15$$

控制系统相关参数设计如下：

$$k_1 = 2\,, k_2 = 0.5\,, c_1 = 8\,, m_1 = 1\,, m_2 = 400\,, T = 0.3$$

$$\lambda_1 = 5\,, \lambda_2 = 150\,, \lambda_3 = 23$$

从图 6.2.5 中可以看出，本节 ATLOS 导引律与 6.1 节 ILOS 导引律相比，二者均可以对期望路径进行有效跟踪，但是本节所使用的 ATLOS 导引律对期望路径跟踪精度更高，体现出本节算法的优越性。在图 6.2.5 所框出的迎风区域中，无人帆船在迎风换舷状态下成功到达期望点附近，证明了本节所设计的迎风换舷策略可以有效帮助无人帆船自主进行迎风换舷，无须人工干预。图 6.2.5 中两种导引律在刚开始航行时，可以明显看出 ILOS 导引律收敛速度过快导致超调现象非常严重，而 ATLOS 导引律平滑收敛到期望路径上，极大减轻了无人帆船系统的负担。

图 6.2.6 为两种导引律在路径跟踪过程中横向误差对比图，图中可以看出两种导引律仿真时间不同，ATLOS 导引律对于期望路径跟踪效果更好。由此可知，在航行相同路径情况下，航行时间短，无效的航行距离较少，因此 ATLOS 导引律的跟踪精度更高。从图 6.2.6 中也可以看出，在 100～300s 的时间段内，无人帆船处于迎风换舷状态，因此没有收敛到期望路径上。

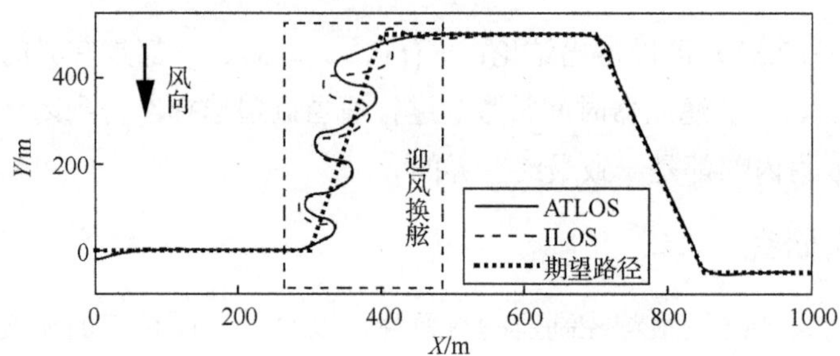

图 6.2.5 ILOS 与 ATLOS 路径跟踪对比图

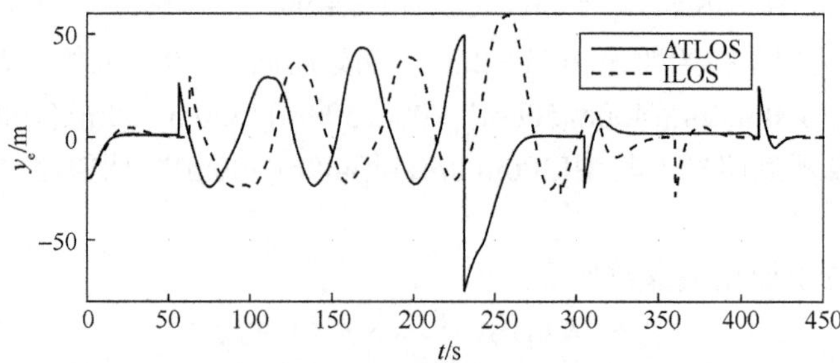

图 6.2.6 两种导引律横向误差对比

图 6.2.7、图 6.2.8 分别是扩张状态观测器对于广义复合扰动、角速度的观测，可以有效观测无人帆船的实时状态。

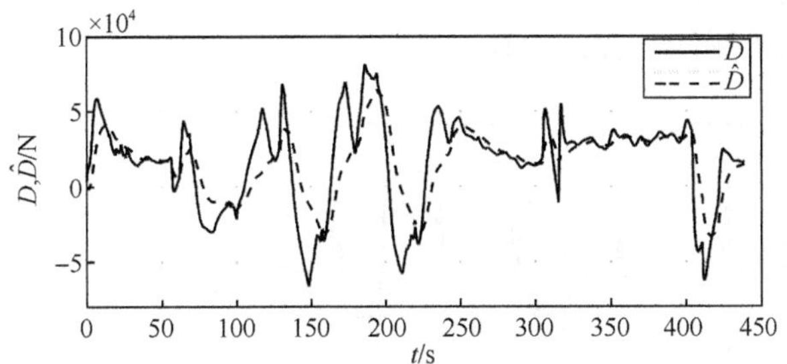

图 6.2.7　扩张状态观测器对广义复合扰动的观测

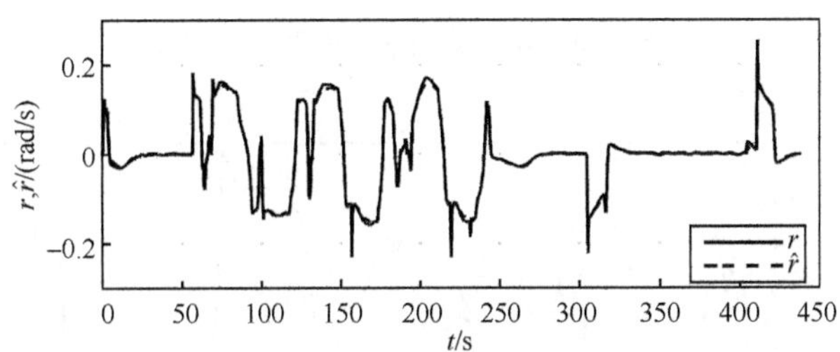

图 6.2.8　扩张状态观测器对角速度的观测

图 6.2.9 是本节路径跟踪控制仿真中无人帆船纵向速度与横向速度图。无人帆船在侧风区域和顺风区域中，航速可以达到 6m/s，在迎风换舷状态下，无人帆船航速变化较大，但是仍保持在 3m/s 左右，这样从侧面证明了迎风换舷策略的有效性。

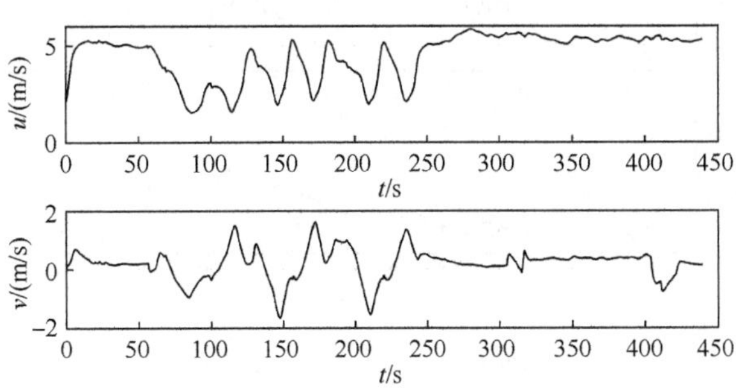

图 6.2.9　纵向速度与横向速度

图 6.2.10 是输入受限前后舵角对比图。图 6.2.11 是无人帆船航行过程中帆角变化图。图 6.2.12 是虚拟风场的绝对风速与绝对风向变化曲线，可以看出对外界风场还原度较高，增强仿真实验的可信度。图 6.2.13 和图 6.2.14 是五级风和三级海况下浪对无人帆船的干扰力曲线。

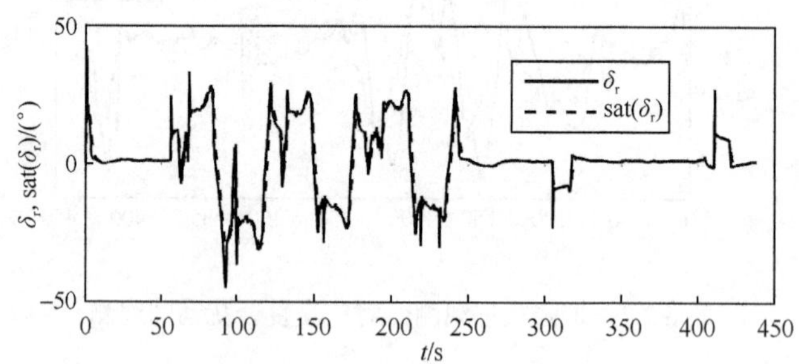

图 6.2.10　输入受限前后的舵角对比图

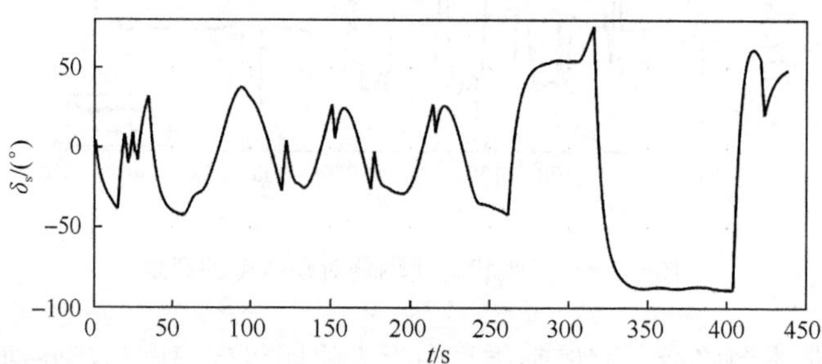

图 6.2.11　帆角曲线图

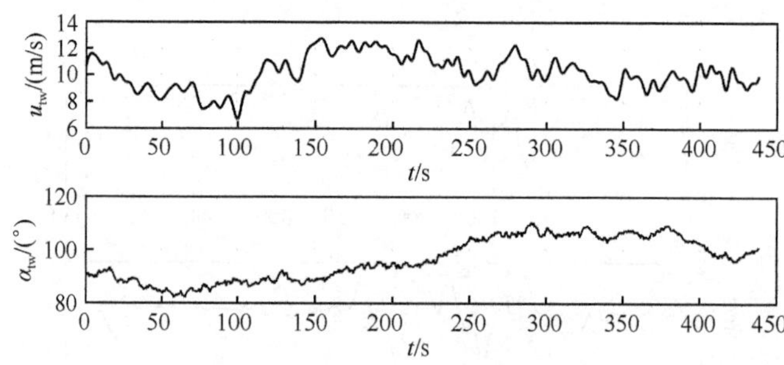

图 6.2.12　绝对风速与绝对风向

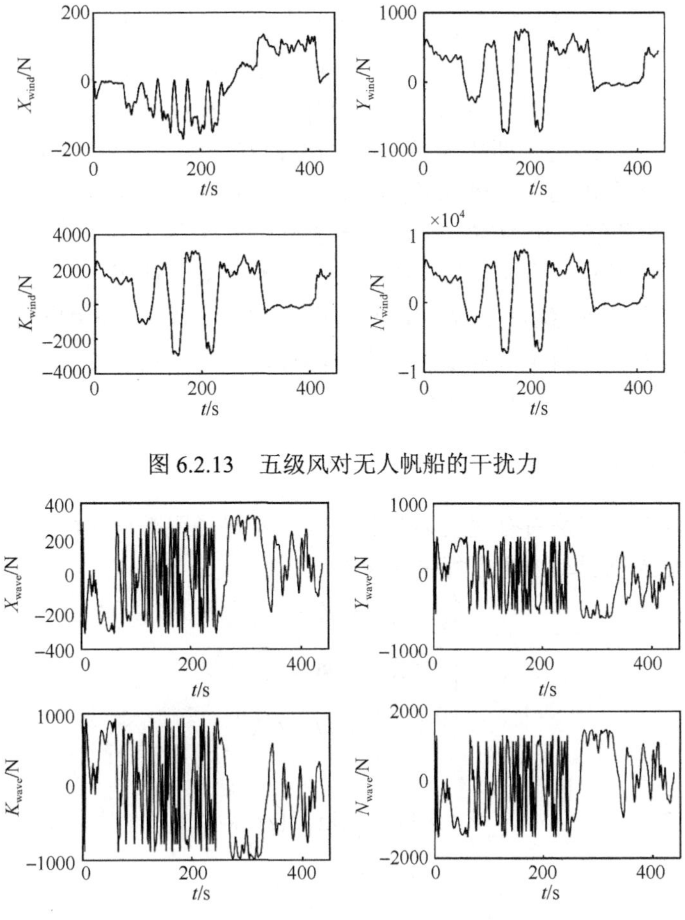

图 6.2.13　五级风对无人帆船的干扰力

图 6.2.14　三级海况下浪对无人帆船的干扰力

6.3　带有速度调节的无人帆船路径跟踪动态面控制

6.2 节提出了一种基于双曲正切积分视线法的无人帆船直线路径跟踪控制方法，实现了无人帆船对期望路径的有效跟踪，但所设计的路径跟踪控制方法没有考虑以下两个问题：第一，在路径跟踪过程中，无人帆船一直保持速度最大化，过高的速度会影响控制系统的稳定性，同时也会增大帆船的横倾角，而且执行某些特定任务的时候对航速有特定的要求；第二，在无人帆船执行扫描或者监测任务时，路径跟踪控制器一般配合路径规划算法一起工作，但是一般路径规划算法所得到的结果是一串密集离散的点集，6.1 节所设计的路径跟踪控制器采用了切换圆方法，无法跟踪密集点。

为了解决上述问题，本节提出了一种基于速度调节 LOS 的无人帆船路径跟踪控制方法。文献[19]通过设计一艘行驶在期望路径上的虚拟小船（virtual ship）来导引无人船跟踪期望路径。本节在文献[20]基础上设计了双虚拟小船法导引律，使无人帆船可以跟踪密集期望路径点。文献[21]对无人帆船速度项设计自适应鲁棒控制器，使无人帆船在顺风或者侧风的情况下可以调节自身速度。本节参考文献[21]，将帆角和舵角作为控制输入，结合滑模方法和动态面技术，设计具有速度调节性能的跟踪控制方法。采用扩张状态观测器观测艏摇角速度，同时观测无人帆船模型存在不确定项和外界扰动复合而成的广义扰动。采用自适应辅助系统，解决输入受限问题。将本节算法与前文中所提出的算法进行仿真对比验证，结果表明所设计的路径跟踪控制方法有效。

6.3.1 问题描述

本节研究的内容是带有速度调节的无人帆船路径跟踪动态面控制，在前面研究的基础上引入帆船动力学方程中的速度项：

$$\begin{cases}\dot{\hat{\psi}}=\hat{r}\cos\phi \\ \dot{\hat{r}}=g_{\mathrm{r}}k_{\mathrm{r}}\left(\operatorname{sat}\left(\delta_{\mathrm{r}}\right)\right)+\hat{D} \\ \dot{u}=g_{\mathrm{s}}k_{\mathrm{s}}\left(\delta_{\mathrm{s}}\right)+f_{\mathrm{s}}(\cdot)\end{cases}\tag{6.3.1}$$

式中，

$$\begin{cases}k_{\mathrm{s}}\left(\delta_{\mathrm{s}}\right)=1.2\sin\left(2\left(\alpha_{\alpha\mathrm{s}}-\delta_{\mathrm{s}}\right)\right) \\ g_{\mathrm{s}}=\dfrac{A_{\mathrm{s}}\rho_{\mathrm{air}}v_{\mathrm{aw}}^{2}\sin a_{\mathrm{aw}}}{2\left(m-X_{u}\right)}\end{cases}\tag{6.3.2}$$

$$\operatorname{sat}\left(\delta_{\mathrm{r}}\right)=\begin{cases}\delta_{\min}, & \delta_{\mathrm{r}}\leqslant\delta_{\min} \\ \delta_{\mathrm{r}}, & \delta_{\min}<\delta_{\mathrm{r}}<\delta_{\max} \\ \delta_{\max}, & \delta_{\mathrm{r}}\geqslant\delta_{\max}\end{cases}\tag{6.3.3}$$

由式（6.3.3）可得，$D=f(\cdot)+\varDelta$ 是模型内部不确定项与外界扰动复合而成的广义扰动，$\hat{\psi}$、$\hat{r}$、$\hat{D}$ 分别是扩张状态观测器对 ψ、r、D 的估计值，g_{s} 是帆增益函数，$\operatorname{sat}\left(\delta_{\mathrm{r}}\right)$ 是执行器饱和后的舵角。

假设 6.3.1 对于帆船运动数学模型速度项中的 g_{s}、k_{s}、$f_{\mathrm{s}}(\cdot)$ 均已精确已知。

假设 6.3.2 假设无人帆船为刚性存在，忽略纵摇和垂荡运动，忽略海流对船舵影响。

假设 6.3.3 对于广义复合扰动 D 未知且有界，即存在常数 $\bar{D}>0$，使得 $|D|\leqslant\bar{D}$。

系统控制目标　针对带有速度项的无人帆船运动模型，在满足假设 6.3.1～假设 6.3.3 的情况下，将无人帆船舵角与帆角作为系统输入，考虑速度调节、密集路径点等问题，结合虚拟小船法与 ATLOS 导引律，引入自适应辅助系统、扩张状态观测器、动态面、递归滑模等技术，设计基于速度调节的无人帆船路径跟踪器。

6.3.2　路径跟踪控制器设计

1. 导引律设计

为了跟踪密集期望路径点跟踪问题，采用双虚拟小船思想结合 ATLOS 导引律对 6.1 节导引律进行优化。双虚拟小船法是假设两条虚拟的小船行驶在期望路径上，两条船一前一后与无人帆船保持固定距离，随着无人帆船不断前进，将两条小船的位置作为期望坐标点输入 ATLOS 导引律中，即可实现对密集路径点的有效跟踪。

如图 6.3.1 所示，有限长密集路径点序列 P 输入双虚拟小船项中处理，双虚拟小船法是根据无人帆船当前位置 P_{t} 计算出两个期望点 P_k 与 P_{k+x}，将这两个期望点输入 ATLOS 导引律中作为制导点，从而计算出当前期望航向，并输入到控制器中，使无人帆船可以跟踪期望路径。

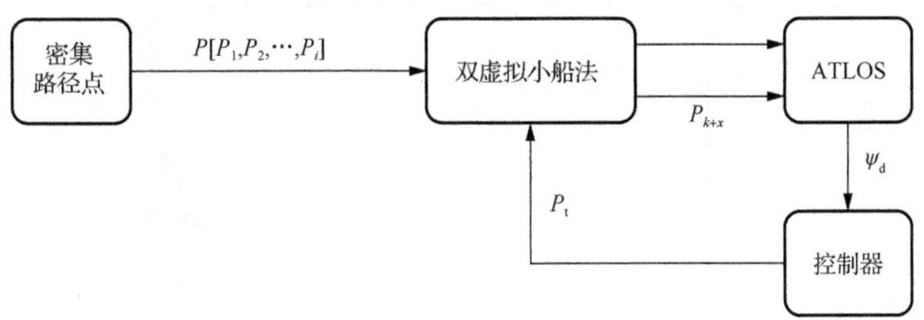

图 6.3.1　双虚拟小船结合 ATLOS 导引律流程图

双虚拟小船法原理图如图 6.3.2 所示，图中，P_{t} 为无人帆船当前位置；P_m 和 P_n 分别是位于期望路径上的位置；$\mathrm{dis}[P_{\mathrm{t}},P_m]$ 和 $\mathrm{dis}[P_{\mathrm{t}},P_n]$ 分别为虚拟小船 m 和 n 与无人帆船的距离；P_{LOS} 为将两艘虚拟小船位置输入 ATLOS 导引律后实时计算出的期望路径点；ψ_{d} 为无人帆船的期望航向。

假设密集路径点之间的间距为 p，无人帆船与虚拟小船之间距离为 q，且 $q \gg p$。

为了实现双虚拟小船法，设定如下规则：

若 $\mathrm{dis}[P_{\mathrm{t}},P_m] \geqslant q$，则 $m = m+1$；

若 $\mathrm{dis}[P_{\mathrm{t}},P_n] < q$，则 $n = n+1$。

通过上述规则选取合适 $p,q(p>0)$ 值可以使得两艘虚拟小船 m 和 n 在期望路径离散序列 P 上向前滑动，从而实现对密集路径点的有效跟踪。

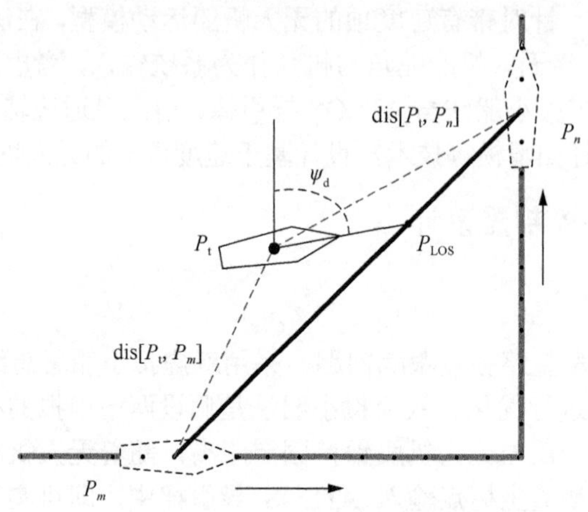

图 6.3.2　双虚拟小船法原理图

图 6.3.3 中，将两艘虚拟小船的位置 P_m 与 P_n 作为 6.2 节所设计的 ATLOS 导引律的输入，图中绘制出每次虚拟小船变化时不同的期望航向，随着两艘虚拟小船的不断前进，无人帆船平滑地跟踪期望路径。

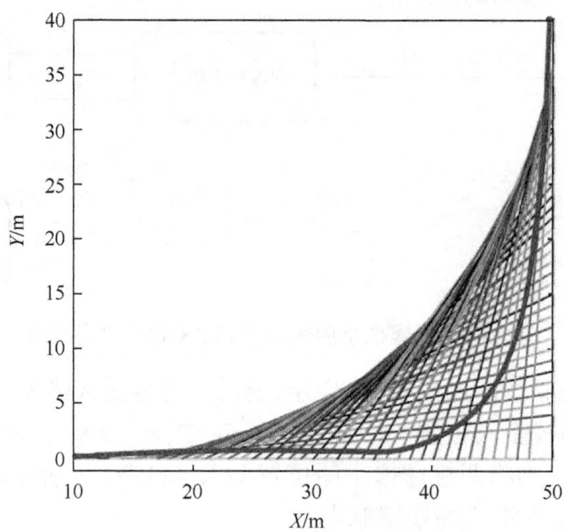

图 6.3.3　双虚拟小船法仿真实现图

2. 控制律设计

1）航向控制律

控制律部分的设计与第 4 章相同，结合自适应辅助系统与扩张状态观测器，设计递归滑模控制律。

第 1 步　考虑帆船航向误差变量，定义第一个滑模面变量 s_1 为

$$\begin{cases} s_1 = z_1 \\ z_1 = \hat{\psi} - \psi_{\mathrm{d}} - \lambda_1 \end{cases} \tag{6.3.4}$$

对式（6.3.4）两边关于时间求导得

$$\dot{s}_1 = \dot{z}_1 = \hat{r}\cos\phi - \dot{\psi}_{\mathrm{d}} - \dot{\lambda}_1 \tag{6.3.5}$$

因此，设计艏摇角速度 $\hat{r}$ 的虚拟控制量 α 为

$$\alpha = \frac{-\tanh\left(\dfrac{k_1}{s_1}\right) + \dot{\psi}_{\mathrm{d}} + \dot{\lambda}_1}{\cos\phi} \tag{6.3.6}$$

引入新的状态变量 θ 作为 α 的一阶低通滤波器输出，其表达式为

$$\begin{cases} T\dot{\theta} + \theta = \alpha \\ \theta(0) = \alpha(0) \end{cases} \tag{6.3.7}$$

第 2 步　根据帆船艏摇角速度误差变量 $z_2 = \hat{r} - \theta - \dot{\lambda}_1$ 定义第二个递归滑模面变量 s_2 为

$$s_2 = c_1 s_1 + z_2 \tag{6.3.8}$$

式中，c_1 为正的设计参数。

对式（6.3.8）求导，并结合所设计的扩张状态观测器，可得

$$\begin{aligned} \dot{s}_2 &= c_1\dot{s}_1 + \dot{z}_2 \\ &= c_1\dot{s}_1 + g_{\mathrm{r}} k_{\mathrm{r}}(\delta_{\mathrm{r}}) + \hat{D} - \dot{\theta} - \ddot{\lambda}_1 \end{aligned} \tag{6.3.9}$$

设计无人帆船舵角控制律如下：

$$k_{\mathrm{r}}(\delta_{\mathrm{r}}) = \frac{1}{g_{\mathrm{r}}}\left[-\tanh\left(\frac{k_2}{s_2}\right) - c_1 s_1 - \hat{D} + \dot{\theta} + \ddot{\lambda}_1\right] \tag{6.3.10}$$

$$\delta_{\mathrm{r}} = \frac{\arcsin\left[k_{\mathrm{r}}(\delta_{\mathrm{r}})\right]}{2} \tag{6.3.11}$$

2）纵向速度控制律

第 3 步　考虑无人帆船速度误差变量，定义滑模变量 s_3 为

$$s_3 = u - u_{\mathrm{d}} \tag{6.3.12}$$

式中，u_{d} 表示期望速度，为一个常值。

对式（6.3.12）两边关于时间求导得

$$\dot{s}_3 = g_{\mathrm{s}} k_{\mathrm{s}}(\delta_{\mathrm{s}}) + f_{\mathrm{s}}(\cdot) \tag{6.3.13}$$

设计无人帆船航速控制律如下：

$$k_{\mathrm{s}}(\delta_{\mathrm{s}}) = \frac{1}{g_{\mathrm{s}}}\left[-\tanh\left(\frac{k_3}{s_3}\right) - f_{\mathrm{s}}(\cdot)\right] \tag{6.3.14}$$

$$\delta_{\mathrm{s}} = \alpha_{\mathrm{aw}} - \frac{\arcsin\left[\dfrac{k_{\mathrm{s}}\left(\delta_{\mathrm{s}}\right)}{1.2}\right]}{2} \tag{6.3.15}$$

3. 稳定性分析

定理 6.3.1 针对带速度项的无人帆船航向运动数学模型（6.3.1），考虑存在模型不确定、控制增益和外界扰动均未知的情况，在假设 6.3.1～假设 6.3.3 成立的情况下，设计扩张状态观测器（6.2.3）对复合扰动进行估计和补偿，同时对速度项进行约束，在控制律（6.3.10）和控制律（6.3.14）的作用下，通过设计适当的参数 k_1、k_2、k_3、γ 和滤波器时间常数 T，可保证无人帆船航向控制系统所有信号的一致最终有界性。

证明 选择如下 Lyapunov 函数：

$$V_2 = \frac{1}{2}z_1^2 + \frac{1}{2}s_2^2 + \frac{1}{2}y^2 + \frac{1}{2}s_3^2 \tag{6.3.16}$$

对式（6.3.16）关于时间求导，可得

$$\dot{V} = z_1\dot{z}_1 + s_2\dot{s}_2 + y\dot{y} + s_3\dot{s}_3 \tag{6.3.17}$$

式中，

$$\begin{aligned} z_1\dot{z}_1 &= z_1\left(\hat{r}\cos\phi - \dot{\psi}_{\mathrm{d}} - \dot{\lambda}_1\right) \\ &= z_1\left[\left(s_2 - c_1 z_1 + y + \dot{\lambda}_1\right)\cos\phi - k_1 z_1\right] \end{aligned} \tag{6.3.18}$$

$$\begin{aligned} s_2\dot{s}_2 &= s_2\left(c_1\dot{z}_1 + \dot{\hat{r}} - \dot{\theta} - \ddot{\lambda}_1\right) \\ &= s_2\left(c_1\dot{z}_1 + f(\cdot) + g_{\mathrm{r}}\cdot \mathrm{sat}\left(k_{\mathrm{r}}\left(\delta_{\mathrm{r}}\right)\right) + \hat{\Delta} - \dot{\theta} - \ddot{\lambda}_1\right) \end{aligned} \tag{6.3.19}$$

由自适应辅助系统（6.1.2）可得

$$\ddot{\lambda}_1 = -M_1\dot{\lambda}_1 + \dot{\lambda}_2 = -M_1\dot{\lambda}_1 - M_2\lambda_2 + g_{\mathrm{r}}\cdot\Delta k_{\mathrm{r}}\left(\delta_{\mathrm{r}}\right) \tag{6.3.20}$$

将式（6.3.20）代入式（6.3.19）中得

$$\begin{aligned} s_2\dot{s}_2 &= s_2\left(c_1\dot{z}_1 + f(\cdot) + g_{\mathrm{r}}\cdot \mathrm{sat}\left(k_{\mathrm{r}}\left(\delta_{\mathrm{r}}\right)\right) + \hat{\Delta} - \dot{\theta} + M_1\dot{\lambda}_1 + M_2\lambda_2 - g_{\mathrm{r}}\cdot\Delta k_{\mathrm{r}}\left(\delta_{\mathrm{r}}\right)\right) \\ &= s_2\left(c_1\dot{z}_1 + f(\cdot) + g_{\mathrm{r}}k_{\mathrm{r}}\left(\delta_{\mathrm{r}}\right) + \hat{\Delta} - \dot{\theta} + M_1\dot{\lambda}_1 + M_2\lambda_2\right) \end{aligned} \tag{6.3.21}$$

式（6.3.17）中，

$$y\dot{y} = y\left(\dot{\theta} - \dot{\alpha}\right) = y\left(-\frac{y}{T} - \dot{\alpha}\right)$$

而 $\dot{y} = -\dfrac{y}{T} - \dot{\alpha}_1 = -\dfrac{y}{T} + k_1\dot{z}_1 - \ddot{\psi}_{\mathrm{d}} - \ddot{\lambda}_1$，可知 $\dot{y} = -\dfrac{y}{T} - \dot{\alpha}_1 = -\dfrac{y}{T} + k_1\dot{z}_1 - \ddot{\psi}_{\mathrm{d}} - \ddot{\lambda}_1$ 有界，

则存在$\left|\dot{y}+\dfrac{y}{T}\right|\leqslant B$，$B$的最大值是$N$，因此

$$y\dot{y}=-\frac{y^2}{T}+\frac{y^2}{T}+y\dot{y}=-\frac{y^2}{T}+y\left(\frac{y}{T}+\dot{y}\right)\leqslant-\frac{y^2}{T}+a_1y^2+\frac{N^2}{4a_1} \tag{6.3.22}$$

式（6.3.17）中，

$$s_3\dot{s}_3=-k_3s_3^2 \tag{6.3.23}$$

综合式（6.3.18）、式（6.3.21）～式（6.3.23）可得

$$\begin{aligned}\dot{V}\leqslant\ & z_1\left[\left(s_2-c_1z_1+y+\dot{\lambda}_1\right)\cos\phi-k_1z_1\right]+s_2(c_1\dot{z}_1+f(\cdot)+g_\mathrm{r}k_\mathrm{r}(\delta_\mathrm{r})\\ &+\hat{\Delta}-\dot{\theta}+M_1\dot{\lambda}_1+M_2\lambda_2)-\frac{y^2}{T}+a_1y^2+\frac{N^2}{4a_1}-k_3s_3^2\end{aligned} \tag{6.3.24}$$

因为

$$z_1\left(y+\dot{\lambda}_1\right)\cos\phi\leqslant z_1\left(y+\dot{\lambda}_1\right)\leqslant a_2z_1^2+\frac{y^2}{4a_2}+a_3z_1^2+\frac{\dot{\lambda}_1^2}{4a_3} \tag{6.3.25}$$

所以将式（6.3.25）代入式（6.3.24）可得

$$\dot{V}\leqslant z_1^2\left(-c_1\cos\phi+a_2+a_3-k_1\right)-k_2s_2^2-k_3s_3^2+y^2\left(\frac{1}{4a_2}+a_1-\frac{1}{T}\right)+\frac{N^2}{4a_1} \tag{6.3.26}$$

由式（6.3.26）可得

$$\dot{V}\leqslant-\mu V+C \tag{6.3.27}$$

$$\mu=\min\left[2(c_1\cos\phi-a_2-a_3+k_1),2k_2,2\left(\frac{1}{4a_2}+a_1-\frac{1}{T}\right),2k_3\right]$$

$$C=\frac{\lambda_1^2}{4a_3}+\frac{N^2}{4a_1}$$

解不等式（6.3.27）可得

$$0\leqslant V(t)\leqslant\frac{C}{\mu}+\left[V(0)-\frac{C}{\mu}\right]\mathrm{e}^{-ut} \tag{6.3.28}$$

根据式（6.3.28）可以得出结论：$V(t)$、z_1、s_2、y都是有界的。因此，对设计参数k_1、k_2、k_3、γ及滤波器时间常数T进行适当调整选择，得到闭环系统所有信号在定义的紧集内部都是一致最终有界的。

6.3.3 仿真研究

为验证所设计路径跟踪控制器的有效性，仍以 2.2 节构建的帆船模型进行仿真实验，详细船舶参数如表 2.2.1 所示。

仿真中外界风场设定为西风四级，主风向约为$\alpha_{tw}=180°$，平均风速约为$v_{tw}=8\text{m/s}$，有义波高$H_s=2\text{m}$，波向角$\chi=\dfrac{\pi}{6}$。

导引律相关参数如下：

$$w_1=0.01,\quad w_2=1.5,\quad K=25,\quad q=18$$

控制系统相关参数设计如下：

$$k_1=1,\quad k_2=15,\quad c_1=1,\quad m_1=200,\quad m_2=200,\quad T=0.03$$
$$\lambda_1=5,\quad \lambda_2=5,\quad \lambda_3=100$$

1. 跟踪设定路径

仿真中将 6.2 节中保持速度最优化的路径跟踪控制器作为仿真对照组。

在仿真过程中，初始船速$u(0)=2\text{m/s}$，初始航向$\psi=0°$，初始位置[0m,0m]。选取[0m,0m],[300m,0m],[300m,400m],[500m,400m],[500m,−400m],[700m,−400m],[700m,0m],[1000m,0m]八个路径点离散成密集期望路径。在整个路径中，无人帆船均处于顺风区域或侧风区域。

从图 6.3.4 中可以看出，本节所设计的基于速度调节方法与对照组速度最优化方法均可以实现对期望路径的跟踪，但是从局部放大图中可以看出，本节所设计的方法由于控制了航速，因此在转向区域超调更小，对期望路径跟踪精度更高。

图 6.3.5 是两种不同方法中纵向速度u的对比，可以看出速度调节的路径跟踪控制方法可以将航速保持在 4m/s，而速度最优化的路径跟踪方法对于航速并没有限制，无人帆船航速变化剧烈，这极大地影响了系统的整体性能。从图 6.3.5 中还可以看到，两者之间仿真时间存在差异，这是因为仿真实验中两种方法跟踪同一期望路径，速度最优化方法中平均速度更高，因此仿真时间更短。

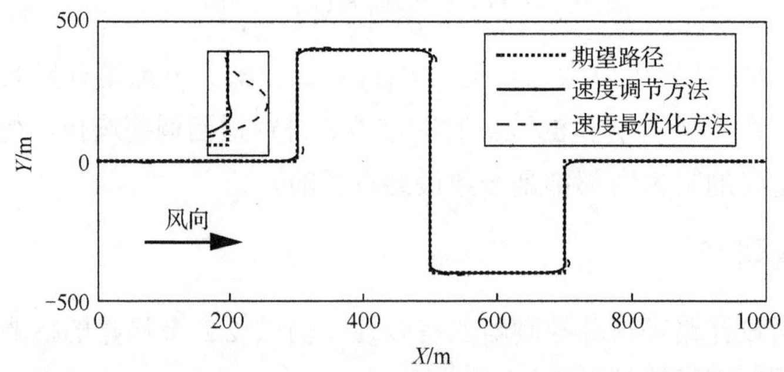

图 6.3.4　速度最优化方法与速度调节方法路径跟踪对比图

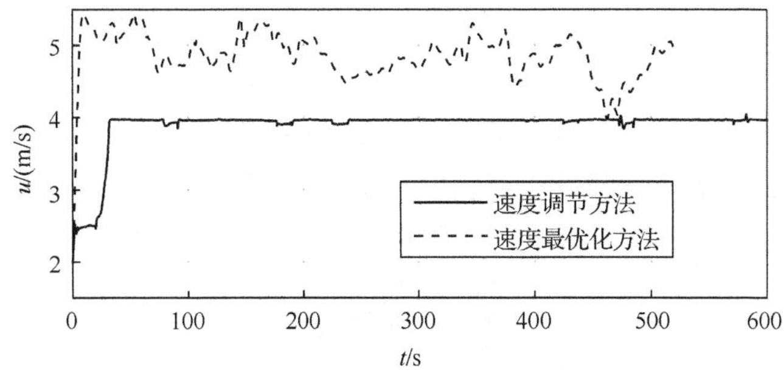

图 6.3.5　速度最优化方法与速度调节方法纵向速度对比图

图 6.3.6 是两种不同方法中横向误差的变化情况。横向误差可以很好地反映两种方法对期望路径的跟随情况，从图中可以看到在转向处速度最优化方法存在较大的超调，而速度调节方法超调较小，更加有效准确地跟踪期望路径。

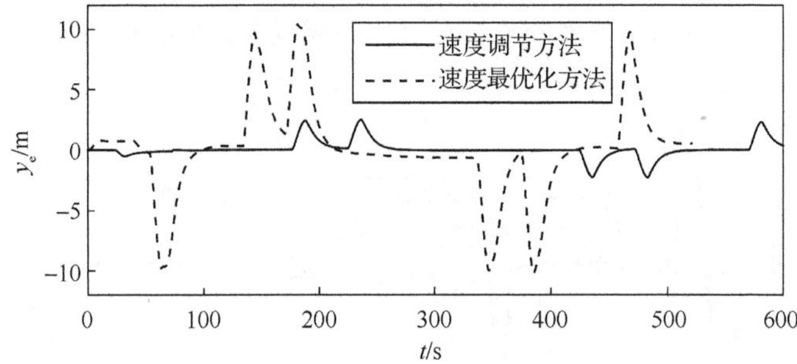

图 6.3.6　速度最优化方法与速度调节方法横向误差对比图

图 6.3.7 是两种不同方法中横摇角的情况。无人帆船由于其特殊的帆船结构，重心相较于传统船舶更高，因此其在航行过程中横摇现象更加明显。而剧烈的横摇现象不但会影响无人帆船路径跟踪过程中的跟踪精度，更会影响航行的安全性，因此一个平稳的航行状态对无人帆船来说更加重要。从图 6.3.7 中可以看出，速度最优化方法的路径跟踪会导致无人帆船剧烈的横摇，造成了极大的安全隐患。而速度调节方法的横摇角明显更加平缓，总体横摇变化在±5° 以内。

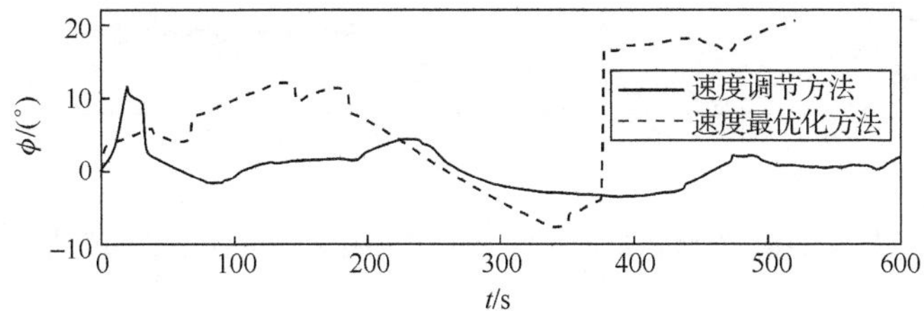

图 6.3.7　速度最优化方法与速度调节方法横摇角对比图

图 6.3.8 是两种不同方法中帆角对比图，从图中可以明显看出速度调节方法中操帆角度更加平缓。图 6.3.9 是两种不同方法中舵角对比图。图 6.3.10 是西风四级风情况下绝对风速与绝对风向的变化曲线图。图 6.3.11 与图 6.3.12 分别是四级风与三级海况下浪对无人帆船的干扰力。

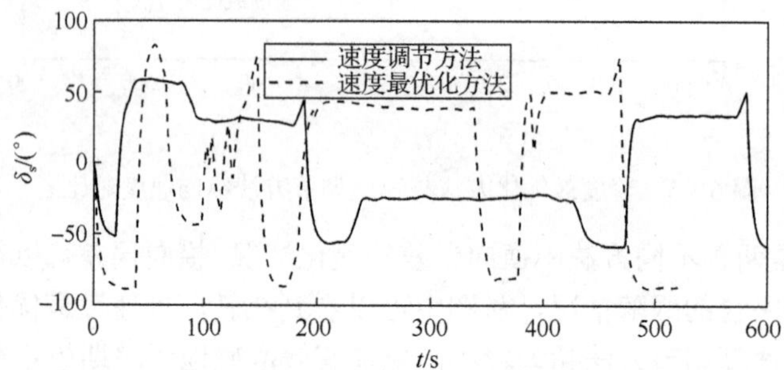

图 6.3.8　速度最优化方法与速度调节方法帆角对比图

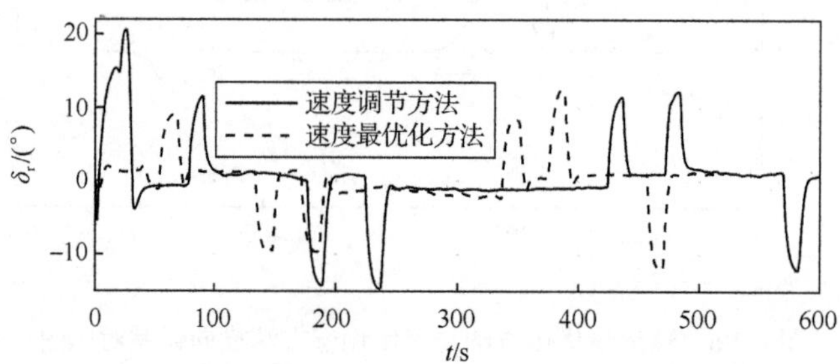

图 6.3.9　速度最优化方法与速度调节方法舵角对比图

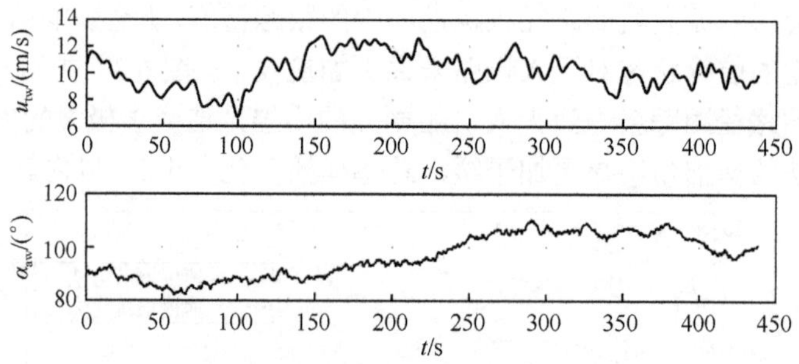

图 6.3.10　四级风情况下绝对风速与绝对风向的变化曲线图

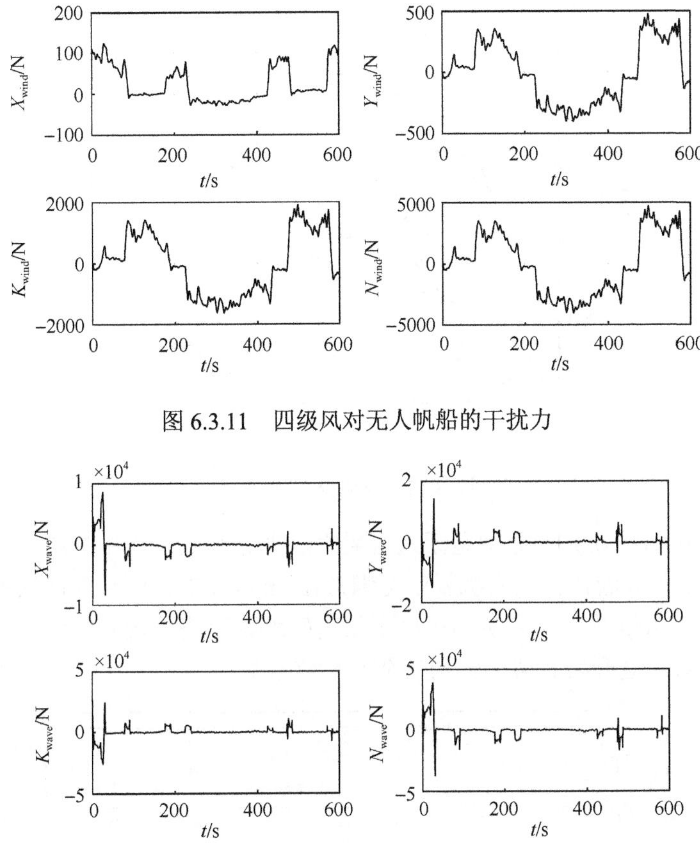

图 6.3.11　四级风对无人帆船的干扰力

图 6.3.12　三级海况下浪对无人帆船的干扰力

2. 跟踪规划路径

在仿真过程中，初始船速$u(0)=2\mathrm{m/s}$，初始航向$\psi=0^\circ$，初始位置[0m,0m]，终止位置[1000m,1000m]。在[150m,100m],[300m,200m],[350m,400m],[500m,500m],[550m,300m],[700m,700m],[750m,500m],[750m,900m],[900m,900m]九个位置设置半径为 70m 的圆形障碍物。通过带有风场因数的人工势场路径规划方法，规划出一条期望路径，该期望路径由一串密集有顺序的坐标点组成。

图 6.3.13 是无人帆船规划路径跟踪图。路径跟踪算法需要与路径规划算法相互配合共同完成期望任务，而实际工程中路径规划算法所计算的结果一般都是一串离散密集的点集，很多路径跟踪控制器无法直接跟踪，需要进行相应的转换。从图中可以明显看出，本节所设计的路径跟踪算法可以直接输入跟踪路径规划算法计算出的规划路径，并且跟踪效果优异。从局部放大图中可以看到，本节所设计的控制器可以过滤掉路径规划过程中产生的部分奇异点。

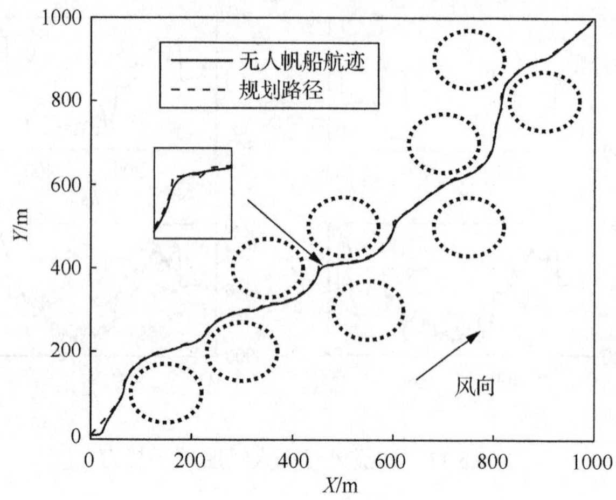

图 6.3.13　规划路径跟踪图

图 6.3.14 和图 6.3.15 分别是无人帆船跟踪规划路径过程中的航速图与横向误差图。从图中可以看出，无人帆船航速维持在 4m/s 左右，而且横向误差总体维持在 2m 以内，可以看出无人帆船可以平稳精确地跟踪路径规划方法所计算出的规划路径，有效地避开各种障碍，航行到目标终点。

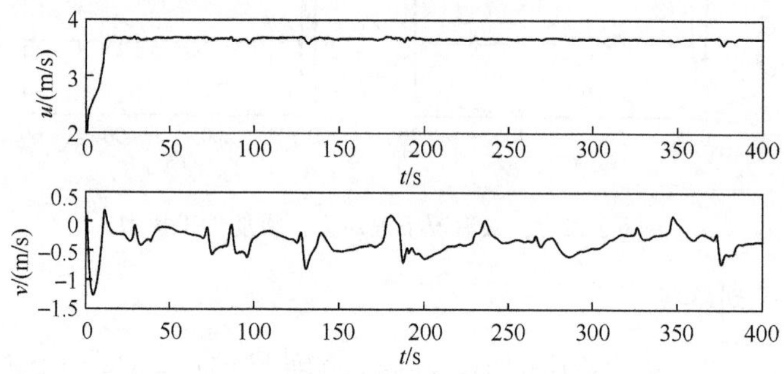

图 6.3.14　跟踪规划路径航速图

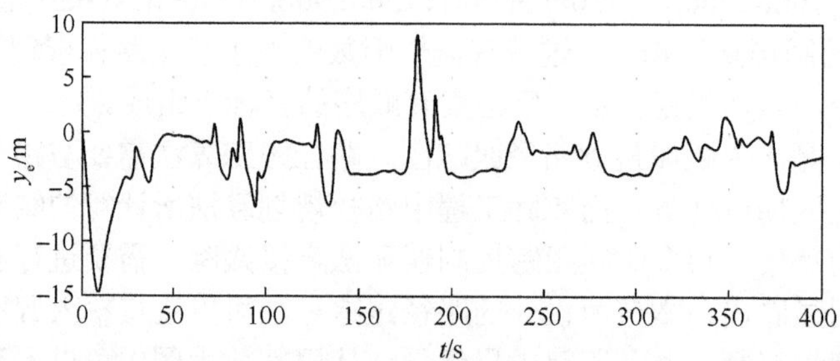

图 6.3.15　跟踪规划路径横向误差图

图 6.3.16 和图 6.3.17 分别是无人帆船跟踪规划路径过程中舵角变化图与帆角变化图。

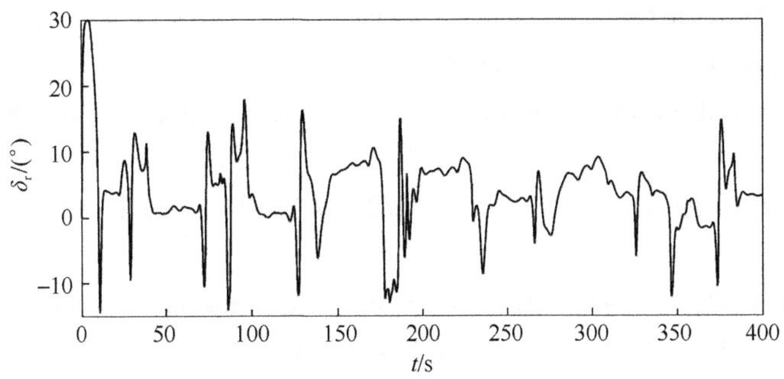

图 6.3.16　舵角变化图

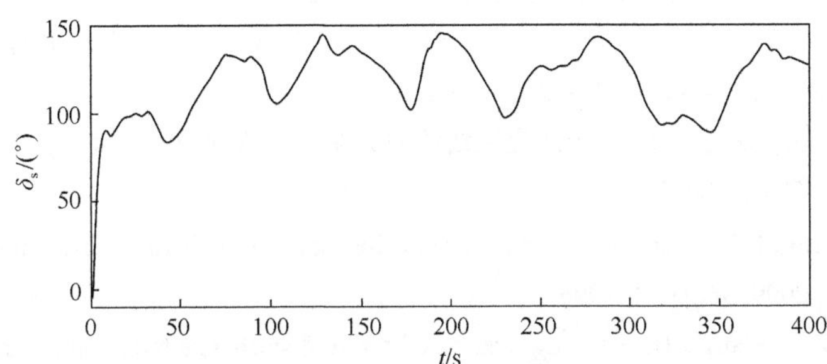

图 6.3.17　帆角变化图

参考文献

[1] Elkaim G, Kelbley R. Station keeping and segmented trajectory control of a wind-propelled autonomous catamaran[C]. Proceedings of the 45th IEEE Conference on Decision and Control, San Diego, 2006: 2424.

[2] Deng Y J, Zhang X K, Zhang G Q. Line-of-sight-based guidance and adaptive neural path-following control for sailboats[J]. IEEE Journal of Oceanic Engineering, 2020, 45(4): 1177-1189.

[3] Zheng Z W, Sun L. Path following control for marine surface vessel with uncertainties and input saturation[J]. Neurocomputing, 2016, 177: 158-167.

[4] Fossen T I, Lekkas A M. Direct and indirect adaptive integral line-of-sight path-following controllers for marine craft exposed to ocean currents[J]. International Journal of Adaptive Control and Signal Processing, 2017, 31(4): 445-463.

[5] Lekkas A M, Fossen T I. Integral LOS path following for curved paths based on a monotone cubic hermite spline parametrization[J]. IEEE Transactions on Control Systems Technology, 2014, 22(6): 2287-2301.

[6] Liu C, Chen C L, Zou Z J. Adaptice NN-DSC control design for path following of underactuated surface vessels with input saturation[J]. Neurocomputing, 2017, 267(12): 466-473.

[7] Lin X, Jouffroy J. Modeling and nonlinear heading control of sailing yachts[J]. IEEE Journal of Oceanic Engineering, 2014, 39(2): 256-268.

[8] Fossen T I. Handbook of Marine Craft Hydrodynamics and Motion Control[M]. New York: Wiley, 2011.

[9] 贾欣乐, 杨盐生. 船舶运动数学模型——机理建模与辨识建模[M]. 大连: 大连海事大学出版社, 1999.

[10] Blendermann W. Parameter identification of wind loads on ships[J]. Journal of Wind Engineering and Industrial Aerodynamics, 1994, 51: 339-351.

[11] Torsethaugen K. Simplified double peak spectral model for ocean waves[C]. 14th International Offshore and Polar Engineering Conference, Toulon, 2004: 76-84.

[12] 陈霄, 刘忠, 张建强, 等. 基于改进积分视线导引策略的欠驱动无人水面艇路径跟踪[J]. 北京航空航天大学学报, 2018, 44(3): 489-499.

[13] 朱骋, 庄佳园, 张磊, 等. 基于改进视线法的欠驱动无人艇路径跟踪[J]. 哈尔滨工程大学学报, 2019, 41(6): 784-791.

[14] Han J Q. From PID to active disturbance rejection control[J]. IEEE Transactions on Industrial Electronics, 2009, 56(3): 900-906.

[15] He T, Wu Z L, Wang J H. A tuning method of active disturbance rejection control for a class of high-order processes[J]. IEEE Transactions on Industrial Electronics, 2020, 67(4): 3191-3201.

[16] Qu L Z, Qiao W, Qu L Y. An enhanced linear active disturbance rejection rotor position sensorless control for permanent magnet synchronous motors[J]. IEEE Transactions on Power Electronics, 2020, 35(6): 6175-6184.

[17] Yao J Y, Jao Z X, Ma D W. Extended-state-observer-based output feedback nonlinear robust control of hydraulic system with backstepping[J]. IEEE Transactions on Industrial Electronics, 2014, 61(11): 6285-6293.

[18] 邓英杰. 风帆推进船舶路径跟踪制导与控制[D]. 大连: 大连海事大学, 2020.

[19] Fossen T I, Pettersen K Y, Galeazzi R. Line-of-sight path following for dubins paths with adaptive sideslip compensation of drift forces[J]. IEEE Transactions on Control Systems Technology, 2014, 23(2): 820-827.

[20] Do K D, Pan J. State- and output-feedback robust path-following controller for underactuated ships using Serret-Frenet frame[J]. Ocean Engineering, 2004, 31: 587-613.

[21] 张国庆, 李纪强, 王文新, 等. 基于速度调节的无人帆船机器人自适应航向保持控制[J]. 控制理论与应用, 2020, 37(11): 2383-2390.